法律猜想

孙永生 ㊟

中国政法大学出版社

2024 · 北京

图书在版编目（CIP）数据

法律猜想/孙永生著.—北京：中国政法大学出版社，2024.3
ISBN 978-7-5764-1444-8

Ⅰ.①法… Ⅱ.①孙… Ⅲ.①法律—文集 Ⅳ.①D9-53

中国国家版本馆 CIP 数据核字(2024)第 077098 号

出 版 者　中国政法大学出版社
地　　址　北京市海淀区西土城路 25 号
邮寄地址　北京 100088 信箱 8034 分箱　邮编 100088
网　　址　http://www.cuplpress.com (网络实名：中国政法大学出版社)
电　　话　010-58908586(编辑部) 58908334(邮购部)
编辑邮箱　zhengfadch@126.com
承　　印　北京鑫海金澳胶印有限公司
开　　本　880mm×1230mm　1/32
印　　张　8.25
字　　数　210 千字
版　　次　2024 年 3 月第 1 版
印　　次　2024 年 3 月第 1 次印刷
定　　价　49.00 元

猜想的“王道”

学术研究的高端是猜想，猜想是一个具体的学术命题，是对纯粹学术最传神的表达，提出猜想、证实或证伪猜想，是数学家孜孜以求的目标，实现者则为翘楚。然而，以追求数学般精确的法学为己任的法学家，却很少提出过具体的法律猜想，法学是否为科学竟然成了一个问题。[1]学者著书却不立说，论文铺天盖地，命题、猜想绝无仅有。真正的学术是以命题、猜想的形式表达的，缺乏命题、猜想的所谓学术，即便有些许的学术价值，也是二流货色。

猜想意味着对既有理论的超越，穿越当下时空而“活在未来”，为当下指明了朝向的目标和方向；猜想体现着创造力，因

〔1〕 法学是不是科学至今仍是学界悬而未决的争议问题，张文显、舒国滢先生对此有深刻的分析、阐释。参见张文显、舒国滢：《法学如何成为科学?》，载《浙大法律评论》2020 年第 0 期。

而是最基本的学术能力。以“法律猜想”标榜，当然不能辱没了“猜想”一词的“尊贵”，书中的每个“猜想”都离经叛道，“异想天开”，不会是人云亦云的陈词滥调。

“猜想”不是“胡想”，形式上的标新立异不过是哗众取宠的闹剧。以严谨的逻辑演绎、逻辑分析为支撑的猜想才真正符合“猜想”的名分。书中的“猜想”与既有理论的反差令人难以置信，究竟是充满想象的法律猜想，还是疯子的胡言乱语，比照一下“阿尔法狗”围棋，未必是一边倒的结论：“阿尔法狗”几近颠覆了传统的围棋理论，传统围棋理论中的所谓“定式”并不可信，同样，颠覆一些法学“常识”，亦不值得大惊小怪。

猜想一：危害是犯罪。现行体系中存在的是犯罪是危害的命题，并无危害是犯罪的相反命题，其实甚至根本连刑法的含义都没有识别出来。刑法作为规范，以规范命题表达的才是刑法本身，是文本。危害是犯罪是刑法的第一规范，真正表达着刑法的文本含义和规范含义。犯罪是危害完全是刑法学命题，是认知性的。相反命题的建立，在究竟意义上将刑法与刑法学区分了开来。

猜想二：支配是权利。这一命题是自然存在的客观定理，是对自然法的表达，宣示着自然法意义上的法律规范的成立，并且真正揭示出了民法的含义。现行的权利是支配的命题，表达的并不是民法，而仅仅是民法学。

猜想三：赔偿、惩罚是责任。该命题同样是不证自明的法律定理，现行体系中存在的是责任是赔偿、惩罚的命题，所谓的民事责任是赔偿、刑事责任是惩罚。民事责任、刑事责任完全是民法学、刑法学上的概念和命题，是认知性的。认知性的命题未必真实，实际上无论民事责任还是刑事责任，均非国际上的通用概念。

猜想四：意思表示是法律行为。这一命题表达的才是规范，意味着当事人的意思表示直接具有相当于法律的效力。现行的法律行为是意思表示则完全是民法学上的命题，根本就不表达规范。意思表示是自然行为，是对象，在意思表示是法律行为的命题中，鲜明表达着对作为对象的意思表示的价值评价：相当于法律，在对象与价值评价的链接中，规范生成了。意思表示是法律行为，一端是对象，一端是规范，其间的关系是立体的。传统理论将二者理解为平面的包含关系，既未表达出规范的对象，也未表达出规范的含义。

猜想五：自然人是法律人。组织是与自然人并列的意志实体，比附“人格”表达组织的主体性质，无异于否认了组织的独立意志实体地位。国家有“国格”、上帝有“神格”，咬文嚼字，组织作为团体拥有的也应该是“团格”，而非人格。国家的“人格”、上帝的“人格”是荒谬的，组织的“人格”与之“一路货色”。法律语境中，自然人就是法律上的人，以“法人”专称组织，是明显的张冠李戴，而且遮蔽了法律规范的主旨：把自然人规范成法律人，正是文明社会法律的一个最基本的目的。

猜想六：人体权与人格权的法理范式。“士可杀，不可辱”，肉体不是人格，人体与人格互为两端，身体权等显然是人体权，而非人格权。人格是精神维度的概念，正是在与人体的冲突中，人格的含义才得以凸显：舍身，因而取义。

猜想七：作为目的的权利。民法不是对主体的规范，而是将非主体规范为主体，主体是一个生成的过程，因此民法第一位的权利是自然人作为主体、作为目的的权利，其次才是体现对客体关系的支配权。自然人不是主体，自然人是主体，在两个对立命题的关系中，规范的过程显现了出来：自然人不是主体，因而产生了法律将其规范为主体的意义。

猜想八：财产法与商法的法理范式。财产法与商法才是平行的概念，前者的核心概念是所有权，后者则是营业权。财产法与商法合一，构成的则是民法。民法是统摄物权法、知识产权法、商法的体系概念，根本就不存在所谓的民商合一或民商分立的问题。

猜想九：权利法与责任法的法理范式。权利与责任是平行的概念，二者之间旨趣对立，不可能存在包含关系。或者是权利法，或者是责任法，楚河汉界，逻辑上根本就不存在所谓的民事违法。侵权责任法与刑法同宗同源，即便不归入刑法，亦只能被作为与民法、刑法并列的法律部门。

猜想十：法律与法学区分的法理范式。法律是规范，法学是对规范的解释；前者是文本，后者是对文本的解释，仅仅如此，算不上新颖的法学“发明”，但称谓刑事责任、犯罪构成、法人、法律行为、主体、客体等为法学概念而非法律概念，肯定是闻所未闻的“惊悚”之说。

猜想十一：债法的消亡……

猜想十二：正义法定义到自由法定义的范式转换……

……

法律猜想的另一种表达便是法律定理，表现为具体的法律命题，是最重要的、基本的法律问题，类比朱庆育先生《中国民法总则的希尔伯特问题》，可称为法律的希尔伯特问题。提出具体的法律命题、法律定理，是法学研究的极致境界，没有命题、没有定理 、没有猜想的所谓研究，大多是伪学术。书中的一些命题显然是法学猜想，不是法律猜想，意识到法律猜想与法学猜想的区分，才算是明了了法律的真正含义。以法学猜想作为书名当然更为周延，但却表达不出法律的文本含义：法律与法学是区分的，法律猜想是客观定理，直接表达的是规范；法学猜想则是认知。以法律猜想作为书名，突出强调着客观上存在的法律定理，而只有发现了客观上的法律定理，法学才能真正成为一门科学。

“法律猜想”“法学猜想”推翻了现行法学体系中的许多基本命题，“语惊四座”，一些所谓的法学“常识”被完全证伪了，新的法学命题、新的法学表达；法学的“新视界”、法学的未来世界，别有洞天。

目
录
CONTENTS

一 危害是犯罪

1. 危害是犯罪

现行关于犯罪的通行定义的简化形式为：犯罪是社会危害行为，其实逻辑上对应成立着一个正相反对的命题，即危害是犯罪，这一命题的发现，为区分法律与法学、法律命题与法学命题打开了一个全新的视阈。犯罪是什么，什么是犯罪，正相反对的逻辑命题代表着两个完全不同的意义世界，前者即危害是犯罪是刑法命题，后者即犯罪是危害则是纯粹的刑法学命题。在学界现行的概念体系中，并没有危害是犯罪的命题，犯罪是危害被作为了唯一的命题，其实是把法学命题误认为了法律命题。

刑法作为规范，就是对对象作出犯罪的价值评价，其命题形式便是什么是犯罪。所谓刑法，其实就是对什么是犯罪的具体规定，我国刑法规范的实证结构亦正是如此：

第十三条 一切危害国家主权、领土完整和安全，分裂国家、颠覆人民民主专政的政权和推翻社会主义制度，破坏社会秩序和经济秩序，侵犯国有财产或者劳动群众集体所有的财产，侵犯公民私人所有的财产，侵犯公民的人身权利、民主权利和其他权利，以及其他危害社会的行为，依照法律应当受刑罚处罚的，都是犯罪，但是情节显著轻微危害不大的，不认为是犯罪。

第一百一十四条 放火、决水、爆炸以及投放毒害性、放射性、传染病病原体等物质或者以其他危险方法危害公共安全，尚未造成严重后果的，处三年以上十年以下有期徒刑。

第一百四十八条 生产不符合卫生标准的化妆品，或者销售明知是不符合卫生标准的化妆品，造成严重后果的，处三年以下有期徒刑或者拘役，并处或者单处销售金额百分之五十以上二倍以下罚金。

第一百五十一条 走私武器、弹药、核材料或者伪造的货币的，处七年以上有期徒刑，并处罚金或者没收财产；情节特别严重的，处无期徒刑，并处没收财产；情节较轻的，处三年以上七年以下有期徒刑，并处罚金……

分析我国刑法中的这些具体条文，其简化结构就是：放火是犯罪，生产劣质化妆品是犯罪，走私是犯罪。刑法就是对什么是犯罪的规定，这是必须确定的基本原理。这既是实证法规范的命题结构，也是实证法规范的实质。对应实证法上关于“什么是犯罪”的个别命题，成立着一个关于“什么是犯罪”的抽象命题，这个命题便是：危害是犯罪。

刑法就是对“什么是犯罪”的规范或规定，其具体内容则是危害是犯罪。没有这一命题，就没有作为规范的刑法本身。所谓“刑法是规定犯罪及其法律后果（主要刑罚）的法律规范的总和”[1]的流行定义，根本就没有识别出刑法的真正含义。“对什么行为是犯罪的规定”才是刑法的准确定义，学界也存在

〔1〕 参见张明楷：《刑法学》（第3版），法律出版社2007年版，第19页。

这一定义,[1]但却仅仅停留在个别命题层面，没有抽象出危害是犯罪这一关于刑法定义的一般命题。

什么是犯罪，对其的一般命题与个别命题可谓天壤之别。盗窃是犯罪、走私是犯罪等个别命题，就是法律的直接规定，然而危害是犯罪的一般命题，则表达的是法律公理、法律定理。这一命题的建立，将刑法建立在了超越法律规定之外的定理之上，为刑法找到了“自然原理”的原点：危害是犯罪，是自然法的公理，而非法律的规定。相较于将刑法界定为关于犯罪的规定的粗陋定义，以关于什么是犯罪的规定界定刑法才是界定刑法概念的正确方向，但个别命题是有缺陷的：个别行为性质不清，需要上升到抽象层面，以危害行为表达其共同的本质，即必须上升到危害是犯罪的抽象命题。缺乏此抽象命题，刑法对什么是犯罪的规定似乎完全是一种人为的任性规定：既然刑法仅仅是关于什么是犯罪的规定，当然也就意味着甚至连见义勇为都可以成为犯罪。

作为抽象命题，这一命题显然并没有现实的强制执行力，但并不因此而与道德规范“混为一谈”：道德规范不以犯罪与否作为价值评价，但危害是犯罪的命题却直接表达着“强制执行力”。

危害是犯罪是“人理法”的定理，而且只有此种命题表达的才是规范：对自然行为作出价值认定。规范就是对自然行为的规范，无论如何，危害行为作为人的基本行为都构成法律规范的对象，更直接地说，所谓刑法，就是对危害行为作出犯罪的价值认定。逻辑上，刑法规范的结构是什么是犯罪，而非犯罪是什么，我国刑法规范的实证结构亦正是如此。

---

〔1〕 在刘仁文等著的《立体刑法学》中，刑法的定义为：刑法是规定什么行为是犯罪以及负何种刑事责任的法律规范。参见刘仁文等：《立体刑法学》，中国社会科学出版社 2018 年版，第 71 页。

刑法就是对什么是犯罪的规定，抽象的刑法是对危害是犯罪的规定，具体的刑法或实证法则是对诸如盗窃、走私等具体行为是犯罪的规定。这意味着，如同道德规范一样，存在着一个非由实证法规定的纯粹理性“规定”的“刑法定理”：危害是犯罪是抽象的刑法，是刑法的定义本身，不但不是实证法的规定，恰恰相反是实证法必须表达的本质；而实证法无非是以个别命题对危害是犯罪这一抽象命题的具体表达。

刑法的定义就是关于危害是犯罪的定理，是对危害行为的犯罪评价，这一命题不可能来源于实证法的规定，而是如哈特所言的最低限度的自然法，〔1〕是理性的“绝对命令”，不存在逻辑证明的问题，是法律定理。自然法学从理性、定理、自然的维度界定法律，实证法学批评自然法学混淆了实然与应然的区别，混淆了“是”与“应当”的区别：水零摄氏度结冰，事实上一定会结冰；杀人者应当被处死，但事实上却未必会被处死。〔2〕其实，杀人者应当被处死，并不是最低限度的自然法规范。杀人者应当被处死，是纯粹的价值规范，因此并不是唯一的规范，同时成立杀人者不应当被处死的命题。所谓价值判断，表达的是多元的含义，而事实判断则是唯一的，与事实上是否处死根本就没有关系。

法律是价值判断，不是事实判断，体现的是“应当”关系，而非“是”的关系，因此不是唯一的。是终身监禁，还是处死；是注射死亡还是击毙，法律的这些具体规范就是人为的规定，并不值得小题大做。如果以为这些规范也属于“是”的范畴，

---

〔1〕 哈特认为，自然法在最低限度存在。参见周赟：《纯粹法学与纯粹法律——论原则性法典》，载《政法论坛》2007年第6期。

〔2〕 参见董静姝：《论凯尔森对自然法学的批判及其对中国法学的启示》，载《西南民族大学学报（人文社会科学版）》2015年第3期。

是自然存在的规范，自然法就太荒唐了。然而，人之所以为人，即便实证法学也认为存在着最低限度的自然法规范，杀人者应当处死是应然规范，但杀人构成犯罪绝对是实然规范。没有基本的自然法规范，意味着人类没有基本的伦理，也没有作为科学的伦理学。

但自然法并不是自然存在的规范，不是理性发现的自然存在的规则，而是理性创设的绝对命令。将法律理解为理性的绝对命令，在“人理法”的语境理解自然法，尽管不存在纯粹自然意义上的法律，但人的理性创设着关于人类秩序、伦理的绝对命令，这些命令就是事实判断，同时也是价值判断。价值判断与事实判断当然是区分的，但另一方面，在最基本的主题上，诸如危害是犯罪等命题则同时具有事实判断和价值判断的双重性质，作为理性的绝对命令，这一命题具有客观的性质，是唯一的命题。这在哲学上并不复杂，事实判断与价值判断的交叠互动关系在哲学上是完全可以证成的。〔1〕

存在着危害是犯罪的命题，这一命题的发现，不但揭示出了刑法规范的究竟含义，也揭示出了刑法的真正含义，将刑法建立在了如同数学般的公理之上，而只有建立在公理基础上的刑法，才是作为科学而成立的刑法。刑法、刑法规范毫无疑问是刑法学的第一概念，然而学界对如此基本的概念竟然不甚了了，对其含义的阐释粗陋不堪，根本就没有识别出刑法、刑法规范的真正含义。有学者批评中外刑法学者对刑法概念都不够重视，研究浮皮潦草，并尝试给出了刑法概念的颠覆性的定义。〔2〕敏锐的

〔1〕 参见刘清平：《怎样从事实推出价值？——是与应当之谜新解》，载《伦理学研究》2016 年第 1 期。

〔2〕 参见陈忠林、王昌奎：《刑法概念的重新界定及展开》，载《现代法学》2014 年第 4 期。

学术洞察，十分深刻。

刑法就是刑法规范，在规范的语境内，在公理的形式下，才能表达出刑法的究竟含义。现行关于刑法概念的三种强势定义在最基本的逻辑前提上就误入了歧途。

（1）三种定义所表达的均非刑法规范本身，而是对刑法规范的认知。规定犯罪与刑罚的法律规范的总和；〔1〕规定犯罪、刑事责任与刑罚的法律；〔2〕规定犯罪及其刑事责任（或法律后果）的法律规范的总和。〔3〕这三种定义显然都是对刑法规范的认知。

（2）“本末倒置”，将犯罪作为了规范对象。

危害是犯罪，这一命题才真正表达出了刑法的含义：本身就是规范，而不是对规范的认知；正确地将危害行为作为了规范的对象，在作为对象的危害行为与作为价值评价的犯罪的连接中，将刑法规范的含义表达得淋漓尽致。

危害是犯罪是刑法公理，确立了这一公理，“脑洞大开”，为理解犯罪概念打开了一个全新的视阈：

我国《刑法》〔4〕第13条的简化结构就是：社会危害行为是犯罪。但此条并不是犯罪概念的定义，也不是所谓的犯罪构成。张明楷教授将其作为我国刑法关于犯罪的定义；〔5〕刘艳红教授认为“社会危害性是犯罪的本质是一个公认命题”，“社会危害性理论在我国刑法学中长期处于中心地位”；〔6〕陈兴良教授将其

---

〔1〕参见陈兴良：《刑法哲学》，中国政法大学出版社1992年版，第1页。

〔2〕参见高铭暄主编：《刑法学原理》（第1卷），中国人民大学出版社1993年版，第5页。

〔3〕司法部法学教材编辑部编审，参见张明楷：《刑法学》（上），法律出版社1997年版，第1页。

〔4〕《刑法》，即《中华人民共和国刑法》。为表述方便，本书中涉及我国法律文件，直接使用简称，省去“中华人民共和国”字样，全书统一，后不赘述。

〔5〕参见张明楷：《刑法学》（第3版），法律出版社2007年版，第78页。

〔6〕参见刘艳红：《社会危害性理论之辨正》，载《中国法学》2002年第2期。

作为犯罪构成理论，[1]学界在逻辑起点上就误入了歧途。

《刑法》第13条根本就不是关于犯罪的定义，社会危害性是构成犯罪的本质，但未必是犯罪构成的本质。独立成立着危害是犯罪的刑法命题，确立了这一命题，关于犯罪是危害的命题在刑法学的语境中便失去了意义，因此也不存在将社会危害性作为犯罪构成的问题。劳东燕教授认为危害性原则已经崩溃，社会危害性不再越位承担定罪标准的角色，刑事违法性才是界定犯罪的标准，[2]危害是犯罪的命题将危害性原则与刑事违法性完美地结合了起来。与刑法不同，刑法学才是对犯罪概念的追问，对本质的追问，必须超越以社会危害性作为要件的追问，因为在危害是犯罪的刑法命题中，危害与犯罪的关系已经被表达过了。

2. 犯罪是危害

与什么是犯罪对应，成立着犯罪是什么的相反命题；与危害是犯罪对应，成立着犯罪是危害的相反命题。无论如何，犯罪都是一个所针对的对象，犯罪是什么即犯罪的定义是一个基本的命题。但犯罪究竟是刑法上的概念还是刑法学概念的问题，或者没有被追问过，或者想当然地被作为了刑法概念。然而，真相却匪夷所思：犯罪并不是刑法上的概念，而是刑法学上的概念。

刑法就是对什么是犯罪的规定，但却不是对犯罪的“规范”，也无须对犯罪“规范”。在刑法语境中，犯罪是什么并不是一个问题，因为含义是被简单确定的功能性定义：被刑罚处

---

〔1〕 参见陈兴良：《刑法阶层理论：三阶层与四要件的对比性考察》，载《清华法学》2017年第5期。

〔2〕 参见劳东燕：《危害性原则的当代命运》，载《中外法学》2008年第3期。

罚的行为。在规范的目的上，犯罪就是以刑罚惩罚性等具体的刚性标准界定的行为。犯罪概念的形式定义与实质定义之争，一直没有定论，[1]从刑法与刑法学区分的角度，这一争论被彻底解决了。

刑法并不“规范”犯罪，并不需要给出犯罪的定义，因为刑法上的犯罪定义是功能性的，是可以被简单给出的。然而，除了规范意义上的功能定义外，犯罪更是一个自然现象和社会现象，同时也是一个法律现象，因而存在着一个关于犯罪的实质定义，这个定义是认知性的，所以并不是唯一的。作为刑法学而非刑法上的概念，犯罪不可能是价值判断。[2]以刑法与刑法学区分的范式，同时成立什么是犯罪与犯罪是什么两个独立的命题，什么是犯罪的个别命题才是价值判断，什么是犯罪的抽象命题则同时是事实判断与价值判断，而犯罪是什么则是关于犯罪的定义，作为认知命题，就是纯粹的事实判断。

在犯罪是什么的命题结构中，表达的并不是对犯罪的规范，而是对犯罪的定义，这里的“犯罪”并不是规范的对象，而是认知的对象。作为认知的对象，“众说纷纭”是其典型的特征，见仁见智，不可能有统一的定义。犯罪是危害作为刑法学命题，面对着另一个犯罪是违法行为命题的强烈抵触：社会危害性理论一直是关于犯罪的一个有影响的学说，“社会危害性是犯罪的本质是一个公认命题”，“社会危害性理论在我国刑法学中长期处于中心地位”，但该学说近来受到了一些学者的攻击，三阶层理论以违法性作为犯罪概念的实体，猛烈抨击一直以来将社会

---

〔1〕 参见张小虎：《犯罪概念形式与实质的理论建构》，载《现代法学》2005年第3期。

〔2〕 有学者提出犯罪只能是价值判断，批评学界将犯罪当作了事实判断，大抵还是缺乏法律与法学区分的清晰理念。参见邵维国：《犯罪只能是价值判断》，载《法商研究》2009年第4期。

危害性作为犯罪实体的主流学说。三阶层理论认为违法性契合罪刑法定的刑法理念，而社会危害性概念并不确定，与罪刑法定理念存在冲突，[1]逻辑上属于循环论证。[2]这是认知概念的典型特征。作为对比，规范意义上的概念，定义是功能性的，而且是可以简单确定而且必须被简单确定的。

犯罪是危害是认知命题，其在相当长的一段时间内曾是国内学界关于犯罪的主流定义，“简单地说，犯罪是危害社会的行为”，[3]当下则与以违法性、有责性为支柱构建的阶层论相持不下。犯罪是危害的命题是成立的，但却是典型的犯罪学命题，“犯罪学上的犯罪概念的定义就是以社会危害性为中心建构的”，[4]同时将其作为刑法学的命题，刑法学与犯罪学没有了区分的界限。更大的问题是：既然是在刑法的维度，罪刑法定是必须作为的圭臬，因此违法性必须在犯罪的定义中被表达出来，犯罪是危害的命题，对犯罪的定义中明显缺少了法定性这一刑法的精髓。在犯罪是什么的命题下，即关于犯罪的定义上，犯罪是危害的命题是没有意义的，也表达不出犯罪的真正本质。

同时成立危害是犯罪与犯罪是危害的命题，前者以危害为主词，表达的是对危害行为的规范，是对作为自然行为的危害行为的犯罪认定，即价值认定；后者以犯罪为主词，是对犯罪的定义，是认知性的。危害是犯罪，并不必然意味着犯罪是危害，其中的道理并不复杂。在刑法维度下，危害与犯罪之间的关系是通过危害是犯罪的命题表达的，有了这一命题，不但犯罪是危害的命题在刑法学上失去了表达的意义，而且成功在危

---

〔1〕 参见樊文：《罪刑法定与社会危害性的冲突——兼析新刑法第13条关于犯罪的概念》，载《法律科学（西北政法大学学报）》1998年第1期。

〔2〕 参见王政勋：《从四要件到三阶层》，载《刑事法评论》2012年第1期。

〔3〕 参见刘艳红：《社会危害性理论之辨正》，载《中国法学》2002年第2期。

〔4〕 参见刘广三：《犯罪学上的犯罪概念》，载《法学研究》1998年第2期。

害性与违法性、有责性之间建立起了清晰的关联：危害是犯罪，而犯罪的本质则是违法性与有责性等。仅仅以违法性、有责性概括犯罪，固然表达出了犯罪的本质，但却缺少了“规范”：犯罪是什么是典型的认知性命题，并不表达规范，危害是犯罪的命题表达的才是规范。规范与认知、危害是犯罪与犯罪是规范，危害与违法性、有责性，在二者之间的连接中，犯罪概念被立体地表达了出来。无论是危害性理论，还是阶层理论，分离开来均仅仅是一个片面，二者结合起来才构成犯罪概念的整体，但这种结合并不是混合定义中社会危害性与违法性等的外在的机械组合，所谓“混合犯罪概念则因其将形式与实质犯罪概念结合起来而得名”。〔1〕

3. 区分范式下的犯罪构成

刑法是对什么是犯罪的规定，我国《刑法》第13条就属于此种情形，其简化结构就是：社会危害行为是犯罪。因此，对应成立着一个构成犯罪的概念，即什么行为构成犯罪，表达的是对一个对象的犯罪价值认定。刑法学则是对犯罪是什么的认知，在该命题下，成立的才是犯罪构成，即犯罪的结构或本质。构成犯罪与犯罪构成相区分，学者将四要件作为所谓的犯罪构成，概念上就认定错了。四要件根本不是什么犯罪构成，而是构成犯罪。

在危害是犯罪的命题下，存在一个法律将什么样的特定行为规定为犯罪的问题，即什么样的危害行为构成犯罪。危害是犯罪，只是抽象的刑法规范，具体规范当然是由法律规定的，是法律将具体危害行为规定为犯罪，这同样是不言自明的公理，

---

〔1〕 参见刘艳红：《社会危害性理论之辨正》，载《中国法学》2002年第2期。

没有人会迂腐到将犯罪由法律规定当作一个问题。存在着一个法律将什么样的危害行为规定为犯罪的问题，违法性不是四要件理论中的要件，因为预先设定的语境便是法律的规定。法律将违法行为规定为犯罪，这样的命题叠床架屋。陈兴良教授指出了四要件理论没有违法性要件的现象，“在我国的四要件理论体系中没有违法性质的独立地位”，〔1〕但并没有揭示出其中的深层原因。

危害行为的具体结构就是犯罪的结构，从客体、客观方面、主体、主观方面解构行为或危害行为，是关于行为的自然公理。四要件是行为构成的基本要素，即是危害行为构成的基本要素。陈兴良教授对社会危害性论者主张的犯罪构成四要件理论中不包含或无法包含社会危害性感到不解：“社会危害性是存在于犯罪构成之外，还是存在于犯罪构成之中？如果存在于犯罪构成之中，社会危害性是哪一个犯罪构成要件的要素？”〔2〕在危害是犯罪的命题下，陈兴良教授对四要件理论的批评被轻松化解：四要件就是危害行为的四要件，本身就是对社会危害行为的解构，其中当然不可能包含社会危害性。四要件首先不是犯罪的四要件，而是危害行为的四要件，四要件结构下的危害行为构成了犯罪。危害是犯罪，在危害与犯罪的动态关系中，犯罪的含义得到了立体的究竟的表达。在现行学说中，直接从犯罪出发，从犯罪到犯罪，表达的根本就不是规范。

对应什么是犯罪，犯罪是什么构成另一个独立的命题，犯罪是主词，在该命题下，成立的才是犯罪的构成，是直接对犯

---

〔1〕 参见陈兴良：《违法性的中国语境》，载《清华法学》2015 年第 4 期；陈兴良：《刑法阶层理论：三阶层与四要件的对比性考察》，载《清华法学》2017 年第 5 期。

〔2〕 参见陈兴良：《刑法阶层理论：三阶层与四要件的对比性考察》，载《清华法学》2017 年第 5 期。

罪的本质、结构的追问。违法性、有责性等，表达的便是犯罪构成的概念。陈兴良教授将犯罪构成界定为“犯罪成立的条件”，〔1〕犯罪概念本身与犯罪成立的条件完全不同，条件是外在的，犯罪概念本身的结构，才是犯罪构成概念的本义。

在哲学层面上，存在着一个实践理性与纯粹理性的基本分类，法学领域，同样存在着相应的划分，一个是实践的规范功能的世界，大体相当于应用法学，一个是理性的纯粹理解的世界，大体相当于理论法学。前者是具象的、操作性的，后者则是抽象的、理解性的。对对象的本质解释构成独立的目的，不以实践为目的，是对本质的纯粹的理性解构。对犯罪概念纯粹的理性分析，是对犯罪结构或本质的理性阐释，构成一个独立的理解义域：与事实无关，与实践无关，与功能无关，是法学领域中纯粹的“审美”。学界现行的意境完全是功能性的、实践性的，并未意识到存在一个独立的理解的世界：对本质的解释本身构成独立的目的，与功能性的实践并驾齐驱。四要件理论属于前者，三阶层理论则属于后者。现行学说完全深陷在规范功能的单一世界，不可能揭示出四要件与三阶层的真正区别。

一定存在着一个纯粹的理论法学的领域，一定存在着一个纯粹的理性犯罪概念：是对犯罪概念纯粹的本质解释，没有规范功能。以应用法学与理论法学的区分范式审视，三阶层理论的纯粹理性概念的本性被识别了出来，三阶层理论是对犯罪概念的纯粹的理性解构，是对犯罪概念的究竟本质的解释。

犯罪构成概念是对犯罪概念的纯粹的本质解释，三阶层理论的违法性、有责性等表达，是极其典型的终极表达方式，是对犯罪概念本质的最淋漓尽致的表达。张明楷教授提出以违法

〔1〕 参见陈兴良：《犯罪构成的体系性思考》，载《法制与社会发展》2000年第3期。

性与责任为支柱构建犯罪论体系，〔1〕以替代传统的社会危害性理论、四要件说等，显然没有意识到构成犯罪与犯罪构成的区别、应用法学与理论法学的区别。违法性、有责性等是对犯罪概念的本质解释，四要件揭示的是危害构成犯罪的基本结构，二者交相辉映，根本就不存在替代的问题。有学者提出了四要件三阶层理论的“共生”，〔2〕这便是其法理逻辑上的终极根据。

四要件理论是功能性的，是实践中认定犯罪所依据的基本范式，并不是对犯罪概念的解构或者定义，而是对危害是犯罪的解释；三阶层理论是纯粹理性的，是对犯罪概念的本质解释。前者使用的是具象的、可操作性的概念，后者使用的则是抽象的、理解性的概念，对比前者中的主观方面的故意、过失概念与后者中的有责性概念，问题十分清晰：有责性就是对故意、过失的本质表达；故意、过失则是具象表达，是有责性的具体体现。陈兴良教授批评四要件理论中没有责任要件，〔3〕显然没有意识到故意、过失与有责性之间的这种具体与抽象的关系。根本不是没有有责性，不过是以具象的、操作性的概念表达而已。三阶层理论是对犯罪的本质解释，不是功能性的，三要素之间的递进关系，完全可以被理解为三者之间的递进解释：所谓的要件该当性，也就是违法性，因为“违法要素都被纳入到构成要件中，符合构成要件的行为一般具有违法性”；〔4〕之所以违法，则是因为有罪过，可以被苛责。该当性就是违法性，三

---

〔1〕 参见张明楷：《以违法与责任为支柱构建犯罪论体系》，载《现代法学》2009年第6期。

〔2〕 参见周详：《四要件与三阶层犯罪论体系共生论》，载《中外法学》2012年第3期。

〔3〕 参见陈兴良：《刑法中的责任：以非难可能性为中心的考察》，载《比较法研究》2018年第3期。

〔4〕 参见张明楷：《阶层论的司法运用》，载《清华法学》2017年第5期。

阶层论中的"'违法性'标题下研究的却是违法阻却事由",[1]违法阻却事由指向的就是不违法，将违法阻却事由称为"违法性"，三阶层理论的逻辑十分怪异。

存在着应用法学与理论法学的基本区分，存在着构成犯罪与犯罪构成的基本区分，四要件是实践中判断犯罪的功能性概念，即判断什么危害行为构成犯罪的应用概念，三阶层理论则是对犯罪概念的理性解构，不存在实践中的应用问题，也不能用来作为认定犯罪的根据。侯国云教授批评德日犯罪构成理论结构不严、内容失调、逻辑混乱，[2]杨兴培教授批评三阶层理论"所谓的'三阶层'犯罪结构模式的位阶关系基本上没有多少实践价值",[3]三阶层论者连构成犯罪与犯罪构成都没有区分开来，逻辑混乱是不可避免的。

三阶层理论是关于犯罪的理论，是对犯罪是什么的命题的解构，是认知性的、解释性的，但并不是文本本身，因此属于刑法学概念；对应的则是关于什么是犯罪的规范，属于刑法，其基本命题是危害是犯罪，即刑法是将危害规范为犯罪，并不直接是对犯罪的规范。四要件是危害行为的四要件，是危害性行为构成犯罪的四要件。

刑法不是对犯罪的规范，而是将危害行为规范为犯罪，无论是四要件理论还是三阶层理论，显然都未建立起这一基本的逻辑前提。三阶层理论无论多么美妙，因其不是文本，所以不是刑法规范本身。危害是犯罪才是刑法规范本身，是文本，因此四要件理论才是关于危害是犯罪的规范理论。三阶层理论将

---

〔1〕 参见张明楷：《阶层论的司法运用》，载《清华法学》2017年第5期。

〔2〕 参见侯国云：《德日犯罪构成理论批判》，载《中国政法大学学报》2011年第4期。

〔3〕 参见杨兴培：《"三阶层"犯罪结构模式的中国语境批判》，载《东方法学》2021年第2期。

刑法误解为了对犯罪的规范，在逻辑起点上就跑偏了。张明楷教授认为三阶层论与四要件论存在着三个方面的区别，[1]但都不是二者之间的本质区别。究竟意义上，四要件是危害行为的要件，不是犯罪的要件，客观、主观是危害行为构成的基本维度；三阶层理论则是关于犯罪的要件，违法性、有责性显然是对犯罪概念的本质解释。例如，就故意而言："故意是违法要素还是责任要素，抑或既是违法要素又是责任要素，是国内为刑法学界激烈争论的问题。将故意理解为违反规范的意思进而将其作为违法要素，并不符合故意的基本内容……"[2]张明楷教授的观点显然没有在危害行为与犯罪概念之间作出区分。危害行为的结构是四要件，犯罪的结构是三阶层，后者完全是对犯罪概念的本质解释，故意当然既是违法要素，又是责任要素。危害行为与犯罪不同，二者的区别在终极意义上被厘清了。

刑法与刑法学的区别本身就是一个基本的学术问题，什么是犯罪与犯罪是什么命题区分范式的建立在刑法与刑法学区分问题上取得了重大突破，不但如此，两个命题的区分还彻底厘清了所谓的犯罪构成理论中四要件与三阶层的争议以及其他一些刑法学基本概念上的争议。

(1) 犯罪的形式定义与实质定义。

关于犯罪的定义，有所谓形式定义、实质定义、混合定义三种。基于刑法与刑法学区分的新视角，会得出犯罪的刑法概念与刑法学概念的划分，此种划分才真正揭示了犯罪概念的本质：刑法上的犯罪概念是规范性的，即形式上的；刑法学上的犯罪概念是认知性的。存在着危害是犯罪的刑法命题，在这一命题下，犯罪概念与危害行为是相区分的。一方面，这里的犯

---

〔1〕 参见张明楷：《阶层论的司法运用》，载《清华法学》2017 年第 5 期

〔2〕 参见张明楷：《论故意的体系地位》，载《法商研究》2022 年第 2 期。

罪概念就是形式上的；另一方面，犯罪的定义中也不可能包含所谓的社会危害性，因为危害行为本身被作为了主词，已经被作为了规范的对象。在危害是犯罪的命题结构中，以危害定义犯罪在前提上就被排除了。

犯罪的概念实质上是刑法学上的，以所谓的社会危害性作为犯罪的实质，颠倒了危害概念与犯罪概念的关系。社会危害性不是犯罪的实质定义，因为危害行为正是被评价的对象，犯罪是受到刑罚惩罚的行为也不是犯罪的定义，因为此种规范和形式上的定义，显然并不表达本质。从认知的角度，违法性、有责性才真正表达出了犯罪的本质，才是犯罪的本质定义：危害是犯罪是自然法上的命题，含义模糊，范围广阔，实证意义上，法律所规定的危害行为才是犯罪，因此并不是法律将什么行为规定为犯罪，而是法律将危害行为规定为了犯罪；法律没有规定的危害行为，则不构成犯罪。社会危害性与违法性被完美地结合了起来，与现行所谓的混合定义的简单相加相比，新范式体现的立体结合，表达出了犯罪概念的究竟含义。

(2) 罪刑法定。

罪刑法定被奉为刑法的灵魂，什么是犯罪的个别规范由法律规定，其中的法理根据天经地义，并没有特别深奥的道理值得探讨。现行理解缺乏个别规范与一般规范的区分范式，没有意识到对应个别规范，存在着关于什么是犯罪的一般规范，一般规范根本不存在所谓的罪刑法定的问题，危害是犯罪就是客观上存在的公理，不但不是法律的规定，恰恰相反，一般规范构成着法律规定的公理基础，法律对犯罪的规定，只是将具体的危害行为认定为犯罪，不断将自然含义的“待犯罪化”〔1〕犯罪认定为犯罪。

---

〔1〕 参见刘广三：《犯罪学上的犯罪概念》，载《法学研究》1998年第2期。

通说认为，罪刑法定派生或包含禁止不成文法、禁止类推等四个规则，刑法与刑法学区分提出了一个新的重大问题：存在着纯粹认知性的刑法学概念，或者说刑法学概念是认知性的。认知本身即构成目的，无须而且也不能被用于功利维度下的司法实践。

规范与认知不分，应用理性（实践理性）与纯粹理性不分，刑法概念与刑法学概念不分，学界的现状并不尽如人意。按罪刑法定原则，认知性的刑法学概念显然不能作为司法裁判的根据，不能被运用于司法实践。学者显然既没有意识到存在着纯粹的认知性概念，也没有意识到认知性概念不能被用于司法实践，不能被作为裁判的根据，诸如《入出罪走向出罪：刑法犯罪概念的功能转换》、〔1〕《阶层犯罪论及其实践展开》、〔2〕《体系化与功能主义：当代阶层犯罪理论的两个实践优势》〔3〕等论文，立意上其实就存在着问题。

（3）法益。

犯罪侵害的是法益，此命题同样是刑法学的命题，本质上是对作为规范的刑法的一种纯粹的理性解释，在刑法的义域内，是不可能成立该命题的。在危害是犯罪的抽象刑法规范下，存在一个法律将什么具体危害“规范”为犯罪的命题，法律将什么危害规范为犯罪，就是将什么对应的利益“规范”为利益，法律将危害行为侵害了什么利益界定为犯罪，其中的利益可以是任何利益，但一定不可能是法益：因为前提设定的就是法律规定的语境，法律不可能直接规定法益，一定是对一个非法律

〔1〕 参见刘艳红：《入出罪走向出罪：刑法犯罪概念的功能转换》，载《政法论坛》2017 年第 5 期。

〔2〕 参见周光权：《阶层犯罪论及其实践展开》，载《清华法学》2017 年第 5 期。

〔3〕 参见车浩：《体系化与功能主义：当代阶层犯罪理论的两个实践优势》，载《清华法学》2017 年第 5 期。

维度下的利益对象作出了规定，由此产生了法益。因为法律的规定，法益才产生了。在此意义上，甚至可以说是犯罪创设了法益：因为特定的犯罪的设定，特定的利益才成了法律保护的利益。

法益是新引进的一个概念，“在我国当前的刑法学研究中，法益概念已成为人们广泛使用的基本分析工具”，[1]但仍然有尖锐的批评，“‘法益’是一个刑法之外的现象，而不是刑法本身的组成部分”。[2]在刑法与刑法学区分范式下，脉络被彻底厘清了。

---

〔1〕 参见苏永生：《法益保护理论中国化之反思与重构》，载《政法论坛》2019年第1期。

〔2〕 参见杨兴培：《中国刑法领域“法益理论”的深度思考及商榷》，载《法学》2015年第9期。

二 支配是权利

1. 支配是权利

支配是权利，是纯粹的自然法“规范”，与实证法无关。支配是自然行为，这里所谓的“自然”构成着与法律对应的含义，意味着支配并非由法律所界定的概念。不但支配不是法律界定的概念，而且支配是权利同样不是由法律所规定出来的命题，这一命题是来自于人类的伦理理性，是理性的绝对命令，是自然法或人理法的公理。英文中的“LAW”同时具有法律和规律的含义。

自然人与组织作为意志实体，其自由意志是通过对对象的支配来体现的，没有对对象的支配关系，自由意志便成了虚无的存在，自然人不成其为自然人，组织亦不成其为组织。因此，对对象的支配是一种正当的行为，即是一种权利。人与动物的区分，基本的根据之一就是对支配行为正当性的确立，因为支配行为是正当的，支配关系才建立了起来。动物对对象的“支配”是任意的，是纯粹的事实上的支配，因此是一种随时会失去的“支配”，显然不是真正意义上的支配。支配是权利的绝对命令，建构起了自然人由动物人到伦理人的文明社会、文明世界。支配是权利的自然法“规范”，建立起了自然人、组织对对象的稳定的支配关系，人与动物因此区分了开来。没有这样的自然法规范，没有这样的自然机理，人与动物之间便会失去最基本的区分。

支配是权利，是民法的公理，这一命题的确立，不但揭示出了民法的究竟含义，而且揭示出了民法具体规范的究竟含义。现行体系从逻辑结构的维度理解规范，并没有描述出规范的动态过程。规范的过程或规范的实质，其实是对自然行为作出权利的价值评价，法律对“所有”的规范就是认定所有是权利，对继承的规范就是认定继承是权利，对婚姻的规范就是认定婚姻是权利，而非直接规定所有权、继承权、婚姻权等。

法律作为规范，在现行体系下通说的定义是行为的规则、准则，这一定义只是形而下的具体定义，并不是规范的形而上的终极含义。在终极意义上，行为规范的含义是行为的价值认定，没有任何维度，比行为的价值认定更能表达规范的极致含义。缺乏行为价值认定的理念，传统体系对法律的认知、对规范的认知在起点上就背离了本质。

必须建立起价值认定的终极理念，从价值认定的维度界定规范。刑法学上，对犯罪概念的究竟含义便是在价值概念的语境中予以阐释的，以行为无价值或结果无价值解释犯罪是现代刑法学的一个基本立场。价值是权利概念、犯罪概念的究竟含义，因而对自然行为作权利、犯罪评价的规范，就是对自然行为的价值认定。

法律是价值判断，传统语境中的基本含义是与事实判断的区分，旨趣在于强调规范的主观性、相对性。法律是价值判断，另一种更基本的含义是：价值认定是法律的终极含义，必须从价值的维度界定规范。法律作为一个体系，存在着基本的范畴，张文显教授提出权利、义务是法学的基本范畴，〔1〕基本范畴的

〔1〕 参见张文显：《论法学的范畴意识、范畴体系与基石范畴》，载《法学研究》1991年第3期。

本质其实就是价值概念。就民法、刑法而言，权利、责任（犯罪—惩罚）才是基本范畴。作为法律体系的基本部门，民法规范就是对支配行为作出权利的价值认定，具体规范则表现为所有是权利、婚姻是权利、继承是权利，分别是对作为自然概念的支配、所有、婚姻等作出权利的价值认定；刑法则是对危害行为作出犯罪的反价值认定，具体规范则表现为盗窃是犯罪、走私是犯罪等，均是对自然行为作出价值认定。法律是价值判断，就是将支配行为认定为权利，将危害行为认定为犯罪，这是法律的基本规范，是抽象规范。抽象规范并非所谓以“应当”范式表达的规范，并不适用事实判断与价值判断的区分。支配是权利，而非应当是权利；危害是犯罪，并非应当是犯罪。对于具体规范而言，可能适用的才是“应当”范式。

2. 权利是支配

与支配是权利的命题相反，成立权利是支配的命题，这也是现行体系中唯一存在的命题，究竟是民法命题抑或是民法学命题，学界从未追问过，其在相当程度上被误认了民法命题。

权利是支配命题不是民法命题，这一命题没有任何规范的功能和意义，命题中完全体现不出对象与价值评价的规范的基本结构。作为对比，支配是权利则是规范命题，命题表达的是对支配的价值认定，是价值判断。民法上关于权利的定义是规范性质的，即可以行为的资格。关于权利的定义可谓见仁见智，五花八门，从民法与民法学的区分角度，争议被理清了脉络：存在着民法定义与民法学定义之分，“可以行为”的资格是权利的民法定义，“支配的力”等则是民法学上的定义。方新军教授为权利的意志说正名，力挺“权利是法律赋予主体的能力或者意志的支配力”的权利意志说定义，批驳“权利是个人所具有的一种道德品质，这使得他能够正当地拥有某物或者做某事”的权利资格说定义，[1]显然没有意识到，意志说与资格说的究竟区别是民法学与民法上的区别。资格说是民法上的定义，是操作性的规范定义，而意志说则是民法学上的认知定义，认知定义不是唯一的，除了意志说，还有利益说、否认说等。

法律与法学、民法与民法学的区别是一个基本的法理追问。支配是权利是民法命题，权利是支配是民法学命题，这一结论建立在规范与认知、现象与本质的区分之上。权利概念存在规范定义与认知定义之分，可以行为的资格是权利的规范定义，除了规范定义，还存在着认知定义，是对权利概念的本质的追问，对法律概念进行的本质追问，就是民法学。

民法学是对权利等概念的本质追问，规范与认知、现象与本质，构成两个相映成趣的意义世界，前者是文本，后者则是解释。民法上，支配权即简单意味着支配是权利、所有权即意味着所有是权利、继承权即意味着继承是权利，并不需要给出支配权、所有权、继承权的定义。然而，在民法学上，支配权、所有权、继承权等定义却构成着其基本的主题和旨趣，对应的定义揭示着这些概念的本质，构成着对作为文本的规范的解释。

规范就是认定支配是权利、“所有”是权利、婚姻是权利，既不是给出支配概念、“所有”概念、婚姻概念的定义，也非给出支配权、所有权、婚姻权的定义，支配、“所有”、婚姻等都是自然含义的概念，并不是因法律规定才存在的概念，因此对支配、“所有”、婚姻等概念的定义界定，并不是法律的任务，在规范的目的上，没有支配权、所有权、婚姻权概念存在的任何意义。在支配是权利的命题中，界定的不是权利，其定义是

---

〔1〕 参见方新军：《为权利的意志说正名——一个类型化的视角》，载《法制与社会发展》2010年第6期。

简单确定的，即正当行为的资格。基于规范功能的角度，正当行为的资格是权利概念最为贴切的含义，并不需要任何玄虚的形而上定义；“所有”是权利，“所有”(占有、使用等行为)是自然行为，是对象，在“所有”是权利的价值命题中，对象被规范了。

权利是支配是民法学命题，对此并不需要复杂的论证，这一命题本来就出现在“民法学”名称的著作之下，民法学著作中的命题，当然是民法学命题。然而，面对的问题是：这一命题是否同时为民法命题?

必须对权利问题上的思维方式做彻底的扭转。法律对所有权的规范，就是将作为自然行为的“所有”认定为权利，并不是直接规定所有权概念本身；法律对继承权的规范，就是将作为自然行为的继承认定为权利，并不是直接规定继承权本身。“所有”、继承等逻辑在先地是自然存在，是没有法律规定亦成立的概念。法律概念是没有意义的，〔1〕这一匪夷所思的观点，在一定程度上正是意识到了法律概念与法学概念的区分。真正存在的概念是法学概念，而所谓的法律概念的确是没有意义的。

规范就是对自然行为的权利价值认定，支配是权利、“所有”是权利、继承是权利等命题结构的发现，建立起了规范理论的第一原理，揭示出了规范的内容和实质。传统理论围绕规范的逻辑结构进行，指向的只是规范的形式，而非规范的内容。

法律概念是否有意义、法律概念与法律规范的关系是法理学上一个基本的争论，在规范第一原理下，支配权即为支配是权利、所有权即为“所有”是权利等，所谓的法律概念被还原为了规范，法律概念没有意义的观点在法哲学层面被证成了。这是民法、刑法上的一个基本现象，刑法上的盗窃罪、走私罪

〔1〕 参见雷磊：《法律概念是重要的吗》，载《法学研究》2017年第4期。

等，同样只是简单地意味着盗窃是犯罪、走私是犯罪，盗窃罪、走私罪等概念并不表达规范命题之外的更多意义。

法律上的概念是没有意义的，不过是“为了表达规则时实现表述经济性的一种语言装置”，“法律概念不仅不是基础的，而且是不必要的”。〔1〕然而，在法学上，概念却是基本的构成元素，没有概念，便不存在所谓的法学。概念主义与规范主义之间的分歧源于法律与法学的关系混淆：法律上的概念的确没有意义，但概念却构成着法学的基本意义。法律上的所有权只是简单意味着“所有”是权利，继承权只是简单意味着继承是权利等，但法学上的所有权、继承权则一定无法被还原为规范，而是对所有权、继承权概念的本质的终极追问。民法学构成着另一个独立的“法理世界”，支配权、所有权、婚姻权的定义，正是纯粹理性对概念本质的追问。

〔1〕 参见陈曦：《法律概念与法律规范的关系》，载《苏州大学学报（法学版）》2022年第2期。

三 赔偿、惩罚是责任

1. 赔偿、惩罚是责任

救济、惩罚是责任，是自然意义上的法律定理，现行体系中不存在这一定理，所使用的是责任是救济、惩罚的命题结构，即刑事责任是惩罚责任，民事责任是救济责任，所谓法律责任为“违法者在法律上必须受到惩罚或者必须做出赔偿”。[1]相反的命题结构，含义与语境大相径庭，前者是法律命题，后者则是法学命题。

法律的逻辑起点是自然存在、自然事实，与之对应的则为规范，前者为对象，后者是对对象的规范，只有在自然存在与法律存在的关系中，法律的含义才能得到彻底的表达。具体到责任概念，必须首先识别出自然存在意义上的责任概念，此意义上的责任，是责任概念最为究竟的含义，也是责任概念的基本语境。赔偿救济责任与惩罚责任，便是这样的“自然概念”，尽管最终依赖于法律的规定，但显然赔偿救济与惩罚第一性的含义是自然维度上的，法律是对逻辑上在先的自然意义上的赔偿救济与惩罚予以规范。法理学上竟然没有将责任概念的自然

---

〔1〕 参见蔡宏伟：《“法律责任”概念之澄清》，载《法制与社会发展》2020年第6期。

语境与法律语境区分开来，这是一个非常严重的逻辑疏漏。

赔偿救济责任与惩罚责任是责任概念的基本分类，必须将责任概念建立在赔偿救济责任与惩罚责任的语境之中，只有这样的语境才表达着责任概念的终极含义。赔偿救济与惩罚，直接体现着社会生活中两种最基本的行为关系。或者为赔偿救济责任，或者为惩罚责任，在两大概念之下，责任概念的基本含义被建立了起来。

在刑法部门，对应的基本责任便是惩罚责任，赔偿或救济责任指向的则是民法部门。惩罚是责任，意味着犯罪所承担的后果就是惩罚。在犯罪与惩罚的连接关系中，刑法作为规范的功能得到了实现：因为惩罚是责任，在犯罪被惩罚的结构中，犯罪被规范了。在规范目的下，并不追问也无须追问责任概念的含义。

惩罚是责任，是自然法上的公理，既无须证明，也无法证明。现行观点直接从责任出发，将所谓的刑事责任作为了犯罪与惩罚之间的连接中介：因为有责任，所以要惩罚，所谓“刑事责任存在的价值在于实现从犯罪到刑罚的正当性”。[1]确立了惩罚是责任的公理，责任作为犯罪与惩罚中介的立论直接被证伪了。惩罚直接就是责任，其设定的根据不是责任，而是“危害”或“罪过”，因为“危害”或“罪过”，所以要惩罚。“罪过”的学术表达是“有责性”“苛责性”，“无论是日本刑法学中的‘责任’，还是德国刑法学中的‘SCHOLD’，都是指犯罪成立的主观条件——罪过”，[2]与中文的责任是完全不同的概念。我国从日本引进“刑事责任”概念，对德日刑法中的“责

〔1〕 参见徐立：《刑事责任的实质定义》，载《政法论坛》2010年第2期。

〔2〕 参见陈忠林、王昌奎：《刑法概念的重新界定及展开》，载《现代法学》2014年第4期。

任”一词进行了误读。

惩罚是责任，发现或建立了这一公理才能理解或表达出刑法的究竟含义：犯罪与受到惩罚是自然存在的关系，基点上并非源自法律的规定。假定没有惩罚是责任的自然命题，显然也建立不起犯罪与惩罚的自然关系，犯罪受到惩罚似乎成了法律的规定，是法律将犯罪与惩罚连接在了一起。

惩罚是责任，犯罪受到惩罚，与责任是惩罚的命题正相反对，这一命题直接表达着对犯罪行为的规范，因此是规范命题。

规范究竟是什么、刑法规范究竟是什么，是最基本的法理问题，但学界却“敬而远之”，刑法学论文“多如牛毛”，然而以刑法规范为主题的论文却寥寥可数。时延安教授认为，我国刑法学理论从一般法理学中汲取的营养不多，[1]缺乏营养的刑法学理论，包括刑法规范理论，大多是陈词滥调，乏善可陈。

以现行的规范理论观之，危害是犯罪、惩罚是责任显然不是规范，并不具有假定、后果的具体结构。但并不是危害是犯罪、惩罚是责任不是规范，而是现行的规范理论本身存在问题。假定、后果的结构只是个别规范的结构，却并不是抽象规范的结构。一定存在着抽象的刑法规范，一定存在着体现在个别规范中的规范原则。危害是犯罪、惩罚是责任的确不是个别规范，也不直接具有假定、后果的规范结构，但却是抽象的刑法规范，是个别规范中体现出的规范的一般规则，因此属于规范范畴。

“规范是一种抽象的命令或禁止，即应当做或不应当做的意思。违反规范就是违反了应当怎么做的命令，或者违反了禁止怎

---

〔1〕 参见时延安：《刑法规范的结构、属性及其在解释论上的意义》，载《中国法学》2011年第2期。

么做的命令的行为”，[1]传统上流行的定义隔靴搔痒。在最究竟的意义上，规范是一种价值认定，命令、禁止等，终极意义上体现的是价值理念；规范必须建立在对象的语境之内，即是对自然行为的价值认定。传统规范理论明显缺乏上述视角，不可能真正揭示出规范的本质。

关于法律规则逻辑结构的理论，“我国法理学界大致存在四种主张：三要素说、二要素说、新三要素说和新二要素说”，[2]但新理论仍然存在着争议，规范理论上的混乱可见一斑。是否存在着抽象的规范？是否存在着个别规范的一般规则？这在世界范围内都是新课题。这一问题的提出，打开了理解规范的全新视阈。

2. 民事责任、刑事责任概念证伪

什么是责任对应责任是什么，确立了救济、惩罚是责任的基本命题，法律上的规范命题也由此建立了起来。然而，除了规范命题，还有认知命题，责任是什么，便是对责任概念的本质追问，是认知命题。救济、惩罚是责任，是对救济、惩罚的责任属性的价值认定，因而是规范命题；责任是什么，追问的是责任概念本身的含义，因而是认知命题。

责任是什么，是认知命题，不是法律的规定。现行法学体系中所谓的民事责任、刑事责任的概念，其实便是典型的认知命题，这些命题与规范无关，与法律无关，法律根本“无权”对认知命题作出规定，当然也不应该出现在制定法中。在规范

〔1〕 参加黎宏：《法益侵害说和犯罪的认定》，载《国家检察官学院学报》2006年第6期。

〔2〕 参见赵树坤、张晗：《法律规则逻辑结构理论的变迁及反思》，载《法制与社会发展》2020年第1期。

和法律的意义上，并不需要这些命题。

民事责任、刑事责任概念的命题结构是责任是什么，作为认知命题，不但不是唯一的，甚至可能是错误的。无论是民事责任概念还是刑事责任概念，法理逻辑上其实都是有问题的。

民事责任概念是我国学者的“独创”，〔1〕并非一个通行的“国际术语”。从比较法的角度观视，德国、法国等民法典先发国家，皆无民事责任的规定。〔2〕对于是否应将民事责任概念规定在民法典中，国内学界存在着极大的争议，主张派的一个想当然的理由是：权利-义务-责任构成着三位一体的逻辑结构，民法总则不规定民事责任，三位一体的逻辑结构就少了一环，〔3〕“权利、义务、责任是法律的基本概念，同理，民事权利、民事义务、民事责任是民法的基本概念”。〔4〕理由似乎“名正言顺”，其实却“徒有其表”。

根本不存在一般意义上的民事责任概念，现行民事责任概念中的基本类别，无论是侵权责任，还是违约责任，都不是所谓的民事责任。同民事责任概念一样，违约责任并不是经典民法典的法典概念，李永军教授称之为我国的本土化概念，是我国学者的“原创”，〔5〕在《德国民法典》《法国民法典》中，违约责任概念均无踪迹。这一现象并不奇怪，逻辑上，违约未必

〔1〕 个别国家民法典有规定民事责任概念的先例，如《越南民法典》。

〔2〕《德国民法典》《法国民法典》中皆无民事责任一词，魏振瀛先生对此有具体的分析。参见魏振瀛：《侵权责任法在我国民法中的地位及其与民法其他部分的关系——兼与传统民法相关问题比较》，载《中国法学》2010 年第 2 期。

〔3〕 参见杨立新：《民法总则规定民事责任的必要性及内容调整》，载《法学论坛》2017 年第 1 期。

〔4〕 参见魏振瀛：《债与民事责任的起源及其相互关系》，载《法学家》2013 年第 1 期。

〔5〕 参见李永军：《论债法中本土化概念对统一的债法救济体系之影响》，载《中国法学》2014 年第 1 期。

一定产生违约责任，与责任相比，违约更直接地产生救济权利。究竟是违约责任，抑或是违约救济权，问题充满玄机。从违约责任可以推导出违约救济权，反之亦然。显然，从民法的权利法本位的维度，规定违约救济权更为契合权利本位的旨趣。《美国合同法》直接使用的便是违约救济的概念，而非违约责任。德国、法国等国的民法典不使用违约责任的概念，深层的根据亦是如此，违约救济权才是权利法顺理成章的规范主题。

合同的法律目的是设定权利和义务，不存在责任的问题，所谓“违约发生债务，不发生责任”〔1〕。在日常语境中，义务与责任是混淆的，但是在法律语境中，义务与责任必须做清晰的界分：义务是约定的，与权利对应；对权利的伤害产生责任，或者是赔偿责任，或者是惩罚责任。违约即不履行义务，但并不产生伤害，法律对违约的规制，以义务的实际履行为最终圭臬，因此违约产生的仍然是义务，或者实际履行，或者替代履行、赔偿损失，规范的旨趣是以法律的强制力实现义务的实际履行。以强制力实现义务的履行，这才是法律规范违约行为的究竟含义。

违约行为中不存在责任的问题，对违约行为的规制，并不是另行设定什么所谓的违约责任，而是直接或间接使义务获得履行。实际上，现行所谓的违约责任，其内容完全就是义务本身，根本就不是什么责任。将义务称为责任违反了基本的法理逻辑。义务与责任不分，学界的现状仍然混乱，学者“执迷不悟”，“虽然违约责任是由违约行为引起的，但不能用违法来解释

〔1〕 参见李锡鹤：《论责任是违法的法律后果——从〈侵权责任法〉第 2 条的逻辑矛盾说起》，载《东方法学》2010 年第 5 期。

违约”，[1]违约责任这一成问题的概念仍然在权威期刊上“我行我素”，大行其道……

违约责任、民事责任都不是其他国家民法典的基本概念，此绝非这些国家民法典的疏漏，而是暗藏玄机。将违约责任与侵权责任整合为民法责任，逻辑上漏洞百出，尹田先生、温世扬先生皆认为二者在性质上大相径庭，反对在民法典中规定这一概念。[2]既然侵权责任与违约责任不能整合，在相当程度上就是直接意味着民事责任概念本身存在问题，不能成立。事实上，学者拼凑在一起的民事责任的各种具体形式，义务与责任不分，不伦不类，直接将义务当成了责任。责任是违反第一性义务产生的第二性义务，第一性义务就是义务自身，而非责任。我国《民法典》规定了停止侵害；排除妨碍；消除危险；返还财产；恢复原状；修理、重做、更换；继续履行；赔偿损失等十种民事责任方式，其中的停止侵害、排除妨碍、消除危险、返还财产、恢复原状等完全是义务本身，而非所谓的民事责任。[3]违约责任不是民事责任，侵权责任也不是民事责任，整合二者而形成的民事责任概念，子虚乌有。民事责任概念的“权威”定义是：由于违反民事法律、违约或者由于民法规定所应承担的一种法律责任。[4]不知这样的定义究竟在表达什么。违反法律、违约等完全是民事责任产生的原因，显然不是民事责任本身。

民事责任概念是不成立的，“应该从理论和立法上彻底抛弃

---

[1] 参见李拥军：《法律责任概念的反思与重构》，载《中国法学》2022 年第 3 期。

[2] 参见温世扬：《略论民法典总则的内容构造》，载《时代法学》2012 年第 1 期；尹田：《论中国民法典总则的内容结构》，载《比较法研究》2007 年第 2 期。

[3] 参见崔建远：《民法总则应如何设计民事责任制度》，载《法学杂志》2016 年第 11 期。

[4] 参见葛洪义主编：《法理学》（第 2 版），中国政法大学出版社 2012 年版，第 379 页。

‘民事责任’概念”。[1]

没有了民事责任概念的对应，刑事责任概念显然失去了表达上的旨趣。法理上，侵权与犯罪对应，因此侵权责任与犯罪责任对应是必然的结论。刑法在大陆法系的含义是刑罚法，在英美法系的含义是犯罪法，当然对应成立着刑罚责任、犯罪责任的概念。成立的是犯罪责任、刑罚责任，这两个概念远比刑事责任概念更富有法学表达的意义，逻辑上亦更为清晰：犯罪责任包括惩罚责任与赔偿责任，这是责任概念的基本语境，通俗易懂，而在所谓的刑事责任表达上则混乱不堪：所谓的“刑事”，语词的自然含义就是刑罚，刑事责任即刑罚责任包含赔偿责任是赤裸裸的自相矛盾，侯国云教授批评刑事责任概念通行的定义是个包含刑罚、民事和行政处罚的“大杂烩”，坚定主张刑事责任就是刑罚责任。[2]

根本不成立民事责任的概念，与侵权责任对应的是犯罪责任，而不是所谓的刑事责任。侯国云先生批评包含民事、行政处罚的通行定义是个“大杂烩”，主张刑事责任就是刑罚，但罪犯同时承担刑罚责任与民事赔偿责任同样是赤裸裸的自相矛盾。既然是犯罪，既然设定了民事责任与刑事责任的区分，犯罪承担民事责任并不比直接将所谓的民事赔偿界定为刑事责任逻辑更为清晰。罪犯同时承担赔偿责任与刑罚责任，犯罪责任的概念，显然直接包含着刑罚责任，同时又直接包含着赔偿责任，刑事责任不能包含赔偿责任，罪犯不能承担民事赔偿责任，但罪犯同时承担刑罚责任与赔偿责任却是再正常不过的法理逻辑：

---

〔1〕 参见李永军：《论我国民法上“民事责任”与诉讼时效的脱节》，载《政治与法律》2018 年第 2 期。

〔2〕 参见侯国云：《对刑事责任理论的质疑》，载《南都学坛（南阳师范学院人文社会科学学报）》2011 年第 4 期。

本来就没有民事责任，存在的就是赔偿责任，犯罪责任与赔偿责任没有任何冲突之处。

究竟意义上的责任无非惩罚责任与赔偿责任，侵权责任主要是赔偿责任，犯罪责任主要是刑罚责任。构成二者本质区别的是刑罚责任：侵权责任无论如何都不可能包含刑罚责任，但赔偿与犯罪责任，惩罚与侵权责任，却不存在本质上的抵牾之处。由于根本就不存在所谓的民事责任，因此是否成立惩罚性的民事责任的争论，所谓的犯罪的民事责任的争论〔1〕以及各种民事责任、刑事责任关系的探讨，学术价值极其有限。

或者赔偿责任，或者刑罚责任；或者侵权责任，或者犯罪责任。这才是责任概念的究竟含义。根本就不成立民事责任的概念，而在犯罪责任、刑罚责任概念下，刑事责任概念亦失去了意义：赔偿责任与刑罚责任、侵权责任与犯罪责任才是责任概念的第一性含义，即便赔偿责任是民事关系，刑罚责任是国家关系，那也是责任概念其次的含义，况且有相当多的学者主张刑法亦为私法，旨在表达私法、公法区分的民事责任、刑事责任概念更是失去了意义。“在德日刑法理论中，并不存在我国刑法上所谓‘刑事责任’之称谓”，〔2〕契合的正是这一法理逻辑。

刑罚是责任，确立了这一命题，成立的是惩罚责任的概念，但不存在惩罚责任是什么的问题，在刑法作为规范的维度下，对规范的表达就是惩罚是责任，有了这一命题，便充分表达出了刑法的规范功能。而在刑事责任的概念下，责任是主词，其

〔1〕 犯罪的民事责任是我国刑事诉讼法学中的一个术语，也有学者提出了质疑。参见苏侃：《犯罪民事责任制度质疑——兼对我国刑法功能暨刑事责任制度的反思》，载《中国刑事法杂志》2012年第6期。

〔2〕 参见高永明：《刑事责任地位比较研究》，载《法律科学（西北政法大学学报）》2009年第6期。

对应的命题结构则是刑事责任是什么，即便存在着刑事责任是什么的命题，也是刑法学的命题。

刑事责任是认知性概念，是刑法学概念，在刑法上并无规范功能和意义。首先，其来源便是认知，而非自然存在的自然概念，因此连是否成立都存在疑问；其次，即便成立，其实质也是认知，对应的命题结构是刑事责任是什么。对于刑事责任是什么，侯国云教授归纳出了五种定义，无论哪种定义才是正确的定义，或者根本就不存在唯一的定义，对刑法本身都无关痛痒，因为认知性的概念以对本质的理解为目的，与规范功能对应构成着另一种独立的价值。除了刑事责任概念的定义外，还存在着刑事责任的根据、地位等问题，也是认知性的，无论结论是什么，对作为规范的刑法都不具有意义。

惩罚是责任，刑法维度下根本不存在责任是什么命题的适用空间，惩罚责任是什么、刑事责任是什么表达的是认知性的定义，完全是刑法学的命题。不但如此，所谓的刑事责任，并不比惩罚责任表达更多的含义，刑事责任概念的价值更是成了问题。作为我国刑法中的规范概念，也是学界普遍使用的刑法学术语，刑事责任概念在作为刑罚责任的同义语的意义上具有有限的价值。张明楷教授早期写有名为《刑事责任论》的专著，1997 年版的《刑法学》（上）将刑法定义为规定犯罪及其刑事责任（或法律后果）的法律规范的总和，2003 年版的《刑法学》则将刑法定义为规定犯罪及其法律后果（主要是刑罚）的法律规范的总和。合理的推测是：张明楷教授改变了以前的学术立场，认为刑事责任概念意义有限，已经放弃了这一概念。

四 意思表示是法律行为

1. 自然存在：规范对象的新界定

法律行为是民法中的一个基本概念，甚至被作为了民法中的标志性概念，其定义的简化结构就是：法律行为是意思表示行为，所谓民事法律行为是民事主体通过意思表示设立、变更、终止民事法律关系的行为。与之对应，同时成立一个相反的命题，即意思表示行为是法律行为，这一命题才是真正的法律命题。

人自然具有意志，意思表示行为是自然行为，其自然的含义是设定与其他主体的权利义务关系。意思表示也可能表达其他的内容，喜欢、爱慕、评价等，但权利义务显然是其中最基本的内容，意思表示对权利义务的设定体现着人作为意志体的基本属性。人作为意志主体，权利义务是其社会生活的基本内容，权利义务通过意思表示行为设定，正是意思表示行为的基本功能和目的。

对意思表示行为予以规范，是法律的一个基本目的，其主旨内容就是对意思表示的效力、有效无效作出规定，而最直接的规范便是意思表示具有相当于法律的效力，抽象的表达则为意思表示行为是法律行为（造法行为）。

意思表示是法律行为与法律行为是意思表示，二者对规范旨趣的表达，云泥之别。在意思表示是法律行为的命题下，一端是对象，一端是价值评价，没有任何结构，比对象与评价的立体关系更能表达规范的含义，没有任何概念、命题，比意思表示是法律行为更能表达对意思表示行为的规范。相形之下，法律行为是意思表示行为命题是否在表达规范都成了问题。如果是在规范意思表示，则根本就不需要这一命题，如果不是规范意思表示，当然更不是在表达规范。

法律行为是意思表示的命题并不表达规范，并不是规范命题。然而，在传统体系中，并无意思表示是法律行为的命题，作为唯一存在的命题，法律行为是意思表示显然被直接作为了规范命题。

规范就是对自然行为的价值评价，即是对自然行为作为对象的评价，建立起了关于规范的第一原理，相应建立起了意思表示是法律行为（相当于法律）的命题，法律行为是意思表示行为的命题、法律行为概念被直接从法律的语境中清除了：其不是规范命题和规范概念，根本没有规范的功能和意义。

法律行为是意思表示行为，是现行体系中存在的唯一命题，即便成立，也是一个法学命题。更“匪夷所思”的是，其实这一命题并不成立。概念有其固定的含义，法律行为的固有含义就是具有法律意义的行为，表达着与自然行为、宗教行为、伦理行为等的平行含义，将法律行为“怪异”地界定为意思表示行为，完全是民法学者的“一厢情愿”，法理学界对法律行为的定义就是具有法律意义的行为。〔1〕法理学与民法学在基本概念上“南腔北调”。〔2〕

〔1〕 法律行为的教科书标准定义是具有法律意义的行为，并不以意思表示为核心要素。参见张文显：《法学基本范畴研究》，中国政法大学出版社 1993 年版，第 124 页；葛洪义主编：《法理学》（第 2 版），中国政法大学出版社 2012 年版，第 362 页。

〔2〕 黄金荣博士对法理学、民法学关于法律行为概念的分歧有详尽分析。参见黄金荣：《法理学中的“法律行为”》，载《法哲学与法社会学论丛》2006 年第 2 期。

成立的就是意思表示行为是法律行为的命题，更准确的表述应该是意思表示行为是造法行为，意思表示的有效、无效构成着规范的基本主题。而在法律行为是意思表示行为的命题中，所谓的“合法性”迷局根本摆脱不了，薛军教授提出的破解方法并不是真正的问题。[1]本来就不存在什么法律行为，在意思表示行为是法律行为的法律命题下，根本就不存在什么“合法性”迷局。

规范是对对象的规范，这是法理学上的一个基本命题，对对象的界定，直接关系着规范本身含义的建立。[2]通说上，所谓的对象是指人的行为和社会关系，前者为直接对象，后者为间接对象。实际上，通说只是关于规范对象的一个十分浅显的立论，远未表达出规范对象的究竟含义。

必须在自然存在与法律存在的关系中理解规范对象，只有在这种自然-法律的关系语境中，才能表达出法律的本质和规范的动态过程：规范是对自然存在的规范，自然存在是规范的对象。在此立论之下，呈现出了一个与传统学说完全不同的理解视角：刑法对盗窃罪的规定，是对作为自然行为的盗窃的否定性评价，并不是直接规定盗窃本身，没有法律的规定，亦存在着作为自然行为的盗窃行为；民法上所有权、婚姻、继承、合同等逻辑上在先都是纯粹的自然存在，规范的目的就是将其规范为法律存在，正因为其纯粹自然存在的属性，才产生了法律规范的意义，规范的含义只有在与自然存在对立的语境下，才能得到充分、极致的表达。

---

〔1〕 参见薛军：《法律行为“合法性”迷局之破解》，载《法商研究》2008年第2期。

〔2〕 参见葛洪义主编：《法理学》（第2版），中国政法大学出版社2012年版，第71页。

规范就是对自然存在的规范，这是关于规范的一个基本原理，以自然存在作为规范对象的理论分析行为，自然存在与法律存在、对象与规范的关系十分清晰：自然存在维度，行为分为意思行为与行动行为，二者构成规范的对象，意思表示行为直接具有相当于法律的效力，相当于“造法行为”，行动行为直接适用法律，为适法行为，作为分别对意思表示行为和行动行为的价值评价，“造法行为”和适法行为属于规范。意思行为与行动行为、“造法行为”与适法行为，自然存在与法律存在的对应关系非常美妙。

由于未建立起自然对象规范理论，现行的民法理论是直接从规范出发的，民法典以法人、法律行为作为基本概念，将法人、法律行为作为了规范的对象。自然存在为规范对象抑或法律存在为规范对象，是一个必须进行的基本的法理追问，二者在结构上大相径庭：以自然存在为规范对象，需要界定的是意思表示行为和组织，命题形式为意思表示行为是法律行为、组织是法人等，法律行为、组织分别是对意思表示行为、组织的价值评价和解释；以法律存在为规范对象，需要界定的是法律行为、法人，命题形式为法律行为是意思表示行为，法人是组织，意思表示行为、组织分别是对法律行为、法人的解释，现行民法理论采取的就是这一形式。

自然存在才是规范的对象，民法并非直接规范法人、法律行为等，而是将作为自然存在的组织、意思表示行为规范为法人、法律行为，是对一个非法律行为赋予法律行为的评价。自然存在作为规范对象的建立，真正表达出了规范的本质，传统所谓的行为对象理论，泛泛而谈，仍停留在现象界中。

基于自然存在作为规范对象的基本前提，直接以意思表示行为取代法律行为，以组织概念取代法人概念，以意思表示行为、组织等纯粹的自然存在作为规范对象构建起来的民法典，才是真正意义上的民法典。传统的民法典，普遍以法律行为、法人作为基本的主题，违反了法律为对自然存在的规范这一基本的法学原理，表达不出规范对象与规范之间的立体关系。在法律行为、法人这样的概念语境中，规范对象是缺失的，法律作为规范，并不是直接对法律行为、法人等作出规范，而是对逻辑上在先的自然存在作出规范，意思表示行为、组织即是这样的自然存在，将民法理解为对意思表示行为、组织等纯粹自然存在的规范，规范对象与规范的立体关系被清晰地表达了出来：法律是对对象的规范，意思表示行为、组织等是规范的对象，民法的主体内容便是以意思表示行为、组织等为对象的规范。

无论是法律行为还是法人，显然都不是规范的对象，将规范对象建立或识别出来，无疑是民法最基本的前提或主题，民法的主体内容无非是对对象的规范，传统民法典以法律行为、法人为基本概念，连民法上最基本的要素（即规范对象）都没有确立。法律的存在形式是社会规范，[1]其目的就是对自然行为予以法律规范，即对自然行为的效力、性质作出规定。因此，解构法律概念，必须在对象与规范（即自然事实与规范）的动态关系中进行，必须识别出作为对象的自然事实一端和作为规范的另一端。在此思维模式下，意思表示行为与法律行为的关系相当清晰：前者是作为自然事实的规范对象，而后者则是规范本身。针对自然行为维度上的意思表示行为，法律对之的规范体现在：什么样的意思表示行为是有效的、意思表示行为具有何种效力。根据私法自治原则，法律关于意思表示行为的效

〔1〕 参见葛洪义主编：《法理学》（第2版），中国政法大学出版社2012年版，第70页。

力的一个基本规范是：直接具有相当于法律的效力。依这一规范规范后的意思表示行为，发生了性质上的改变，由纯粹的自然行为变成了法律行为，即具有直接相当于法律的效力的行为。

这是对意思表示行为与法律行为关系的一种全新的理解模式，二者被理解为了对象与规范的立体关系，规范前是纯粹的自然行为，规范后则成了法律行为，将自然行为规范为法律行为，正是法律的根本目的，这种动态和立体的理解模式，真正表达出了法律作为规范的本质机理：规范是价值判断，是直接针对对象进行表达的，作为对象，意思表示行为是一种纯粹的自然行为，含义为设定权利义务关系；法律行为则为规范，含义为客观上发生法律效果的行为或相当于法律的行为。相当于法律的行为明显表达着价值评价的旨趣，是对另一种行为的价值评价，因此真正表达着规范的含义。一端是对象，一端是规范，意思表示行为是法律行为或相当于法律的行为，构成了规范的具体表达形式，在对象与规范的连接中，规范的含义真正凸显出来：规范就是对一个对象进行价值评价。

现行的理解模式，意思表示行为与法律行为被解释为平行或包含的关系，所谓意思表示是法律行为的核心要素，对象与规范不分，完全违反了法律规范的真实过程。

意思表示行为并不是什么法律行为的要素或核心要素，它就是法律规范的对象，规范的目的就是使其成为法律行为，法律行为则是意思表示行为所朝向的行为目标。正确地建立起对象与规范区分这一基本的法律理念，将意思表示行为作为对象，法律行为作为规范，所有的法律评价和规范事项都指向作为规范对象的意思表示行为，逻辑上的脉络一清二楚，现行关于法律行为的理解中所存在的一些纠结将被彻底解决。

法律行为是否为合法行为，在现行体系中一直无解，争论得不可开交，薛军教授甚至认为其是我国民法中最大的谜团之一。[1]依对象与规范区分的原理，该问题根本就不会产生。按照这一原理：一是必须对对象与规范加以区分；二是必须确立作为规范对象的只能是自然存在的前提。厘清这一脉络，法律行为是否为合法性行为的问题显然是个伪问题，合法、非法这样的法律评价指向的是对象，而只有自然事实才是规范的对象，法律的目的就是对作为自然存在的意思表示行为作出法律评价，因此合法、非法等法律评价指向的完全是意思表示行为，而非法律行为。法律行为是否仅指合法行为的追问，显然没有区分出对象与规范，将法律行为直接当作了规范的对象。

未区分对象与规范，进而未建立起自然存在作为规范对象的理念，是现行民法学体系一个非常严重的缺陷，其典型表现便是将法律行为定义为了法律事实。个别学者如薛军先生、朱庆育先生发现了其中的谬误，主张法律行为属于规范而非事实，但却浅尝辄止，非常遗憾。规范只是一端，另一端则是规范的对象，法律行为是规范，与之对应的命题则是意思表示行为是规范的对象，无论是薛军先生、还是朱庆育先生，虽然建立起了规范的理念，但却都未形成清晰的对象概念，意思表示行为与法律行为仍然被理解为同一个行为，而没有被理解为对象与规范的关系。

对民法学基本概念的建构，应该在自然存在与法律存在、对象与规范的基本结构中进行，如此才能精确地描述和表达出法律现象的真实过程和实质。依这一结构，自然行为与法律行为构成着一组最基本的民法学概念，自然事实与法律事实也应该是一组基本的概念。在现行体系中，法律行为、法律事实概

〔1〕 参见薛军：《法律行为“合法性”迷局之破解》，载《法商研究》2008年第2期。

念均形单影只，缺乏自然存在维度上的对应概念，由此导致对法律现象的描述十分浅显。作为另一个民法学上的基础概念，法律事实被界定为引起法律关系发生、变动和消灭的客观情况，这样的定义同样模糊了对象与规范的基本界限，并未表达出法律事实概念应该具有的本质含义。法律是自然与规范的关系，只有在自然与规范的关系中，才能表达出法学概念的灵魂。就法律事实概念而言，其真实的定义应该是：法律所规范的自然事实或客观情况。法律规范自然事实，由此形成法律关系。法律关系是法律规范自然事实所形成的结果，引起法律关系发生、变动、消灭的逻辑起点上是自然事实，法律规范自然事实，自然事实改变，法律关系随之变化。法律事实作为引起法律关系发生、变动、消灭的原因，无非是因法律规范自然事实而对自然事实的一个法律规范或评价，缺乏自然事实的概念，遮蔽了法律为对象与规范的关系的立体结构，法律事实似乎成了被规范的对象。与法律关系由法律事实引起这一原理相比，自然事实作为规范对象的立论，无疑具有更为基础的法理地位。法律事实引起法律关系的表达，完全局限在法律概念的自身之内，而没有将法律理解为与自然的动态关系。

规范是对对象的规范，而非规范自身，传统的民法体系陷入了一个巨大的逻辑陷阱，将规范误以为了规范自身。这是一个极其重大的法理学上的疏漏，民法的本义其实并没有表达出来。简单而言，法人、法律行为、主体等均为规范概念，其含义是在对对象的规范中形成的，而非来自规范自身：对意思表示行为的规范，或者说规范后的意思表示行为成了法律行为，对组织的规范形成了法人，对自然人的规范形成了主体，等等。显然，规范的是意思表示行为、组织、自然人等等，法律规范主体，是将一个非主体规范为主体，而非直接规范主体。传统的民法体系本末倒置，将规范理解为了规范自身，对法律行为的规范、对法人的规范、对主体的规范，《民法典·民法总则（专家建议稿）》中，主体赫然被作为了一个章节的标题，最终未被采纳，避免了民法总则上的严重错误。

规范只能针对事实进行，规范本身不能作为规范的对象，对规范本身加以规范，即规范被规范，逻辑上显然十分荒谬。现行的法律行为学说，事实与规范不分，把规范当作了事实，实际上正是把规范当作了规范的对象，规范本身又被规范了。

法律行为是被作为规范的对象而表达的，这是一个极其严重的错误，由此引起的逻辑混乱，无以复加，法律行为的成立、法律行为的生效、意思表示行为的成立、意思表示行为的生效、法律行为的解释、意思表示行为的解释、法律行为的效力、意思表示行为的效力，民法总论中的这些概念令人眼花缭乱，之间的关系，更是令人一头雾水。依事实与规范区分的基本原理，一端为自然事实，一端为法律规范，成立、生效、解释等规范事项指向的只能是被规范的对象，因此真正成立的是意思表示行为的成立、生效、解释等主题，法律行为的成立、生效、解释，完全子虚乌有。成立、生效等主题只针对意思表示行为，将法律行为的成立、生效等表达彻底取消，这样的表达或体例安排才符合法律作为规范的基本原理，逻辑上也更为简洁明了。

客观逻辑上，在意思表示行为之外，不可能存在其他对象的成立、生效、效力、解释等问题，现行体系下同时设定了意思表示行为和法律行为的成立、生效概念，但含义十分模糊，相互之间根本就无法区分，所赋予的法律行为的成立、生效的含义，或者语焉不详，或者直接就是意思表示行为的成立、生效，除了引起混乱，没有任何的意义。我国《民法典·民法总则（专家建议稿）》中，关于法律行为的成立和生效分别表述为：法律行为的成立因意思表示行为而成立；法律行为的生效自法律行为成立时生效。简单而言，所谓的法律行为的成立和生效，其实就是意思表示行为的成立和生效。

法律行为不是规范的对象，即便错误地将其作为规范对象，也无法建立起不同于意思表示行为的法律行为自身特殊的成立和生效的概念，所谓的法律行为的成立、生效、解释、效力完全就是意思表示行为的成立、生效等，法律行为的生效等概念根本就没有不同于意思表示行为的生效等概念的特殊含义。

在意思表示行为的生效等之外，并不存在所谓的法律行为的生效、解释概念，法律行为的生效就是意思表示行为的生效、法律行为的解释就是意思表示行为的解释，学者的民法总论著作有的使用法律行为的解释、效力等概念，有的使用意思表示行为的解释、效力等概念，十分混乱。两个名称同时表达一个概念，当然是可以的，意思表示行为就是法律行为，法律行为就是意思表示行为，不少学者认为意思表示行为与法律行为本来就是同一个概念。问题是：这样的解释是错误的，将意思表示行为直接等同于法律行为，法律规范中最基本的事实与规范的区分关系被遮蔽了，只存在事实的一端，而无规范的另一端。

意思表示行为是法律行为，该命题是在规范意义上成立的，含义是指意思表示行为是规范的对象，法律行为是规范的目标或对意思表示行为的法律评价，而非指在对象意义上的等同，即将意思表示行为是法律行为理解为对规范对象的不同表达。对象意义上的理解，表达不出事实与规范之间基本的规范过程。

法律行为的成立、生效等概念是不成立的，与意思表示行为的成立、生效等的并行使用，违反了事实与规范区分这一法律规范的基本原理，同时也引起了严重的逻辑混乱。意思表示行为的生效，法律行为的成立、生效，法律行为的效力，意思表示的解释这样的概念表述，应按照事实与规范区分这一基本的规范原理重新进行整理，统一以意思表示行为作为表述的对象，如此建立起来的体例安排，符合事实与规范区分的原理，而且逻辑上非常简洁。

对象与规范关系理论的建立，是法学基础理论上的一个重大突破。规范的对象是自然存在，一端为对象，一端为规范，意思表示行为作为对象，法律行为作为规范，这样的对象与规范的关系真正揭示出了规范的立体结构。无论是意思表示行为，还是法律行为，概念自身都不包含和表达私法自治精神的含义。私法自治精神是在意思表示行为与法律行为的连接中得到表达的。

2. 自然行为与法律行为

对象与规范的关系是关于规范的基本原理，在对象与规范、自然存在与法律存在、自然行为与法律行为的关系中建构起来的民法上的行为分类真正反映出了民法规范行为的立体结构，脉络非常清晰，传统上法律行为与事实行为的分类，在逻辑上根本就讲不通，事实行为概念并不成立，侵权行为等所谓的事实行为当然亦具有民法上的意义，将其与法律行为或民事法律行为对立起来，无法表达出其所具有的法律上的意义。

（1）意思表示行为与行动行为。

法律是规范与自然的关系，以自然存在为自己的规范对象。具体到行为而言，该自然对象便体现为自然行为，因此应该首先将自然行为识别出来，建立自然行为的概念，在自然行为的维度上对行为予以分类，这是建构法律规范必须确立的基本前提。

在自然行为的维度上，行为明显分为意思表示行为和行动行为两大类别，两大类别泾渭分明，彼此的区别非常清晰，所有的行为基本全被涵摄在其内。中国哲学上，知与行是一对重要的范畴，对于世界观的建构和解释具有重大意义，民法学上，意思表示行为与行动行为的区分，与之具有类似的功能，表达出了行为的基本类别，其体系价值，不可或缺。

意思表示行为以意志为核心要素，目的是在观念上确立具体的权利义务关系；对应地，行动行为的基本特征是行动，是对意思表示行为所确立的具体权利义务关系的“践行”。每一个意思表示行为都设定着一种特定的行动行为，但行动行为与意思表示行为却并非一一对应，存在着纯粹的行动行为，这种行为并非由设定权利义务关系的意思表示行为所引起，而是体现为直接的行动，现行理论称之为事实行为。事实行为这一术语很不准确，并不能与意思表示行为构成自然行为维度上的一组分类。意思表示行为与行动行为这样的表达才符合自然行为的意蕴。在与法律规范的关系上，意思表示行为其实也是一种事实，将意思表示行为与所谓的事实行为对立起来，意思表示行为的事实属性被掩盖了。

作为自然行为，意思表示行为或观念行为与行动行为构成着其最基本的分类，即便在日常的语言中，这也是对行为的最普遍的一种表达，观念不如行动，观念与行动的区分是表达行为的最基本的一组术语。意思表示上或观念上的行为，并不对任何客体构成改变，而行动行为则会直接改变客体，具有可以感知的客观效果。正因为如此，行动行为被作为了最终的目标和价值。

在特定的语境中，意思行为与事实行为似乎亦构成自然维度上的行为的主要类别，意思行为是观念上的，事实行为是客观上的。在法律之外的语境中，这种区分并无不妥。但法律本身就是对事实的规范，意思表示行为作为观念上的行为，显然也是一种事实，纯粹的内心意思只有表示出来，才构成意思表示行为，没有表示出来的内心意思，法律无需而且也无法对其进行规范。对内心的意思予以法律评价，这样的法律缺乏可以判断的客观标准，无异于法官可以随心所欲地做法律游戏，十分荒谬。

建立自然行为概念并划分出所包含的类别，其重大意义在于确立了法律所规范的对象。法律作为规范，识别出或确立起规范的对象，是不言而喻的基本前提。法律行为概念体系的建立，应以作为对象的自然行为概念为逻辑起点，传统的法律行为概念体系，显然缺乏这一基础。

(2)“造法行为”与适法行为。

在法律为对自然行为的规范的脉络下解析行为，规范前作为规范对象的自然行为分为意思表示行为与行动行为，规范后则均成为法律行为，对应的分类为“造法行为”与适法行为。“造法行为”与适法行为这样的分类，与自然行为的分类相对应，鲜明地表达出了法律为对自然行为的规范的本质，同时，亦在相互对比的立体义域中，将私法自治的原则描述得淋漓尽致：意思表示行为相当于“造法”，行动行为只是简单地适用法律。

法律行为概念的要义在于私法自治，这是学界的通说，并无任何疑义。在表达效果上，与“造法行为”相比，法律行为概念显然要逊色很多，法律行为如何就表达了私法自治，单从名称上，并未传递太多信息。而“造法行为”对私法自治原则的表达，则力透纸背：当事人之间的法律由当事人自己制定，私法自治含义的丰满形象，“呼之欲出”。不但如此，其与适法行为的组合使用，使得自治的含义在对比中显得更加具象。

意思表示行为与“造法行为”对应；行动行为与适法行为对应，如此对应的概念体系清晰地描述出了法律对行为进行规范的完整过程，在自然行为与法律行为关系的语境中，强烈地表达出了法律为对自然行为的规范这一本质特征。

意思自治的含义就是法律授权当事人为自己制定法律，〔1〕当事人达成的协议等同于当事人之间的法律，〔2〕当事人的意思表示直接具有相当于法律的效力。质言之，意思表示行为就是“造法行为”。

意思自治原则就是指意思表示行为相当于“造法行为”，民事领域内存在着特殊的“造法行为”，对这一立论存在着一定的争议。法律是普遍适用的规范，仅仅适用于个体之间的“规范”何以能被称为法律成了争议双方的纠结所在。毫无疑问，当事人的意思表示，首先是对适用法律的选择，特定的权利义务关系是法律规制出来的，当事人的意思表示的意义仅仅在于对法律所规制出来的特定权利义务关系的选择。但这只是问题的一个方面。另一方面，与普遍规范对应，一定同时存在着个别规范，法律不可能也不应该穷尽特定权利义务关系的细节，这些细节必须由当事人自己规制，否则所谓的意思自治便会丧失存在空间，而合同除了一个选择适用法律的条款外，其他所有的条款都将显得多余。对权利义务关系的“个别规范”是一种客观上的存在，法律是一般规范，“个别规范”相当于法律，意味着其具有如同法律一般的强制效力，与法律作为一般规范的定义不存在丝毫冲突。

很多学者否认或未意识到意思自治原则的含义为当事人的“造法行为”，却夸夸其谈地阐释民法中的意思自治原则，这一

---

〔1〕 参见梁慧星：《民法总论》（第4版），法律出版社2011年版，第160页。

〔2〕 参见尹田主编：《民法学总论》，北京师范大学出版社2010年版，第31页。

现象令人不解。不将意思自治解释为当事人的“造法行为”意思自治根本就没有意义。而持“造法行为”主张的学者，同时又执迷于和热衷于法律行为与意思自治的关联，同样匪夷所思。存在着“造法行为”，意思自治的含义就是当事人的意思表示相当于“造法行为”，在“造法行为”概念下，法律行为概念根本就没有意义。“造法行为”表达意思自治或私法自治，十分形象和贴切，即便将“造法行为”作为法律行为的注解，将法律行为理解为“造法行为”，亦完全是床上叠床，何况法律行为还有其法理学、宪法学等领域具有法律意义行为的通行定义。以法律行为解释私法自治，不但招致了法理学等其他学科学者的强烈抵制，而且对于民法学而言，根本就没有必要。

适法行为的传统定义是指合法的行为，与脱法行为相对应。实际上，将其与“造法行为”对应使用，是一种更为重要和基本的法学表达。作为对自然行为的法律评价或法律规范，适法行为和“造法行为”两个概念，清晰地描述出了分别针对意思表示行为和行动行为的规范特征。在现行体系中，有所谓的事实行为的概念，对该概念使用的自然维度抑或是法律维度很不清晰。适法行为直接表达的是法律维度上的意义，与自然维度上的行动行为相对应，无因管理、发现遗失物、侵权行为等在自然维度上属于行动行为，在法律维度上属于适法行为，即单纯的适用法律的行为，如此对应使用，脉络层次清晰，而且直接表达出了法律为对自然事实的规范这一本质特征，在现行体系中关于事实行为是否为合法行为的争论、侵权行为是不是事实行为的争论，将统统被轻松化解。无因管理、侵权行为等属于行动行为、适法行为，对行动行为直接适用法律，关于无因管理、侵权行为的法律描述十分完满，相比之下，事实行为是否为合法行为以及侵权行为是否为事实行为所表达的法律意蕴则显得苍白、乏味。

法律是对自然行为的规范，在相当程度上即是对行为事实或事实行为的规范，因此事实行为与法律行为的确可以构成一组基本的法学术语，事实行为与法律行为这样的对应范畴，表达出了法律为对事实的规范这一本质特征。但这里的事实行为，却非指传统上与意思表示行为对立意义上的行为，而是通指意思表示行为与行动行为，含义为法律所规范的对象。法律行为与事实行为，描述的是法律与对象的关系。

事实行为就是指自然维度上的意思表示行为与行动行为，强烈表达着法律为对事实的规范这一本质特征，本质含义就是法律所规范的对象。现行体系中的事实行为，通行的定义为直接根据法律规定产生法律效果的行为。直接根据法律规定产生法律效果的行为，是对在先存在的一种自然行为的法律评价，只有行动行为与适法行为这样的组合术语，才能将其中的法律机理表达清楚。撇开复杂的法律逻辑不论，单从表达效果的角度，对直接根据法律规定产生法律效果的行为命题含义的表达，适法行为较之所谓的事实行为，显然也要清晰很多。

3. 意思表示行为的双重结构

意思表示行为的简单定义就是设定权利义务的行为，深究其内在结构，其实包含着两种行为，是一种双重结构，权利义务本身是一种行为，设定行为是另一种行为，设定行为与被设定的行为，前者为意思表示行为，后者则为体现权利义务的行动行为。分析学者所给出的附条件的法律行为的典型样本，这种双重结构非常明显。

附条件的法律行为：

例一，“乙通过司法考试，则甲赠送乙一部电脑”。

例二，“甲的妻子从国外回来，则将房屋租给乙”。

上述约定中的赠送行为、租赁行为，通过司法考试、从国外回来等均为行动行为，体现着权利义务的内容，这些行为并不是法律行为或意思表示行为本身，而是由意思表示行为所设定出来的行为。

识别出意思表示行为的该种双重结构，凸显了传统法律行为理论的两个重大谬误：附条件和期限的法律行为、法律行为成立与生效的区分。

条件和期限是体现权利义务关系的行动行为的基本结构，在一定意义上，所谓的权利义务，其实就是将特定的行动行为设置在特定的时空中，“通过司法考试”作为条件，是“赠送电脑”的条件，“妻子从国外回来”作为条件，是“出租房屋”的条件。然而，很明显，无论是“赠送电脑”还是“出租房屋”，都不是法律行为或意思表示行为，而是法律行为或意思表示行为设定出来的对象或内容。

不存在法律行为的附条件、附期限问题，作为权利义务关系的基本结构，条件、期限等是意思表示行为所需设定的行动行为的基本内容，但却不是意思表示行为本身的结构。将法律的生效与法律所规范的具体行为的生效相对比，问题可以得到更为清晰的解释。许多国家制定有紧急状态法，我国与之对应的是《突发事件应对法》。该法的主要条款实际上就是所谓的附条件条款。我国的《突发事件应对法》是于 2007 年 8 月 30 日公布的，同年 11 月 1 日生效。该法第 50 条规定，社会安全事件发生后，组织处置工作的人民政府应当……强制隔离使用器械相互对抗或者以暴力行为参与冲突的当事人，妥善解决现场纠纷和争端，控制事态发展……显然，政府控制事态发展的行动行为的生效，需以事实上是否发生社会安全事件为条件。但该法律本身的生效则并无条件，依法律的规定于2007年11月1日即已生效。将法律行为的生效理解为条件成就生效，如同将《突发事件应对法》理解为突发事件发生时生效，非常荒诞。

法理上，法律行为生效或意思表示行为生效，属于规范的生效，另有事实的生效与之对应。在一些情形下，规范生效与事实生效是同时发生的，意思表示行为生效，其所规范的权利义务关系在事实的意义上同时产生，即体现权利义务关系的行动行为应该或可以在事实上发生，在此种情形下，规范生效与事实生效在时间维度上并无区别。也有规范生效与事实生效非同步的情形，在该种情形下，规范生效与事实生效是相区分的，规范是生效的，但规范所规制的权利义务关系却未生效，即体现权利义务关系的具体行动行为不能在事实上发生。

规范生效与事实生效不同，现行学说中的所谓法律行为生效，是"张冠李戴"的事实生效，并不是真正的法律行为生效。规范生效或规范行为生效具有自己非常具体的含义：规范生效意味着确立了规范事实生效的规则，事实是否生效，正是按照规范所规定的规则来确定的。规范不生效，事实当然不可能生效，规范生效了，只是意味着规范事实的规则生效了，但事实本身却并不一定生效，事实是否生效，需依规范所规定的规则确定。在简单的"甲若出国，便将房屋租给乙"这样的所谓附条件的法律行为中，"甲若出国，便将房屋租给乙"是意思表示行为所作出的规范，规范作出便已生效，即是否将房屋租给乙需按这一规则加以确定，但租赁行为是否生效，即是否在事实上发生，最直接的原因并非规范本身的生效，而是同样作为事实的甲出国的条件发生。

法律行为或民事法律行为的核心是意思表示行为，意思表示行为不可能附条件或附期限，附条件、附期限的法律行为或民事法律行为这样的概念，与法律行为概念本身存在着严重的自相矛盾：直接将法律行为理解为了体现权利义务关系的行动行为事实，而非意思表示行为本身。如此表达下的法律行为，已经丧失了本义。

4. 造法行为

按照基本的概念逻辑，法律行为必须具有根本上的与意思表示行为不同的独特含义，否则，诚如朱庆育教授正确指出的那样，法律行为概念便没有了意义。[1]意思表示作为一个自然维度的概念，其含义简单明了，人是意志动物，意志或意思是人的根本特性，每个人对与他人的关系都存在自己的意志，以自己的意思设定与他人的关系。法律行为概念的定义如果与意思表示的定义本质上重复，其价值和意义便会极其有限。然而，现行的理论体系中，两个概念间的质差却并没有建立起来，对比二者各自的定义，几近相同。

定义一 法律行为：行为人实施的设立、变更、终止民事权利义务关系的行为。

意思表示行为：行为人将设立、变更、终止民事权利义务关系的内心意思表示于外部的行为。很显然，所谓的实施，就是把自己的想法和意思表示出来，因此两个概念定义间的区别之轻微完全可以忽略不计。

定义二 法律行为：以发生私法上效果的意思表示为要素之一种法律事实。

意思表示行为：向外部表明意欲发生一定私法上法律效果之意思的行为。这是梁慧星先生的定义。梁先生的观点很明确，

---

〔1〕 参见朱庆育：《意思表示与法律行为》，载《比较法研究》2004 年第 1 期。

两个概念不完全等同。其实是否完全等同并非问题的实质，只要核心要素等同，法律行为概念便不具备独立成立的充分根据。梁先生代表的将意思表示行为理解为法律行为的基本或核心要素的观点，实际上正是承认了法律行为与意思表示行为两个概念实质上的重合。

定义三 法律行为：当事人旨在根据意思表示的内容获得相应法律效果的行为。

意思表示行为：将欲发生法律效果之意思表示于外部的行为。这是朱庆育先生的定义。根据意思表示的内容获得相应法律效果的行为明显就是意思表示行为本身。每个意思表示都是希望按自己的意思发生法律效果，否则便是没有严肃意义的玩笑。关于意思表示的定义，其实要点在于“意思”，而非表示，朱先生的定义似乎强调的是“表示”，是在给“表示”下定义，以“意思”为中心，意思表示的定义就是根据意思表示的内容获得相应的法律效果，“表示”只是枝节问题，不是定义的要义。

在现行学说中，法律行为与意思表示行为的含义实质上是等同的。其实，未在对象与规范关系的立体结构中表达法律，将法律行为理解为了事实和规范的对象，在事实和对象的意义上，根本就不存在意思表示概念的定义之外的内容。

定义是相同的，然而却使用了两个不同的名称，意思表示行为概念的名称与定义的内容直接关联，同时以法律行为名称表达同样的定义，“法律”作为语词，究竟在表达什么？这是一个最自然不过的逻辑诘问。

在事实和对象的语境中使用法律行为概念，并不表达意思表示行为之外的其他含义。法律行为概念的含义是规范维度上的，自然行为属性的意思表示行为作为规范对象，需要法律对其作出价值评价，这是规范的基本含义。其中的规范便是：意思表示行为直接具有相当于法律的效力，即意思表示行为是法律行为。

法律行为的含义为相当于法律的行为，是对设定权利义务关系的意思表示行为的客观效果所作的法律认定，这种对象与评价的立体关系才真正体现出了规范的含义。在对象与规范的立体结构下，意思表示行为与法律行为的界限非常清晰，可谓泾渭分明：

意思表示行为：行为人设定权利义务关系的行为。该行为是动机上和主观上的，并不表达有关客观效果的任何信息。

法律行为：具有直接相当于法律的效果的行为。该行为直接表达着一种价值评价，是对另一个行为（即动机行为）的效果上的法律认定，直接表达着效果。

概念的名称有其特定的含义，而且与概念的内容之间存在着显性的一一对应关系，将法律行为定义为设立权利义务关系的行为，“法律”语词作为概念的名称与概念的内容即所谓的设立权利义务关系的行为之间的关系根本没有任何直接的显示，因而“法律”作为语词在名称中根本就没有表达任何含义。作为对比，相当于法律的行为的定义则脉络清晰，名称中的“法律”一词表达着自身的含义，与概念的内容之间的关系“昭然若揭”，而且私法自治精神亦“尽在其中”。

法律行为是规范而非事实，只有规范含义上的法律行为概念才具有意义。传统理论将法律行为定性为事实，如此不通法理的立论被作为了通说和常识，拥趸者众，这一现象令人沮丧。

事实或对象与规范，是法律的两个基本要素，事实是规范的对象，规范则是对事实的价值评价。显然，只有规范才体现着价值评价、人的意志和法律本身。对法律的表达，不是表达事实或对象，而是表达规范。传统理论将法律行为定性为事实，从前提上就没弄清法律的含义：法律是事实与规范的关系，事实仅仅是规范的对象，规范才是法律的核心。如何对事实进行价值评价，这才是民法在相关问题上的法律主旨。性质上的事实定性决定了传统的法律行为理论“先天不足”，价值有限。

法律行为概念的地位、价值，在相当程度上根据其对私法自治内容的表达，单就概念的名称本身看，法律行为名称传达不出与私法自治相关的任何信息，无论是否具有民法学的素养，认为法律行为名称就表达着私法自治的信息都是无稽之谈。将其界定为相当于法律的行为，定义上似乎表达出了私法自治的信息：当事人的意思行为相当于法律，的确正是私法自治内容的核心。

这里存在一个概念上的陷阱，对相当于法律的行为的准确概念，应该是“造法行为”，而非法律行为，以法律行为作为名称概括相当于法律的行为，似乎曲尽其妙，但其实却是一个迷惑的陷阱，民法学者中了语言的圈套，二者的关联其实是一种假象。

从表达效果上分析，“造法行为”对私法自治内容的表达淋漓尽致、直截了当，而法律行为的名称与私法自治并没有直接的关联。更重要的是，法律行为有其法理学和语义学上的通行含义：法律行为就是指具有法律意义的行为，以与宗教行为、伦理行为、自然行为等作出清晰的区分。专以法律行为表达私法自治，法律与伦理、宗教等不同的领域在行为问题上的区分便无法进行，宪法学、法理学等学科的一些基本法律关系根本就无法表达。在民法体系内部，侵权行为等无疑是具有法律意义的行为，如何进行概括，亦是必须进行的逻辑追问。

在现行体系下，整合法律行为与侵权行为等所谓的事实行为的上位概念为具有法律意义的行为，法律行为与具有法律意义的行为不同，[1]法律行为是具有法律意义行为的下位概念，如此荒谬的结论严重毁坏着民法学的尊严。“法律”作为语词，无论如何不可能是“法律意义”的下位概念，在宗教行为、伦理行为、自然行为对应意义上的行为就是具有法律意义的行为，即法律行为。将法律行为与具有法律意义的行为的划分加以类推，宗教行为与具有宗教意义的行为不同、伦理行为与具有伦理意义的行为不同，没有人会理会如此无聊的立论。

法律行为概念本身并不表达私法自治，人为牵强地赋予其此种含义，法律行为概念不但与法理学上的通行定义发生了冲突，而且亦造成了自身体系内部概念之间的逻辑混乱。在对象意义上，存在的是作为纯粹自然行为的意思表示行为，在规范意义上，存在的则是直接体现对意思表示行为价值进行评价的“造法行为”，民法体系上，没有法律行为概念的任何位置。

传统理论中民事法律行为概念的使用是存在很大问题的，最直接的诘问是：如何表达侵权等行为的法律属性或意义，按照民法典的定义，侵权行为显然不是民事法律行为，以具有民事法律意义的行为来搪塞，显然不是一种科学的态度。民事法律上，行为与民事法律行为构成两个不同的概念，这样的区分十分怪异，但这却正是现行民法学体系堂而皇之的主张。[2]在其他学科或领域，不会存在如此莫名其妙的区分，宗教上行为就是宗教行为，伦理上行为就是伦理行为，区分宗教上行为与宗教行为等等，完全属于“想入非非”，违反概念使用的基本逻辑。

所谓的民事法律行为是指民事主体通过意思表示设立、变

〔1〕 参见朱庆育：《民法总论》，北京大学出版社2013年版，第78页。

〔2〕 参见梁慧星：《民法总论》（第4版），法律出版社2011年版，第64页。

更、终止民事法律关系的行为，学说上，另有所谓的事实行为、侵权行为等行为，并不属于民事法律行为。逻辑上，必须对事实行为、侵权行为的法律属性作出表达，而且必须建立整合民事法律行为、事实行为、侵权行为等的上位概念，依“法律”作为语词的一般含义，这个上位概念应该就是法律行为或民事法律行为。传统理论“改弦易辙”，人为改变了“法律”语词的通行含义：法律就是设定权利，法律行为专指设权行为。对“法律”语义学上的基本含义可能存在不同的理解，但无论如何都不会专指权利义务的设定。“强词夺理”地建立了“法律”的特殊含义，整合民事法律行为、事实行为、侵权行为的上位概念只能另觅他途，民事法律上行为由此产生。

局限在民法单独的体系之内，这样另起炉灶地改变法律作为语词的基本含义，尽管人为地制造了公众的阅读和理解障碍，但建立另一套符号体系，在系统内是没问题的，然而民法处于统一的法律体系和社会科学体系之中，必须遵守统一体系的基本规则和概念的基本定义。法理学上，法律行为是一个基本的概念，其固定的含义就是具有法律意义的行为或法律上的行为，该概念一方面与纯粹的自然行为对应，在与自然的关系中表达法律的本质，另一方面与宗教行为、伦理行为等对应，划分出不同社科领域的彼此边界。民事法律行为与民事法律上行为这样的“别出心裁”，破坏了民法与法理学、其他部门法、宗教、伦理学等“对话”的共同机制，宗教行为与民事法律上行为对应而不是与民事法律行为对应，伦理行为与民事法律上行为对应而不是与民事法律行为对应，宗教行为与宗教上行为不同、伦理行为与伦理上行为不同，这些荒谬的结论，“振聋发聩”。

必须恢复民事法律行为或法律行为在法理学上的通行含义，即具有法律意义或民事法律意义的行为，将事实行为、侵权行为等作为民事法律行为的下位概念，根本不需要杜撰一个所谓的与民事法律行为不同的民事法律上行为。作为规范对象的设权行为是意思表示行为，法律维度上的设权行为的准确名称是“造法行为”，德国学者所发明的以法律行为表达或概括设权行为，以讹传讹。

在宪法学、法理学、民法学等统一的法律体系义域下，民法学所意欲表达的含义其实是“造法行为”，而非法律行为。直接相当于法律的行为并不等同于法律行为，而是“造法行为”，属于法律行为的下位概念。作为具有法律意义的行为，法律行为是一个具有极度概括力的抽象概念，在民法领域内，下辖“造法行为”与适法行为两大类别。法律行为、“造法行为”、适法行为这样的概念体系，将民事行为的真正结构勾勒了出来，而且作为统一的法律体系，与法理学等其他部门法之间，概念上完全协调一致，意义十分重大。另外，只有在与自然的关系中，法律的含义才能被界定清楚，表达出自然与法律的关系，是民法学最基本的目的和任务，而自然行为与法律行为概念，无疑是此种表达最为贴切的术语：法律对自然行为予以规范，规范后的行为具有了法律意义，成为法律行为，因此自然行为、法律行为构成一对描述法律的最基本的范畴。

五

自然人是法律人

1. 自然人是法律人

权利的主体，毫无疑问是“民法”的第一要素。遗憾的是，在现行“民法”体系中，对该要素的阐释并不清晰。这种混乱和肤浅不但体现在对法人的本质一直未能给出一个公认的解释，争论“持久不衰”上，而且表现在对自然人的本质问题竟然“不知不觉”，甚至连问题都没有发现上。关于法人本质问题的文章如“过江之鲫”，而对于自然人的本质的讨论则十分冷清。也许学者以为自然人的本质根本不是个问题，但实际情况却并非如此，自然人的本质问题并不简单。而且，实际上，法人的本质问题只是自然人的本质问题所派生的问题，缺乏对自然人本质问题的问题意识，进而缺乏关于自然人本质的认识，不可能真正解码法人的本质。

自然人的本质是否为一个问题，以及现行学说对该问题是否已经解决，一切都可以围绕法律人概念作出清晰的判明，找到答案。自然人的本质是法律人，现行学说根本不知法律人概念为何物，并无法律人概念，遑论提出自然人是法律人这样一针见血的命题，因而可以非常确定地说，自然人的本质仍是民法理论的蛮荒之地。法律人概念以及自然人是法律人命题的有无，是判断关于自然人本质认知程度的绝对标准。

法律是法律与“自然”的关系，自然法与制定法、自然行为与法律行为、自然人与法律人，二者的关系从多种维度体现出来。对自然法的修正，有实在法之产生，对自然行为的规范，有法律行为之产生；而对自然人的规范，则有法律人之产生。在法律与“自然”的关系下，自然法、自然行为、自然人超越了纯自然的天然属性，同时具有了自然属性与人为属性或法律属性的立体特征，既是自然法又为制定法，既是自然行为又为法律行为，既是自然人又是法律人，人作为万物之灵，创造出了一个基于自然却又超越自然的“人为”的世界、法律的世界。只有在自然世界的背景下，法律世界的意义才能显现出来；而也只有在法律世界的维度内，自然世界才真正具有了“人为存在”的本质。

自然人是法律人，该命题真正表达了自然人的本质。如同法律行为是对自然行为的最终统摄一样，法律人亦是对自然人的一个设定目标，是自然人所必须朝向的一个最高价值。

法律人，是法律意义上的人，指权利和义务的主体。法律的目的，就是创造一个有别于自然的法律上的世界，创造一个人为的关于对象的价值体系和标准体系，因而民法上的人，不言而喻是指法律上的人。以法律人的标准规范自然人，符合标准的为法律人，不符合标准的为“动物”。只是在现代文明社会，所有的自然人均为法律人，不再存在主体与奴隶的区分，自然人与法律人实现了绝对的同一，形式上法律人的概念不再具有任何意义，但在实质上，法律人的概念仍具意义，离开此概念，无以表达自然人的本质，无以表达法律与自然的区分，无以表达法律的意义。

自然存在是法律存在，这是法律现象的一个基本结构。在实体问题上，对自然人的界定，亦应从这样对立的两端进行，一方面，自然人是法律人即人格的一个类型，是法律存在，但另一方面，自然人不是法律存在，而是一种自然存在，法律是将非法律存在规范成法律存在，因此自然人首先是自然的存在，只有针对自然的存在，才存在法律规范的意义。作为自然存在的自然人即为生物人。

从非法律主体的维度表达自然人，是界定自然人的一个最基本的维度，把非法律存在规范为法律存在，是法律的基本构造，在这个意义上，界定自然人的非法律存在属性，构成着自然人作为法律存在关系的逻辑起点。自然人作为自然存在的属性是自然人作为法律存在的元点，正因如此，自然人即为生物人的命题并不是纯粹的法学定义，而仅仅是法学定义的一个前提，自然人是法律人，生物人是法律人，这样的命题才是关于自然人的法学表达。

法律的本体是对自然存在的规范，元点端是自然存在，目标端为法律存在。自然人为法律人，是关于法律对主体的规范关系的最简单的立论，也是法律在主体问题上的最基本的含义，然而大抵是顾虑法律人与法人两个概念名称上的混乱关系，现行关于自然人的定义，仅仅停留在自然人为生物人这样的前提性的低端层次，自然人为法律人的终极的法学表达，“绝无仅有”，缺乏自然人为法律人的清晰表达，对自然人的表达，就会缺少法学的灵魂。

自然人、法人是关于主体的对应概念，尽管亦有《法国民法典》对其“视若无物”，并无法人概念，但其在德国、中国、日本等相当数量国家民法学中的标志性概念地位是毋庸置疑的。可叹的是，将自然人、法人概念作为对应概念使用，存在严重的语病，并不符合逻辑和法理。

自然人与团体、组织是并列的两个意志实体，没有法律的规定，其也是独立的意志实体。彼此作为独立的实体，二者之间存在着相互关系，但却不存在彼此比附的问题：自然人就是自然人，团体就是团体，并非只有人才有意志，团体本来就具有意志。将团体比附为人，在逻辑上等于消解了团体概念本身。如同上帝的概念一样，不论是否存在上帝，都不能以“人”来解释上帝，人格化的上帝，直接就是人，不可能是上帝。

团体本来就是与自然人并列的独立意志实体，因此不必也不能将其称为“人”，团体概念本身就表达着独立意志实体的含义，称谓为团体，直接就意味着独立的意志实体。

如此的理解之下，与自然人对应的概念应该是团体或组织，而非法人，二者不但不是对应的概念，而且恰恰相反，自然人与法人是同一个概念，即法人是对自然人概念的解释：因为法律的规范，自然人成了法律上的人，即法人。

自然人与团体是并列的独立意志实体，因此法律须对其进行规范，法律规范的不是主体，而是非主体。典型的团体形式，一为公司，一为合伙，法律对二者进行规范，在规范之后，公司、合伙等成了法律上的主体。自然人、团体作为意志实体，法律规范后成为主体。对团体的主体含义的表达，完全不必借助“法人”的概念。在刑法中，团体是与个体并列的规范对象，团体或集团犯罪与个体犯罪刑罚的标准大不相同，而民法学者自诩为万法之母的民法，竟然未在自然存在的维度上直接将团体作为规范的对象，以民法学上亦未必成立的法人替代团体概念，民法学的发达程度，差强人意。

法人、主体这样的概念，完全是民法学上的维度，并不属于纯粹的民法上的概念，限定在民法的语境中，法人、主体概念并不适用。民法并非对主体的规范，而是对作为自然存在的意志体的规范，或者为个体自然人，或者为团体，因此民法典的相关概念应该是：自然人、团体（公司、合伙）。自然人与法人这样的分类，不伦不类。

在综合私法、公法的更宽广的语境内，法人仅仅作为自然人的法律属性的立场能得到更为究竟的阐释。国内多数学者主张有所谓的公法人、私法人的分类，亦有“另类”李锡鹤教授认为国家法人、公法人的概念并不成立。[1]李教授的观点是正确的。个人、团体、国家是三类基本的意志实体，错误地将人当作唯一的意志实体，才会产生以人表达团体、国家的主体性质的歪论，团体、国家首先是自然存在的意志实体，法律规范后成为主体，完全不必借助所谓的法人的概念，团体、国家直接就是主体。如果意欲表达主体的含义，团体、国家是主体的命题，那就是最为恰当的表达方式。法人概念的直接含义为法律上的人，以法人称谓团体、国家，意味着团体、国家不是自然意义上的人。不是自然意义上的人，未必就不是主体，因此如果表达团体、国家的主体性质，团体是法律上的团体、国家是法律上的国家，这样的表达才有意义。不是自然意义上的人，也不需要作为法律上的人，团体、国家是否为自然意义上的人并不重要，其作为法律上的主体，并不需要作为法律上的人，法律上的团体、法律上的国家概念本身就直接表达主体的含义。

认为团体、国家等概念并不表达主体的含义，以比附自然人概念的法人概念表达团体、国家的主体性，不但没有必要，而且“污损”了团体、国家的主体性质。自然人有人格、国家有国格、上帝有“神格”，“故弄玄虚”，还可以认为团体有“团格”，以人格概念一统天下，团体不成其为团体，国家不成其为国家，上帝不成其为上帝。

法人概念的含义非常有限，尽管许多国家都存在法人制度，

---

〔1〕 参见李锡鹤：《民法原理论稿》（第2版），法律出版社2012年版，第733页。

但也有相反的国家，国内学界对法人概念的使用却泛滥成灾，戴着法人的“有色眼镜”，似乎所有国家法律体系中都有法人概念。“文本”与对文本的解释是不同的，法国法律中有公务机构的概念，有学者将其翻译为公务法人，标榜为所谓的“意译”而非直译。〔1〕法国法律体系中是否存在法人概念，应直接以法律文本的概念作为判断标准。以解释的角度所得出的概念，可能完全是对“文本”的“异想天开”，并不足信。

2. 组织——规范的当然对象

法律是对自然存在的规范，自然存在是法律规范的对象，从这一基本的原理出发，组织显然是民法所需规范的一个当然主题，作为规范对象的组织，意义或含义本质上是自然维度上的，本身不具有任何的法律属性，正因为是纯自然的存在，因而才存在规范的必要。法律不可能对法律存在予以规范，不可能直接创造出一种存在，一定有其对应的自然存在上的逻辑起点，而法律的真实过程或者本质亦正是对自然存在的一种规范。

现行的理解中，普遍以为主体、法人是民法所应规范的一个当然主题，该种观点完全是一种错觉。民法的真实过程是对自然存在的规范，主体、法人等表达的是法律维度上的概念，因此显然是法律规范自然存在后所形成的结果，本身并不是自然存在，不可能是法律规范的直接对象。在民法学的意义上，可以认为法律对特定自然存在的规范本质上是对主体的规范，但这完全是民法学上对民法规范过程的解释，本身并不是民法。以为民法是对法人、主体等的规范，谬误之处在于：将民法学当作了民法。

---

〔1〕 参见葛云松：《法人与行政主体理论的再探讨——以公法人概念为重点》，载《中国法学》2007 年第 3 期。

主体、法人等在性质上属于法律存在，对应的自然存在是自然人、组织，法律对作为自然存在的自然人、组织予以规范，对规范后的自然人、组织的民法学上的认知形成了主体、法人的概念。民法是对主体、法人的规范，抑或是对自然人、组织等纯粹自然存在的规范，两种观点大相径庭：以为是对主体、法人的规范，直接从民法学出发，将民法学等同于了民法；以为是对自然人、组织的规范，主体、法人等属于对民法规范自然人、组织等自然存在所形成的民法学上的认知，将民法与民法学严格区分了开来。

必须建立起自然存在与法律存在的关系的思维范式，必须建立起自然存在为法律规范的对象的基本观点。主体、法人等完全是已经具有法律意义的概念，自身已经包含特定的法律规范于其中，这样的法律存在不存在法律规范的问题。与之相反，自然人、组织则是纯粹的自然存在，本身不具有任何的法律属性，对如此的自然存在，才成立法律规范的意义。

自然人是民法规范的当然主题，之所以成为规范对象，深层依据便在于其纯粹的自然存在属性。自然人或为个体，或形成特定的组织或团体，法律规范自然人，必定需要同时规范自然人个体所形成的组织或团体，作为与自然人对应的自然存在，自然人个体与组织的关系，毫无疑问亦是民法规范的一个基本主题。

组织显然是民法规范的一个基本主题，各国民法典缺少对组织的规范是一个极大的民法疏漏，令人费解。相应的关于主体、法人的规范，根本就不应该出现在民法典中。将组织作为民法规范的一个基本主题，取代所谓的主体、法人主题，自然人与组织一起，构成了民法所应该规范的真正的对象。

将法人与合伙等整合在同一个主题或标题之下，堪称我国

《民法典》的一个创举，是对《德国民法典》等经典民法典的超越。但如此的制度设计，法理上实际上沿袭的仍然是传统的思维模式，区别仅仅在于对一直无解的关于合伙的主体性质的争议上，武断地采取了肯定的立场。然而，民法本来就不是对主体的规范，而是对作为自然存在的组织的规范，依这一思路，真正的问题是把法人概念从民法典中剔除，将公司与合伙两个概念整合在统一的组织标题之下，民法对组织予以规范，基本的形式分别为公司与合伙，两种组织形式中所体现出的法律规范完全不同：公司组织中，个体自然人对组织的债务不承担责任；合伙组织中，个体自然人与组织的责任并不作严格的区分。合伙在民法典中被规范的根据，与其是否为法人或主体的属性完全无关，作为自然存在的组织，才是民法规范合伙的本来依据。因为其是组织，所以必须被规范，并不需要其他任何的抽象道理。而对其的规范，亦未必是将其规范为主体，是否为主体，仅仅是民法学对相应规范的解释而已。

民法的主题是对组织的规范，德国民法将法人作为规范的主题，其实是对自然存在与法律存在之间的关系的严重误认，将民法学当作了民法，法理上并不正确。将法人概念从民法典中消除，以组织概念替代法人概念，自然人与组织这样的主题组合，脉络上更为清晰，理解上亦更为轻松。无论是自然人，还是组织，均同为自然存在，表达出了法律为对自然存在的规范的深刻本质。而且，与甚至连民法学教授也云里雾里的法人概念相比，组织完全是一个日常用语，不会有人对其含义产生困惑。

作为一个世俗概念，关于组织的规则构成着日常生活的一个基本需求，因此构成着民法规范的一个基本主题。至于规范组织后所形成的公司、合伙是否为法人或主体，这些极端抽象的概念只有学者们才有兴趣和能力“把玩”，完全是民法学的领地。

3. 法人否认说证成

在现行做法中，法人是民法典中的一个基础概念，被理所当然地视为了一种法律规范，似乎具有不可替代的民法上的规范功能。民法与民法学不分，在如此的理论前提下，除了规范功能和规范价值，显然再无其他的意义可以用来解释法人。然而以“文本”和解释的二元立场审视法人，存在着与规范含义并列的另一种基本意义，即对规范的认知所形成的纯粹理解上的意义。规范的意义与对规范的认知所形成的理解意义，构成两个完全不同的意义领域，法人概念的含义便是认知性的，但却不是规范本身。

组织构成着民法的一个当然主题，对组织的规范构成着民法的基本内容，其中最典型或核心的规范当属组织拥有自己特定的财产，自己承担财产责任。该规范的规范功能十分明显，规范对象与规范本身的层次非常清晰，组织是规范对象，自己承担财产责任是规范，直接与生活现实一一对应，即便对普通百姓亦无任何的费解之处。

民法规范的是组织，具体内容就是关于组织的特定规则，规范直接由关于组织的规则构成和表达。现行的法人的表达方式，规范与规范的对象含糊其词，究竟是在规范组织抑或是在规范法人，指向并不清晰。民法典中法人的定义、法人的权利能力等命题，强烈传达出了法人作为规范对象的信息。

将自然存在作为法律规范的对象，相应的民法规范显然应该围绕组织的主题展开，组织的财产责任等才是真正的民法规范的表达方式。关于组织的财产责任等的规范，构成了民法的基本内容，有了这样的规范，民法相应的规范功能或目的便已完全满足，法人概念没有民法上任何的存在价值。

关于组织与法人的关系，存在着两种完全相反的命题，即组织是法人与法人是组织。在前一个命题下，规范的对象是组织，而后一个命题显然将法人当作了规范的对象。民法典中，表现出的是将法人界定为组织的路径，实际上是将民法学当作了民法。将组织界定为法人则是另一种完全不同的思路，直接以组织作为规范对象，建立组织独立拥有财产、权利能力等具体规范，对上述的规范命题加以认知，会形成组织是法人的解释上的结论。组织是法人的路径，表达出了规范与对规范的认知以及民法与民法学之间的立体关系，将民法与民法学彻底区分开来，因此亦表达出了民法规范的真实含义。

法人概念没有规范功能，现行民法典中关于法人的各种规定当然也不是规范，而是民法学上的认知性命题。将民法学命题当作民法命题，是民法典中一个非常隐蔽的陷阱，并不容易被察觉。在国内学者中，王轶教授对这一现象亦有所警觉，指出了民法典中民法与民法学混淆的其他一些情形，[1]但法人概念上所存在的问题，远比王先生所指出的情形更为典型。

组织独立拥有财产，在形式上无疑是真正的民法规范，但内容上是否准确，却存有疑问。现行关于法人的规范或观点认为法人独立拥有财产，法人以自身的财产独立承担责任。其实，民法所需规范的目的，并不是法人独立承担责任，而是保护个体的其他财产。实现该目的所需设定的规范，应该是个体以其在组织中的财产承担组织的责任。组织中的财产仍然是个体的，

---

〔1〕 参见王轶：《民法典编纂争议问题的梳理与评析（上）》，载中国民商法律网法学讲坛栏目：https://civilaw.com.cn/zt/t/?id=31174，最后访问日期：2023年9月26日。

而非组织的，个体以其在组织中的财产承担组织的责任，与组织独立拥有财产的规范相比，两种规范，意境迥然：保护个体的其他财产，未必一定另行设定一个独立的主体，直接将个体的其他财产与其在组织的财产区别开来，逻辑上最为简洁明了。个人的财产分门别类，顺理成章，以为法人中的财产不是个体投资人的，不符合最朴素的生活逻辑。

法人概念无论从形式上，还是内容上，都不属于真正的民法规范。组织独立拥有财产，是形式上的民法规范。然而，在内容上，并不存在组织独立拥有财产和权利的问题，个人以其组织中的财产承担组织的责任，是实现民法相应目的的直接规范，在这个规范之下，法人概念在民法上的意义被彻底厘清。

在最极端的立场下，尽管属于民法学的维度，但法人却是一个错误的民法学概念。支撑法人概念的民法规范为组织拥有独立的财产、权利能力等，在该规范的前提下，逻辑上的确能得出法人的概念。然而，组织独立拥有权利财产、权利能力等，在相当程度上阻断了个体对组织财产的权利。作为对比，个体以其组织中的财产承担组织的责任的规范，逻辑上显然更为合理：组织仅仅是个体共同行为的一个方式或系统，个体以组织方式拥有的财产与纯粹的个体财产相互区分，即组织仅仅是个体拥有财产的一种方式，个体以其共同行为中的财产承担共同行为所产生的责任，其中的逻辑关系，十分明了。

不存在组织独立拥有财产等规范，法人概念便成了“空穴来风”，属于民法学上的臆想。公法领域，组织独立拥有财产、权利能力等确实具有其充分的根据，团体或组织利益构成一种终极目的，并不能直接归结为任何特定的个体利益。私法领域中的组织，其所以成立的目的是特定的个体利益，并无作为终极目的的团体利益，本身不能构成目的的团体，无非是实现个体利益的一个工具，当然不能独立拥有财产，也不存在解释为主体的问题。

称谓法人是伪概念，对民法学界而言，骇人听闻，奇谈怪论。然而，即便是在实证法上，民法典中摒弃法人概念的做法亦有先例可循，《法国民法典》中没有法人概念的任何蛛丝马迹。尽管属于少数，但数量从来就不是判断真理的可靠标准。从深层的法理基础分析，恰恰是形单影只的《法国民法典》代表了民法典的科学结构，《德国民法典》所开创的民法典模式，表面上"人多势众"，但"外强中干"，并不符合民法的基本逻辑。

民法与民法学是两个完全不同的意义领域，支撑两个领域存在的最基础的内容便是彼此各自的特定概念，不识别出各自的特定概念，民法与民法学区分的命题便无任何意义。从民法与民法学区分的理念出发，界定概念的民法或民法学属性是一个最基本的逻辑追问，对法人概念做如此的追问，构成建立科学的法人概念含义的逻辑前提。传统的法人学说显然并无这样的追问，在民法与民法学不分的语境中，不可能表达出法人概念的真实含义。

民法与民法学的区别与关系是事关民法与民法学含义的一个终极问题，这一问题未搞清楚，缺乏相关的具体理论，关于民法的所有立论便缺乏基础的逻辑前提，其真理性的成分大有疑问。令人悲观的是，除了随意使用民法、民法学两个不同概念，空泛地称谓民法与民法学不同外，学者们关于民法与民法学的区分与关系，竟然一直未形成任何的具体理论，甚至连这一问题本身都没有发觉，以民法与民法学关系为主题的论文，寥寥无几，与近乎泛滥成灾的其他主题的论文形成了强烈的反差。

民法与民法学的区分理论是缺失的，学者甚至连区分二者的清晰意识都没有形成。徐国栋先生、张新宝先生分别写有《民法学总论与民法总则之互动——一种历史的考察》与《中国民法和民法学的现状与展望》两篇论文，以两位先生国内的学术地位，其观点可以视为代表了国内学界的真实水准。徐国栋先生在文中将没有民法总则是否会有民法学总论作为一个问题提出，模糊地察觉到了民法与民法学的关系是一个问题，但其提出的问题本身却并不是一个问题：只要有民法，便一定存在民法学，而且现行多国民法典中民法总则的内容，本身就是民法学，并非真正的民法内容。张新宝先生的文章，使用了民法学的名称，但其实文章完全是对立法现状的介绍和未来展望，关于民法学的成分，并无任何的涉猎。

民法与民法学的区分理论，是构建法人概念的预设前提，因这一理论一直未能建立起来，传统民法体系中的许多概念均缺乏基本的逻辑基础，法人概念尽管早已根深蒂固，但仍大有反思和检讨的必要，民法与民法学区分思维范式的建立，打开了观察法人概念的一扇窗户，一个全新的法人概念的意域世界清晰地展现了出来。

将自然存在与法律存在、民法与民法学区分开来，组织与法人两个概念之间显现出了“文本”与解释、规范与评价的相互关系。组织是规范的对象，对组织的具体规范构成文本，对规范后的组织民法学解释和评价形成了法人的概念。

法人概念是对组织被规范后的一种民法学解释，这是一个极其重大的民法学发现，从根本上颠覆了传统上关于法人概念的思维方式：法人概念没有规范的意义，既非规范的对象，也非规范本身，而仅仅是对民法规范的一种法学评价和认知。

在上述界定之下，法人概念的价值和意义受到了毁灭性的冲击。民法是根本，民法学是枝节，民法完全可以脱离民法学而独立存在，在纯粹的民法界限内，并没有法人概念的位置，对组织的规范是民法的核心主题，构成了民法上的独立价值和意义，没有法人概念，对民法没有任何实质性的影响。规范的对象是作为自然存在的组织，规范则体现为成员对组织的财产不承担责任，是否将如此规范下的组织评价为法人，都不影响规范本身的存在。

在民法的视域内，并不需要法人概念，法人概念本身并没有民法上的意义，遑论对法人本质的探讨了。法人的本质是传统民法学体系的一个重要问题，亦有相当多的学者认为该问题并无意义。[1]将民法与民法学区分开来，法人本质问题是否有意义将被彻底厘清：没有民法上的意义，意义是民法学上的。

限定在民法的界域内，法人概念不但没有意义，而且根本就不存在。法国法上无法人概念，但关于组织的法律规范并不比德国逊色。然而，没有民法上的意义并不意味着没有任何其他的意义，民法学是对民法的认知，对本质的追问是理性的本能，作为对民法关于组织规范的一种认知，法人概念揭示和表达着相关规范的本质，这当然代表着一种基本的价值和意义，只是必须区分清楚，民法与民法学是两个完全不同的知识领域，法人是民法学上的术语，不是民法上的概念。

---

〔1〕 参见梁慧星：《民法总论》（第4版），法律出版社2011年版，第120页。

六 人体权与人格权的区分

1. 人格的"伦理人"含义[1]

语义上，人格显然是一个实体概念，表达的是一种具体的人的形象。自然人并不天然具有"人"的形象，自然意义上的人就是动物，究竟意义上，"人"是人自我创造出来的，是"理想人""伦理人"，并不是自然的存在。法律的目的，就是将动物意义上的人规范成"理想人""伦理人"。只有"理想人""伦理人"才是"人"，自然人是"动物"，法律将动物规范成"人"。一端是动物，一端是"人"，其间的生成关系便是法律规范的过程。

如此意义上的人格概念，也是普通人的基本观念，直接表达着人格概念字面上的含义，并不费解。建立起这一意义上的人格概念，打开了解构人格权概念的一个全新视野：自然人是"动物"，朝向"理想人""伦理人"的转化，是自然人的基本权利。即自然人具有"作为人格"的权利，人格权就是自然人作为人格的权利。

人格即指"理想人""伦理人"，与动物意义上的自然人互

〔1〕 撒缪尔·普芬道夫提出的伦理人概念，基本旨趣就是表达人与动物的区分。

为两端，现行理论缺乏动物意义上的人的逻辑起点，自然人就是自然人，并无“动物人”与“伦理人”的二元区分。不从“动物人”的逻辑起点出发，表达不出人格概念的究竟含义。在“动物人”的对比语境中，才存在“伦理人”的概念，才存在人格的概念。

“伦理人”是一种具体的人的形象，自由的、尊严的、健康的、安宁的……“伦理人”的形象存在着多元的“画面”维度，这样的“完美形象”是法律建构出来的，并不是自然的存在。“动物人”即自然人具有了生命权、“人格权”（与“肉身”对应的名誉权意义上的狭义的人格权）等权利便成了“人格”，成了“伦理人”。如此界定的人格权，脉络清晰，明白晓畅。

现行体系中，我们显然并未发现“伦理人”这一人格概念的基本含义，而是将人格界定为主体，所谓人格即私法上的权利义务所归属之主体。〔1〕

“伦理人”与主体，是人格概念并行的两种基本含义，梁慧星先生认为人格概念存在着四种含义，〔2〕但却把“伦理人”这一基本的含义遗漏了。将人格仅仅理解为主体，传统理论在逻辑起点上就误入歧途。与主体的含义相比，“伦理人”“抽象人”的人格概念含义既表达着法律对“动物人”的规范的逻辑起点，又设定了人类文明的最高目标，因此无论如何，都不可或缺。

“伦理人”“抽象人”并不表达主体的含义，而是为“动物人”设定了一个“理想人”的终极目标，将法律理解为一个由“动物人”到“理想人”的动态规范过程。主体含义的人格概念，直接将自然人作为主体，表达的仅仅是自然人与权

〔1〕 参见梁慧星：《民法总论》（第4版），法律出版社2011年版，第91页。

〔2〕 参见梁慧星：《民法总论》（第4版），法律出版社2011年版，第91页。

利、客体的静止关系。显然，无论是对法律规范过程，还是对人的本质，伦理人概念所表达出来的意境，比主体概念都要钩深致远。

缺乏法哲学的底蕴，直接造成了现行人格权概念问题上的混乱局面。哲学上，抽象与具体是一对最基本的范畴，将对象二分为感性与理性、具体与抽象两种不同的存在，二者对立统一。既有的民法学理论体系，显然缺乏具体与抽象的二分范式，将人仅仅单一地理解为了感性的、具体的自然人。两种范式大相径庭：在哲学范式下，诸如“朋友”，并不仅仅是具体的张三、李四，“朋友”还是一种抽象的存在，即“朋友”概念的定义所设定的理念上的存在，张三、李四之所以被称为“朋友”，恰恰是因为其行为契合了“朋友”概念的定义。民法上，人格概念所表达的便是人的抽象存在，是人的定义，即尊严的、正义的形象。这一抽象的人既是感性、具体的自然人行为的标准，又是经由法律才能享有和实现的一种形象。

实证法上，所谓的精神人格，实质其实就是此种抽象的人。此意义上的人格，并不表达主体的含义，而是人的定义，对应的概念为感性的、具体的自然人。将具体的人规范成为抽象的人，正是法律的价值和宗旨，人类的文明因此而得以体现。而将身体等界定为所谓的物质性人格，在表达上彻底失去了意义：人格概念不表达主体的含义，以人格称谓身体、生命等，没有任何的含义，“人体权”才是身体权、生命权等的真实含义。“人体权”与人格权，彼此在对立的语境中互相界定着对方，正是在与“人体权”的冲突中，人格权的含义“诞生”了：对人体利益的放弃成就了自身的“精神人格”，所谓舍生取义，表达的正是人体与人格之间的对立统一关系，没有“人体权”的映衬，人格权的含义将十分干瘪。

"伦理人"，是一种人的自身形象，显然不能包括对物的关系，由此在人格权与财产权之间画上了界限。尹田先生认为无财产即无人格的观点[1]在"伦理人"的意义上当然是不适用的，马骏驹先生、薛军先生对无财产即无人格的立论提出了批评，[2]根据即在于此。但是，在主体意义上的人格概念下，无财产即无人格（无财产权则无人格的表述更为准确）的观点却并不荒谬，主体就意味着拥有权利，与客体概念对应，没有财产权便不可能是真正的主体。无财产权则无主体，这样的立论不存在任何的问题。

"伦理人"概念真正揭示出了人格的本质。"动物人""生物人"向"伦理人"的转化，构成着民法规范的第一宗旨。然而，现行的人格理论却完全缺乏这一概念，单一的自然人概念，属性含混，无法表达法律的动态过程。只有在"动物人"与"伦理人"的动态关系中，人格的含义才能显现出来。

在现行体系中，所有的权利都是人格权，身体权、生命权等被界定为人格权，不但直接消解了"人体权"的独立存在，而且也极大地淡化了人格权的精神旨趣。"肉体"、人体是自然人的一种基本存在，美学上，人体被作为了绘画的一个基本维度，法律上当然也应该直接将人体作为法律表达的一个基本对象。"人体权"与人格权，如此的概念组合，勾勒出了一个丰满、立体的人的形象，还原了人体对于自然人的基本价值。

人体与人格是平行的概念，缺一不可。生命权、身体权等是"人体权"，名誉权、隐私权等是人格权。"物质性人格权"

---

〔1〕 参见尹田：《再论"无财产即无人格"》，载《法学》2005年第2期。

〔2〕 参见马俊驹：《人格与财产的关系——兼论法国民法的"总体财产"理论》，载《法制与社会发展》2006年第1期；薛军：《"无财产即无人格"质疑》，载《法学》2005年第2期。

与“精神性人格权”的立论是不成立的。[1]将生命权、身体权等称为人格权，此意义上的所谓物质性人格权，其实是“动物人格权”，生命、身体等是“动物人”、生物人的基本存在方式，并不表达与动物区分角度上的“人”的含义。人格究竟是指“动物人”意义上的人格，抑或是与动物人区分的“伦理人”的人格，这是一个问题。最离谱的是将姓名权、肖像权称为人格权，如同将商标称为商品本身一样，匪夷所思。

生命权、身体权等是“人体权”，姓名权、肖像权是“人标权”，这样的概念体现着最通常的世俗含义，同时亦衬托出了人格概念的世俗含义：人格就是自然人的精神尊严。

人格权的含义是狭义的“尊严的权利”，本质上是一个伦理概念。在日常生活中，所谓的人格，指的便是这一狭义的人的尊严，与生命权、肖像权、自由权等皆无关系。人格就是指伦理意义上的人的尊严，这是妇孺皆知的简单道理。

“尊严的权利”才是规范意义上人格权的真实含义，具体的内容则是名誉权、隐私权，也是一种具体的权利。所谓的一般人格权，法理上其实并不成立。

一般人格权的概念肇始于德国，国内学者普遍肯认的这一结论未必真实。采信易军先生的观点，关于德国民法上的一般人格权与生命权、身体权等具体人格权的关系，学界存在两种观点。一种观点认为，一般人格权包括生命权、身体权等具体的人格权；另一种观点完全相反，认为一般人格权是指生命权、身体权等具体人格权之外的人格权利。[2]“这个‘一般人格权’

---

〔1〕 参见王利明：《民法典人格权编草案的亮点及完善》，载《中国法律评论》2019年第1期；石佳友：《人格权立法的进步与局限——评〈民法典人格权编草案（三审稿）〉》，载《清华法学》2019年第5期。

〔2〕 参见易军：《论人格权法定、一般人格权与侵权责任构成》，载《法学》2011年第8期。

并非对各种具体人格权的抽象和概括，而是对第823条第1款未能列举而又需要加以保护人格利益的补充性规定”，“一般人格权主要保护名誉、隐私以及人格尊严”。[1]抽象的定义不可能不统摄具体的权利，德国法上所谓的一般人格权并不包含生命权、身体权等具体的权利，逻辑上更加合理的解释是：德国法上的所谓一般人格权，就是人格权概念本身，即是尊严意义上的人格权，而生命权、健康权等根本就不是所谓的具体人格权。[2]以生命权、健康权等为具体的人格权，其含义则一定包含在一般人格权的含义之中。德国法上的一般人格权利不包含生命权、健康权等的事实，其实暗合的是人体权与人格权区分的客观逻辑，是对人格权新理论的有力支撑。

名誉权、隐私权代表着关于尊严概念的一个独立意境，此意义上的人格权才是人格权概念的本义。显然，名誉权、隐私权意境中的人格权同样需要有一个一般的定义，何谓名誉，何谓隐私，名誉、隐私是否还有其他的同类意境的概念都是问题。直接地说，德国民法上的一般人格权是名誉权、隐私权意境中的“一般人格权”，是对名誉权、隐私权意境中的具体人格权的一种一般表达。[3]

对生命权、肖像权为人格权的民法学“金科玉律”必须予以当头棒喝，人格权概念上聚讼纷纭，观点上的乱象，源头便

---

〔1〕 参见张新宝：《人格权法的内部体系》，载《法学论坛》2003年第6期。

〔2〕 尊严权在学理上被解释为精神人格权、一般人格权，生命权等被解释为物质人格权、具体人格权。二者之间显然是冲突的：精神人格与物质人格之间是平行关系，一般人格权与具体人格权则是立体关系。

〔3〕 在我国司法实践中，不被恐吓、婚姻不被破坏、先人坟墓不被破坏、个人信息被遗忘等都被作为尊严概念的具体体现。参见房绍坤、曹相见：《论人格权一般条款的立法表达》，载《江汉论坛》2018年第1期。尊严本身是一个极其抽象的概念，其作为所谓的一般人格权，即便是在单一的精神人格范畴内，其一般性的含义亦足够明显。

是这一似是而非的"金科玉律"。生命权、肖像权等根本不是所谓的人格权，其实质就是"肉身权"或"人体权"，规范的是自然存在意义上的自然人的"自身"。自然人肉身不是人格，人格是自然人所朝向的目标。

"伦理人"概念不可或缺，现行学说在"伦理人"概念之外阐释人格，意识到"伦理人"概念对人格概念的基础价值的学者非常少见。除了杨代雄先生的《伦理人概念对民法体系构造的影响——民法体系的基因解码之一》、孟勤国先生的《论人格权的伦理价值》、朱振先生的《人格权的伦理分析》〔1〕，绝大多数学者都不知"伦理人"为"何物"，"伦理人"的人格目标就没有建立起来，对人格概念的五花八门的阐释大多是旁门左道。但伦理价值、伦理利益与"伦理人"概念还存在着严格的区别，伦理价值、伦理利益被称为人格权的客体，显然并没有直接建构"伦理人"本身。"伦理人"不是客体，而是"动物人""生物人"作为的目标，在"伦理人"概念下，并不需要伦理价值、伦理利益这样的客体概念。

一端是"动物人"，一端是"伦理人"，借助"人格待遇"的权利、"作为'伦理人'的权利"，自然人完成了由"动物人"向"伦理人"的转化。如此的动态关系，将人格概念的含义表达得淋漓尽致。没有任何概念比"伦理人"更能表达人格的含义，没有任何概念比"人格待遇""伦理人待遇"更能表达人格权的含义。"伦理人"不可能是一种确定的概念，"人格待遇"与支配行为根本就是不同的语境。人格权为确定性的概念、

〔1〕 孟勤国：《论人格权的伦理价值》，载《财经法学》2019 年第 4 期；朱振、都本有：《人格权的伦理分析》，载《法制与社会发展》2005 年第 3 期；杨代雄：《伦理人概念对民法体系构造的影响——民法体系的基因解码之一》，载《法制与社会发展》2008 年第 6 期。

人格权性质上为支配权，[1]在“伦理人”“人格待遇”两大概念下被基本证伪了。

传统体系中不存在“伦理人”“抽象人”的人格概念，人格概念的基本含义是主体和权利能力，两种含义都是成立的，具有表达上的意义。但两种语境下的人格权概念却十分怪异：人格就是人格权，两个概念相互解释，因此本质上是相同的。

人格即主体，是指权利的拥有者，在此语境中，人格显然不是权利。但同时成立人格为权利能力的通行定义，而所谓的权利能力，则恰恰就是一种权利，将人格理解为权利，揭示着人格概念的深层法理。

权利能力就是“权利权”，是对权利的权利。逻辑上，与具体的权利不同，权利的权利是最为根本的权利，自然人拥有债权、物权、知识产权等，以一个一般的命题为基础，即自然人拥有权利的权利，之所以拥有债权、物权等，是因为自然人拥有权利的权利，拥有债权、物权等权利，表明的正是自然人在一般的意义上，拥有权利的权利。[2]“权利权”的概念显得拗口，但却表达着权利概念的逻辑起点，因为拥有“权利权”，所以才能拥有债权、物权等具体的权利。与主体意义上的人格概念联系起来，人格不但是权利义务的归属主体，显然同时本身就是一种权利。

人格究竟是权利的归属主体，抑或是权利能力本身，两个命题之间的关系成了问题。人格是权利的承载者，将人格、主体作为了逻辑上在先的假定，因为是主体，所以拥有权利，主

---

〔1〕 参见杨立新：《民法分则设置人格权编的法理基础——对人格权编不能在民法分则独立规定四个理由的分析》，载《中国政法大学学报》2018 年第 4 期。

〔2〕 哲学上，存在着意识与自我意识的区分，运用其中体现的逻辑范式，便可得出“权利”与“权利的权利”的概念。

体意义上的人格概念，强调的是主体对权利的主动关系。但另一方面，同时成立因为拥有权利，所以形成了主体的命题，没有拥有权利在逻辑上在先，就不存在所谓的主体。显然，主体与权利之间是双向的相互关系，而非单项的因果关系。人格即权利能力的命题，表达的是权利能力对人格的主动关系：权利能力“缔造”了人格，没有权利能力，就没有人格，是否拥有权利能力，是人与“非人”的根本标准。但在规范的维度，权利能力概念的人格含义却并不重要，其意义被设定在与行为能力对应的语境中。

人格本质上是一种权利，立论不但没有任何问题，而且体现着法学概念的一个普遍法理，如同财产与财产权的关系一样，在实体的维度，财产权就是财产，在权利的维度，财产就是财产权，区分财产与财产权，意义十分有限。〔1〕学者极力强调人格与人格权的区分，“人格是指主体资格，一般与民事权利能力相对应；而人格权则是民事主体所享有的权利”。〔2〕这样的解释并不清晰。孙宪忠先生尖锐地指出了其中的问题，认为人格与人格权无法区分，是生命受侵害还是生命权受侵害，二者之间的区别不可能在法理上讲得清楚。〔3〕然而，从“伦理人”的角度，人格与人格权被真正区分开了：人格权对应的是“伦理人”意义上的人格，与主体意义上的人格界限清晰。

人格概念存在着两种基本的含义，一为主体，一为“伦理

---

〔1〕 将人格的本质理解为权利，梁慧星、尹田先生有类似的观点。两先生皆认为人格与人格权有本质的联系。参见梁慧星：《中国民法典中不能设置人格权编》，载《中州学刊》2016 年第 2 期；尹田：《论人格权独立成编的理论漏洞》，载《法学杂志》2007 年第 5 期。

〔2〕 参见王利明：《民法典人格权编草案的亮点及完善》，载《中国法律评论》2019 年第 1 期。

〔3〕 参见孙宪忠《论民法典贯彻体系性科学逻辑的几个要点》，载《东方法学》2020 年第 4 期。

人”“理想人”。现行理论只有主体含义一种，前提就是错的，许多问题不可能阐释清楚。学者所谓的人格与人格权是区分的、人格与人格利益是区分的、人格概念存在着伦理价值与人格利益的二元结构等立论，[1]在“伦理人”“理想人”概念下，统统失去了价值。

2. 存在权的引入

传统理论生命权、身体权等人体权作为人格权的定性，法理上未发现“存在权”，是造成其错误的症结所在。引入存在权，人格权概念的“执念”被去除，能够轻松“顿悟”出生命权、身体权等人体权的真实理念。

生存权，是公法上一个被广泛认同的基本概念，简单联想，便能得出私法上的存在权。存在权概念“出神入化”，关于人格权概念的各种纠结，均可因存在权概念的建立而烟消云散。

“存在”，是哲学上最基本的范畴，民法上，自然人“肉身”的存在显然构成法律规范的一个基本主题。“人”不但是“高大上”的人格，同时也是世俗的物质性的“肉身”，体现着社会生活的“人间烟火”。“肉身”的存在是自然人的基本价值、基本意义和基本关切。在“肉身”与人格对立的语境中，“肉身”的基本含义才能体现出来。传统理论将所有的权利都称为人格权，“肉身”的独立意义被抹杀了。人作为物质与精神的二元存在，直接将“肉身”与人格对立才能表达出其究竟的含义，现行所谓的物质性人格与精神性人格的语词，对物质与精神的表达，含糊其词。“肉身”与人格，如此的对应，才直截了当，入木三分。

---

〔1〕 胡平仁教授提出了人格为伦理价值与人格利益二元结构的论断。参见胡平仁、梁晨：《人的伦理价值与人的人格利益——人格权内涵的法哲学解读》，载《法律科学（西北政法大学学报）》2012 年第 4 期。

生命权、身体权等是人体权，规范的目的是自然人“肉身”的存在，因此属于存在权；名誉权、隐私权等才是人格权，规范的目的是人格的尊严，所以称为人格权。“肉身”与人格、存在与尊严，构成着明显的对立平行关系，均为人的基本价值，“肉身”不能归属于人格，存在不能归属于尊严，因此存在权才是生命权、身体权等人体权的精髓所在，以尊严权描述生命权、身体权等人体权，文不对题，牵强附会。我国《民法典》人格权编第990条规定，除前款规定的人格权外，自然人享有基于人身自由、人格尊严产生的其他人格权益。人身自由对应人格尊严的措辞安排，有意无意中遵从了身体、“肉身”与人格区分的客观逻辑，依物质性人格、精神性人格的理论脉络，应该采用的表达则是人格自由与人格尊严的对应。〔1〕

在现行体系中，所谓的具体人格权、一般人格权具有重要的地位，但因缺乏存在权概念，对二者的阐释混乱不堪，是否存在一般人格权、一般人格权是否包括具体人格权，观点针锋相对。〔2〕在存在权概念下，问题被轻松化解了。

依逻辑学的理论分析，所谓的一般人格权其实就是人格权概念的定义，具体人格权则是人格权概念的外延。尊严权、自

〔1〕 杨立新教授对民法典草案中的该条款提出了批评，认为人格尊严是一般人格权，人身自由是具体人格权，不应将二者并列在一起，主张采用人格自由的概念。人体与人格区分的立论，为我国《民法典》该条款提供了合理的解释。参见杨立新、李怡雯：《人格自由与人身自由的区别及价值——〈民法典人格权编草案〉第774条第2款、第784条及第791条的规范分工》，载《财经法学》2019年第4期。

〔2〕 主张相容关系的代表性学者如杨立新。杨先生明确主张，具体的人格自由法益都可以概括在一般性人格自由法益之中。杨立新、李怡雯：《人格自由与人身自由的区别及价值——〈民法典人格权编草案〉第774条第2款、第784条及第791条的规范分工》，载《财经法学》2019年第4期。主张排斥关系的代表性学者如房绍坤、温世扬。参见房绍坤、曹相见：《论人格权一般条款的立法表达》，载《江汉论坛》2018年第1期；温世扬：《略论人格权的类型体系》，载《现代法学》2012年第4期。

由权等作为一般人格权，作为人格权概念的定义，无非是对生命权、身体权等具体人格权的本质的概括。首先，以尊严权界定生命权、身体权等具体人格权本身就不成立。生命权、身体权等的实质就是卫护身体、生命等的存在，与尊严无关。其次，将尊严权作为一般人格权，表象上强调了尊严权的地位和核心价值，其实却是对尊严权概念的极大“伤害”，使尊严权概念失去了“尊严”。身体权、生命权等是最基本的具体人格权，按概念的内涵与外延关系的逻辑原理，会得出人格权就是身体权、生命权等具体人格权的结论，因为概念的定义只能体现在具体的外延之中。

尊严权必须被作为具体的权利，而不是必须以身体权、生命权等基本的具体人格权为载体的所谓的一般人格权，只有在与身体权、生命权等的平行关系中，尊严权的地位和价值才能够得到彰显。许多学者坚持一般人格权即尊严权不包括身体权、身体权等具体人格权，具有充分的逻辑根据。然而，所面对的一个直接的逻辑追问是：不包括具体人格权的尊严权还是一般人格权吗？

以存在权概括身体权、生命权等所谓的具体人格权，以尊严权直接表达人格权概念本身，逻辑上的脉络相当清晰。存在是最基本的价值，存在权对身体权、生命权等的本质的表达，淋漓尽致。在存在与尊严的“冲突”中，尊严权的价值更为浓烈。

人格权的成立，以人格权概念与人格概念的区分为前提。如果人格权与人格两个概念实质上等同，不但一方面消解了人格权概念的价值和意义，另一方面也面临着人格既是主体又是客体的逻辑窘境。对二者的区分成了学者构建人格权概念特别强调的一个学术命题。〔1〕然而，在既有体系中，却能够直接推

〔1〕 王利明、刘凯湘、杨立新等先生均在文章中将二者的区分作为建构人格权概念的要点而予以特别的阐释。

导出人格即为人格权的结论。人格为权利能力是学界的通说，权利能力即“权利权”，人格的实质是一种权利，人格与人格权的等同其实表达着人格概念最深层次的法理。

人格与人格权的确又是区分的，但二者的区分却并非如学者所言是主体与人格利益的区分。人格是人所以为人的“一般形象”，即“尊严的形象”，此意义上的人格概念与表达主体含义的人格概念判若鸿沟，而相应的人格权则是自然人作为“尊严的形象”的权利。因此，与其说人格与人格权是区分的，不如说人格概念存在着两种不同的含义，一为主体，一为“抽象的人”“尊严的形象”。

现行体系以“人格利益”表达人格权与人格的区分，逻辑上非常费解。事实上，人格利益与人格之间的区分根本就讲不清楚，王利明先生甚至直接使用了“人格利益就是人格”的表达。〔1〕

尽管不能武断地将人格利益直接认定为伪概念，但其意义极其有限。不能说尊严不是利益，但尊严在与利益的“冲突”中才能体现自身的含义。人格利益概念是在以自然人是主体、支配权是权利的基本含义的大的体系框架下产生的，既然只能将人格权界定为支配权，便只能假定一个人格利益的客体，所谓“人格权是一种支配权的论断，只有在将支配的标的理解为人格利益的前提下才是正确的”；〔2〕既然自然人直接就是主体，便只能以“人格”措辞表达身体、生命等含义。如果自然人直接地并不是主体，“人格”措辞便丧失了对身体、生命等的表达

〔1〕 参见王利明：《论人格权的定义》，载《华中科技大学学报（社会科学版）》2020年第1期。

〔2〕 参见胡平仁、梁晨：《人的伦理价值与人的人格利益——人格权内涵的法哲学解读》，载《法律科学（西北政法大学学报）》2012年第4期。

意义。身体、生命等的基本意义就是人体，法律需要规范的是人体的存在，而非尊严；“尊严的形象”是“理想人”“一般人”，并不是所谓的人格利益，自然人成为“理想人”，是法律规范的最高主旨，其间是“作为”的关系。

“肉身”的存在是自然人的基本价值，存在权的概念还原了生命权、身体权等人体权的真实含义，表达出了“肉身”对自然人的基本意义。不但如此，存在权概念还彻底证伪了人格权为支配权的流行观点，了结了人格权性质的无休止争论。梁慧星等先生认为人格权是消极防御性的权利，存在权概念是对梁先生观点的极大支撑：“肉身”的存在构成着自然人的一个基本目的，生命权、身体权等本质上属于存在权。存在就是权利，存在与支配并驾齐驱，存在权不可能是支配权。〔1〕

3. “作为权”对应支配权〔2〕

关于人格权的性质，国内存在着人格权为支配权的强势学说，但在世界范围内却并非如此。据温世扬先生考据，卷帙浩繁的相关学术文献中，并未发现有关肯认人格权“支配”属性的论述，而否认人格权为支配权者却不乏其人。如拉伦茨认为，人格权实质上是一种人身不受侵犯的权利，并非一种支配权。

〔1〕 康德、萨维尼都认为，人不可能将自身作为支配的对象，因此反对将身体权、生命权等人格权作为一种权利。曹险峰先生在《论德国民法中的人、人格与人格权——兼论我国民法典的应然立场》一文中对此进行了具体的分析。支配权是既有理论体系中最主要的权利，以支配权界定身体权等，无论如何都是解释不通的。然而，存在权则可以清晰地建构起身体权、生命权等权利概念。

〔2〕 哲学研究“纯存在”，即存在所以作为存在，其他科学研究的则是存在的具体性质，并不追问存在本身。将这一哲学理念适用于民法学，便能发现主体、人格所以作为主体、人格的问题，进而推导出作为权的概念。支配权表达的是主体对客体的关系，作为权表达的则是主体、人格概念本身，即追问主体、人格所以作为主体、人格的逻辑原点。

福尔克尔认为，人不可在自己身上设立支配权，不可像利用财产那样利用人格，此为《德国民法典》第 253 条所禁止，因为它践踏了人的尊严。〔1〕实际上，德国学者是普遍否认人格权为支配权的，康德、萨维尼、拉伦茨等对此都有清晰的表述。〔2〕

以支配权界定人格权，文理不通，梁慧星、尹田、邹海林等先生皆明确主张人格权不是支配权。自然人不能随意抛弃或结束自己的生命，不能转让自己的自由，不能出卖自己的尊严，其中的道理其实并不复杂，但学者却仍以可支配性在法律上存在强弱不一的情形，人格权的可支配性只是较其他民事权利微弱而已为人格权的支配性辩解。〔3〕可以微弱，但总得要有，自由、尊严作为人格权的核心价值，既不能转让，也不能出卖，其即便是微弱的支配性，究竟体现在哪里？

在现行的人格权体系中，确实存在一些个别的、次要的支配情形，但最核心的价值即尊严权上不可能存在通常意义上的支配性的任何含义。学者给出的一个新的含义是：其他任何人都负有不得侵害权利人人格权的义务，一旦侵害，权利人可基于侵权法寻求救济，由此衬托出人格权支配性的特点。〔4〕对此，最直接的反问是：债务人违约即是对债权人请求权的侵害，债权人同样可以依法寻求救济，债权人因此变成了支配权人，这样的结论有意义吗？

将人格权界定为支配权，逻辑上显然是不成立的。另一个

---

〔1〕 参见温世扬：《人格权“支配”属性辨析》，载《法学》2013 年第 5 期。

〔2〕 参见张素华：《人格权法独立成编必须正视的几个基本问题》，载《东方法学》2018 年第 2 期。

〔3〕 参见刘凯湘：《民法典人格权编几个重要理论问题评析》，载《中外法学》2020 年第 4 期。

〔4〕 参见王利明：《论人格权的定义》，载《华中科技大学学报（社会科学版）》2020 年第 1 期。

更基础的问题是：支配权是有缺陷的，并不是最“完美”的权利。

把他人作为人格还是把自己作为人格，意境天差地别。自己把自己作为人格，远不如被他人作为人格更有哲学的深意。这意味着，人格是由他人成就的。同时，把他人作为人格，强烈宣示着人与人之间善的理念。每个人“我为人人”，客观上的结果便是“人人为我”，然而只有“我为人人”才是法律所应该遵循和体现的善的观念。

将人格权界定为支配权，显然将人格圈定在了自我中心的界域内：我支配，所以我“人格”。而作为人格的权利则完全超越了自身的范畴，将人格设定为他人的善的行为：每个人负有将他人作为人格的义务，即他人享有作为人格的权利。从他人义务的角度界定人格，善的理念、伦理的价值，一应俱全。

“作为一个人，并尊敬他人为人”，是学者惯常引用的关于人格概念的经典表达，深刻揭示着人格权概念的法理逻辑：作为一个人，显然不是指支配自身的人格利益，而是自我约束的义务的含义；尊敬他人为人，当然更直接地表达着义务的含义。这其实正是意味着人格权是通过规定他人的义务，即把另一个他人作为人格而设定的。设定了把他人作为人格的义务，他人相应地便获得了人格权。支配自己的所谓人格利益即把自己当人格，抑或是把他人当人格，其中的伦理意境，云泥之别。

更形象地表达，即“人彼此是对方的上帝”。人格就是“我”把他人作为“上帝”。“我”是他人的“上帝”，抑或他人是“我”的上帝，法学家怠于这样的“概念游戏”，其对人格概念的思考亦如同蜻蜓点水，不得要领。

因循上述的“概念游戏”，会得出“人格待遇”的概念，对人格本质的表达，别具一格。把他人作为目的，是伦理学上对“善”的理念的最极致表达，把自己作为目的，能够表达人的尊严，但却无法表达“善”的理念。彼此给予对方“人格待遇”是伦理学上的绝对命令，亦是规范自然人自身权利的一个究竟维度：他人的“人格待遇”，无论如何，都是“我”的一个基本关切。享有对方给予“人格待遇”的权利，对人格权概念的表达，通俗易懂：人格权就是享有他人给予“人格待遇”的权利。

“人格待遇”构成着自然人的基本关切，揭示出了人格权概念的“灵魂”和精髓。相形之下，人格权为支配权的通说则牵强附会，生命如何支配？健康如何支配？名誉如何支配？人格权支配权的主张，根本就是无稽之谈。同时，人格支配的概念亦表达不出“善”的最高理念，“我”是他人的“上帝”与他人是“我”的上帝，因每个“他人”同时就是“我”，他人是“我”的“上帝”显然同时意味着“我”是上帝，但他人是“我”的“上帝”的维度却直接表达着“善”的理念。“人格待遇”的概念从他人的地位出发，不但直接契合“善”的理念，而且能直接契合生命权、名誉权等权利的内容。“人格待遇”就是“己所不欲，勿施于人”，具体而言就是：不要伤害他人的生命，不要伤害他人的名誉，等等。他人由此获得的便是生命权、名誉权……

哲学上，有人是目的的命题，对人格尊严的最极致表达是将他人作为目的。没有任何一种权利，比将他人作为目的的权利对人格尊严的表达更为究竟。人格利益支配的概念，将人格界定为了自身的关系，在传统理论中，支配权被作为了权利的核心，将人格权界定为支配权，似乎才配得上人格权的“尊贵”。建立起作为他人目的的权利、作为“人格”的权利，支配权的核心地位受到了挑战。

人格利益、对人格利益的支配，这样的概念显得庸俗。人的价值，除了利益，还有精神，人格的本质便是一种“人的形象”，不但不是利益，而且是比利益更为“高贵”的价值。反对人格权为支配权的立论，学界另有人格权为“受尊重权”的观点。[1]受尊重权与支配权大异其趣，在一定程度上表达出了人格权的旨趣。从主动的维度则成立作为人格的权利，即“作为权”。“作为权”概念所表达的意境更为究竟，与支配权概念的对应关系十分匹配。“作为权”与支配权，两大概念对权利内涵的表达，惟妙惟肖。相较而言，受尊重权概念完全是被动的维度，可以作为对“作为权”的一种解释，但在意境上，与支配权缺乏直接的对应关系。

一直未建立起“作为权”的概念，传统的权利理论相当粗糙。人格即“人的一般形象”，针对“人的一般形象”，成立的就是“作为”关系。“本人”作为人，就是受到他人的尊重。“作为权”即自然人作为人格的权利、作为“人的样子”的权利、作为主体的权利，“作为权”概念描述出了主体的产生过程。先有主体的产生、主体的存在，其后才是主体对客体的支配关系。显然，“作为权”因表达的是主体本身的形成，构成着表达主体对客体关系的支配权概念的逻辑起点。

“肉身”与“灵魂”不分，身体与“气质”不分，竟然浅陋地将身体当作了人格，流行的人格权理论根本就没有识别出人格概念的真正含义，当然也建立不出“人的形象”“人的样子”这样的表达人格本质的精神概念。流行的人格权为支配权的理论之所以大行其道，“肉身”与“灵魂”不分、物质与精神

---

〔1〕 龙卫球、温世扬先生持此观点。参见龙卫球：《人格权的立法论思考：困惑与对策》，载《法商研究》2012 年第 1 期；温世扬：《人格权“支配”属性辨析》，载《法学》2013 年第 5 期。

不分，是其错误的原点。以身体权为人格权，不可能产生“人的形象”“人的样子”这样的人格概念，更不可能形成与支配权相得益彰的“作为权”，无论如何都不可能存在“作为身体的权利”。

作为权，直接从自然人出发，作为的对象则是主体。自然人不是主体，因法律规定自然人具有作为主体的权利，自然人因而成了主体。传统的理论完全相反，直接从主体意义上的自然人出发，自然人被逻辑在先地假定为了主体，人格权被作为了主体所拥有的权利。主体本身的含义就是人格，在没有人格权之前，根本就不存在所谓的主体。反过来说，既然已经是主体，就不再存在拥有人格权的问题。

人格权是否存在客体，客体究竟是人格利益，抑或是人格要素，观点纷纭。杨立新教授坚决主张，人格权的客体是人格利益，不是人格。〔1〕郑晓剑先生则认为，人格利益说十分荒谬，人格权的客体是人格要素，而非人格利益。〔2〕人格要素说比人格利益说更为合理一些，将人格称为利益，即便是精神利益，都有损人格的尊严。实际上，人格权根本没有客体，“客体”针对的是支配权，对人格权概念并不适用。

问题出在以自然人为主体的错误前提上。自然人根本不是主体，而是在法律规范之后才成为主体。非主体的自然人因拥有了人格的权利，所以成了主体。直接在主体意义上界定自然人，无论认为人格权的客体是人格利益，还是认为是人格要素，都不是真理，因为所起始的前提就是错的。

---

〔1〕 参见杨立新：《民法分则设置人格权编的法理基础——对人格权编不能在民法分则独立规定四个理由的分析》，载《中国政法大学学报》2018年第4期。

〔2〕 参见郑晓剑：《人格权客体理论的反思——驳“人格利益说”》，载《政治与法律》2011年第3期。

“作为权”没有客体，根本不是支配权。作为权与支配权迥然不同。梁慧星先生认为，人格权属于被动防御性的权利；[1]王利明先生则提出，现代社会，人格权已由被动防御演进为积极行使。[2]“防御”与“进攻”，对人格权的描述散发着“战争”的气息。人格权最本质的特征是作为权。作为他人的目的，作为人格的权利，鲜明倡导着人与人之间“善”的理念：将他人作为目的，将他人当作人格。在这样的表达中，人格本身就是一个终极的概念，绝非利益。人格代表的是尊严，与利益“水火不容”。

---

〔1〕 参见梁慧星：《人格权保护已形成中国经验》，载《法治周末》2018 年 5 月 16 日。

〔2〕 参见王利明：《人格权的属性：从消极防御到积极利用》，载《中外法学》2018 年第 4 期。

七 债法的消亡

1. 债权请求权说证伪

请求权是现行民法理论体系的一个基本概念，整个体系的权利坐标即由请求权与支配权的二元区分所构成；在诉讼法领域，请求权也是首屈一指的核心概念，诉权的本质即被理解为公法上的请求权。国内民法学界一直沉浸在请求权概念中“如醉如痴”，奉为金科玉律，从未觉得请求权概念有何异样。然而，这一切都是幻觉，请求权概念根本就不成立。国内学者对其的普遍认同，恰恰反映了关于民法理论探究的落后现状。这是一个悲剧，被作为民法体系的枢纽，其假伪造成了民法体系构建中最大的灾难。

率先向请求权概念“发难”的是徐晓峰先生，徐先生在其《请求权概念批判》一文中石破天惊，坚定地提出，债权的通说是接受权，无论是作为实体权利，还是作为诉讼权利，请求权概念都不成立。宏论发表后，梅夏英先生、李锡鹤先生等个别学者对之表示了有限的认同，梅先生写有《请求权：概念结构及理论困境》作为正面回应，而李先生则在2012年再版的《民法原理论稿》中提出了有请求权是债权的救济权能，不是一种独立的权利类型的明确主张。〔1〕也有学者强烈反对，辜明安先

〔1〕 参见李锡鹤：《民法原理论稿》（第2版），法律出版社2012年版，第597页。

生在《对“请求权概念批判”的反对》文中鲜明捍卫请求权概念的“科学地位”，对徐文观点予以攻讦；左右学界导向的话语权学者则均无表态。徐先生的观点显然没有形成足够的“影响因子”，当时未形成热烈的争鸣，其后也没有被广泛引用。徐文发于2007年，但其后出版的民法学著作，如孙宪忠先生2009年再版的《民法总论》、李永军先生2012年再版的《民法总论》，著者仍“一如既往”地谈论着请求权概念的性质、分类、作用……似乎全然不知请求权概念的假伪陷阱。两位先生在民法学界鼎鼎大名，应该具有敏锐的学术嗅觉，但他们都没能捕捉到徐先生批判请求权概念的“檄文”所包含的对于民法理论的非凡意义，习惯于随波逐流的普通学者对其的麻木态度，更是可以想见。徐先生所提出的真知灼见，波澜不惊。

徐先生是对的。因请求权概念极具“煞有介事”的迷惑表象，识破其真相并不容易。徐先生在卷帙浩繁的法学著作中发现了接受权的“火种”，并对请求权概念的混乱进行了初步的厘清，对民法理论研究做出了伟大的贡献。尽管没能引起广泛的共鸣，对请求权概念的证伪难言完备，但仅仅是徐文中所打开的新视野，即已经厥功至伟。对请求权蒙昧状态的“当头棒喝”具有极大的启发意义，为敏锐的学术嗅觉提供了契机，开启了怀疑和清理请求权概念的学术进程，而请求权概念从民法体系中的取消，将直接导致整个民法体系的化茧成蝶般的改变。

传统体系内，所谓的请求权主要包括三大类别，除了债权请求权外，还包括物权请求权、人身权请求权，梁慧星先生的著作中，还别出心裁地提出了知识产权请求权的概念。这样的分类索然无味，将请求权作为一个体系加以研究，小题大做。真正的主题是从抽象和一般的维度，探究权利自身的内部结构。这个结构就是：原权利与请求权或救济权的关系。原权利之上存在着请求权，这是权利的一般结构、内部结构，建立了这一基本原理，债权请求权、物权请求权、人身权请求权、知识产权请求权概念显得有些荒诞：请求权是所有权利的内部结构，即权利自身的一项内容，因此物权请求权、知识产权请求权等概念，多此一举。

原权与救济权是现行理论中关于权利的一个基本分类，这里的救济权体现的便为请求权。如果请求权的意义完全在于对原权利的救济，其在权利体系中便缺乏独立的地位与价值。除了债权以外，其他所有请求权都为救济的权利，这是学界目前的通说，接受权概念的建立，债权请求权的救济性质亦被揭示了出来，所有请求权的统一定义被发现了：对原权利的救济的权利。

所有请求权皆为对原权利的救济权利，并不是原权利自身之外的独立权利，这样的定位将请求权概念从“神坛”上拉到了“地面”：请求权概念的意义极其有限。

权利首先是对客体的关系，而对客体的关系必然会导致权利的自我关系，因而在构成上，权利是由权利和对权利的权利两种要素组成的二元结构，所有权、债权均是如此。所有权人对客体的权利表现为占有、使用、收益、处分等具体的权能，同时，逻辑上存在着将这些权能转让、放弃等关系，在这种关系中，权能本身直接被作为了对象，构成了对权利的权利。在债权关系中，同样存在着该种关系，即债权对客体的关系所生成的自身对自身的关系，债权人转让、放弃债权等关系是债权的自我关系，债权本身被作为了对象。这种关系是与债权的对客体关系完全不同的。除转让、放弃等关系外，权利中还存在着另一种重要的自我关系，这就是权利的主张关系，破解请求权概念的关键信息，就隐藏在该种关系之中，所谓的请求权，逻辑上其实无非是该种对实体权利的主张的权利。

在客观逻辑上，权利之上另行存在着对权利的主张权，权利与对权利的主张权构成了立体的权利结构。权利与对权利的主张权不同。债权是接受权，所有权是占有、使用等的权利，这些权利本身不必向义务人主张或请求，债务人自动履行给付，债权人接受；所有权人对物的占有、使用等更无须向任何人请求，义务人违反义务，权利人径直提起诉讼，不存在向义务人请求的问题。但另一方面，义务人违反义务，权利人具有直接请求义务人行为（即直接向义务人主张权利）的权利，显然是天经地义的一个结论：接受权、所有权是权利本身，不是对义务人的请求关系，对接受权、所有权的态度，另行构成对权利的主张的权利，是直接对义务人请求的权利。

无论是债权还是物权，均同时存在着对人关系与对物关系，债权作为接受权，接受的客体当然是物，对人的关系则体现为请求债务人履行的权利；“物权”的客体为物，而学说上所谓的物权请求权，显然属于对人的关系。在债关系中，作为原权利的为接受权，请求权则为其上的一项权能。请求权的存在首先体现在原权利即接受权的公力救济的表达方式中，对原权利的公力救济就是对司法机关主张权利人对债务人的请求权，离开债权人对债务人的请求权，债权人对原权利的公力救济的主张便无从表达。

然而，作为公力救济表达方式的请求权，并不是请求权的全部含义，请求权更基本的含义是直接对债务人的请求，即在诉讼程序之外对债务人的履行请求。该种请求权的设立为债权人与债务人的私法自治提供了广阔的空间，在相反的情形下，债权人的请求权仅仅体现在作为公力救济的表达方式中，诉讼成了请求权的唯一载体。

请求权的真正含义体现在诉讼之外，是在诉讼之外体现出来的对义务人的请求权。实际上，面对债务人未履行或义务人损害所有权的行为，权利人或者选择起诉，或者向义务人主张权利，两种选择下的请求权大相径庭。从终极结果来看，向义务人主张权利最后亦以诉讼作为救济方式，与权利本身的救济方式完全重合，既然直接依本权即接受权和所有权受到损害便可直接提起诉讼，而向义务人请求后的救济方式亦为提起诉讼，请求权因此似乎丧失了意义。徐晓峰博士正是基于这一理由彻底否认了请求权的存在。

主张权即请求权的设立，一方面直接将权利与权利的主张权区分开来，主张权或请求权可以消灭，但权利本身却并不消灭，所谓的自然之债，在权利与权利主张权区分的概念下得到了合理的终极解释；另一方面，主张权的设立，将对待权利的态度作为权利的内容并相对独立出来，权利可以放弃，权利可以主张，权利及其主张权的立体结构才能真正表达出作为权利灵魂的自由和选择的极致境界。权利与主张权的区分创设了权利人在诉讼与主张之间的任性选择，在相反的情形下，债权、所有权受到损害，诉讼显然成了一种被迫的选择。

将权利与权利的主张权区分开来，构成了关于权利的立体画面，权利与对权利的主张是相区分的，对待权利的态度即对权利的主张权构成一个相对独立的意义空间。但另一方面，区分的目的是合一，对接受权、所有权主张的权利，同时亦正是接受权、所有权的内容。

权利是一种立体结构，权利之上另行存在着对权利的主张的权利，这一立论最终揭开了请求权概念的谜底：所谓的请求权，其实就是对权利主张的权利，并不是独立的权利本身。

义务人违反义务，权利人对权利的主张即对义务人的请求构成一种相对独立的权利，但如果缺乏功能，则显然会形同虚设。功能当然明显，对义务人的请求或主张，可以消灭相当数量的诉讼官司。债务人未履行、义务人侵犯所有权人的占有等，作为权利人的一方未必一定会主张权利，因此权利人主张权利，是权利中的一项重要内容。知悉权利人对权利的态度，是义务人履行义务的基本考量，权利人是否主张权利，左右着义务人义务的履行。直接地说，主张权利能极大地促成履行行为的发生。没有诉讼外请求权的存在，权利人唯一的选择便为诉讼，而请求权的设立，为当事人的意思自治提供了空间。

另一方面，对义务人的主张是否具有实证法上的规范效力也是一个实质性问题。无救济即无权利，对义务人的请求如果不能发生任何实证法上的规范效果，请求权的存在显然将无从体现。起诉是规范效果之一，但依接受权或所有权本身亦可以直接起诉，起诉与对请求权的救济之间似乎缺乏必然的关联。

对请求权真正的规范效果体现在时效制度当中。请求权的行使，直接产生中断时效的效果，时效中断赋予了权利人超越时效限制的巨大利益。中断时效制度的建立，是请求权存在的最充分的逻辑根据，没有时效中断制度，请求权便会缺乏直接的救济方式，因而没有意义。在所有权关系下，权利人对义务人主张权利，具有阻断产生取得时效的效力，其存在同样体现在时效制度当中。

请求权是对权利主张的权利，是在诉讼程序之外直接对义务人的主张，而在诉讼程序中也体现着权利人对义务人的主张权，因接受权、所有权等受到损害而起诉，就是向司法机关主张权利人对义务人的请求权，对义务人的请求权是对接受权、所有权的公力救济的表达方式，离开请求权概念，对接受权等的公力救济便无从表达。

请求权的实质是对权利的主张的权利，权利是由自身及其主张权构成的立体结构，在立体维度下解构债权、所有权，债权体现为接受权与请求履行的权利，所有权体现为占有、使用等的权利与请求排除妨害等的权利，均由权利本体与请求权的二元结构所构成。传统理论中所有权与请求权对立以及请求权为独立权利的观点，大谬不堪。请求权根本不是什么独立的权利，而是共同体现在债权、所有权中的一项权能。

2. 接受权

据学者洪逊欣分析，晚近以来，学说多倾向于认为，债权的本质为债权人的给付受领权，请求权不过为受领权的随附作用而已。不过，国内学界的情形似乎并非如此，沈宗灵先生最初将接受权概念引进后，学界至今对该概念几乎没有什么反响。不论接受权是否为晚近以来的债权通说，但可以肯定的是，对请求权概念的怀疑早已有之，可惜的是并未引起国内学者的足够重视。民法学本来即为舶来品，引进途中犯一些“张冠李戴”的错误在所难免，只是请求权在现行民法体系中被赋予了太过重要的角色，却最终被确认为伪概念，使得整个民法体系遭遇塌陷重建的惊天变故，代价之大，令人唏嘘。

接受权抑或请求权，对债权解释的两种路径天差地别。以请求权解释债权，尽管错误，但却“风靡”学界，而接受权则被“束之高阁”，巨大的反差与两种权利的“个性”直接相关。请求是一种行为，而将权利理解为行为是常人最本能的直觉，当下的多数民法学阐释仍然以行为作为权利的信条，权利是为或不为某种行为的可能性，诸如此类的表达充斥耳目。权利即行为的直觉本能直接导致了以请求权解释债权的另一种直觉。

权利即行为资格的观念，是必须被强烈抨击的民法谬信。

本能的直觉是未被反思过的被直接当作真理的认识，因其是自然的天性，所以被认为理所当然，但却并不真实。从表象上看，“接受”却并不是一种行为，至少不是主动的行为，因与“行为”无关，其与权利的关系成了认识的盲区，“接受权”概念似乎很难想象。

“接受权”是需要反思才能得出的概念，反思是智力的高级活动，相对复杂，思维过程艰难，得到的却是真理。以接受权解释债权，对权利关系的表达，入木三分。英国学者拉斐尔建立的接受权概念，堪称天才般的伟大发现。[1]

债权的基本含义是接受权，接受是其最根本的权能，另有请求权作为其附属的次要权能，本质上是对接受权能的主张的权利。权利及其对权利的主张的权利，是以新的视角观察权利所得出的权利的立体结构，在传统理解中，权利的“图景”是平面的，权利仅仅被理解为了对客体的关系，而没有同时理解为权利与自身的关系。在债权关系中，接受作为最核心的权能，是直接对物或行为的客观关系，而对该客观关系的明确和明示主张便体现为请求权，即明确命令义务人履行义务。接受权与请求权显然是不同的，最充分的表现就是：即便没有明确的主张，即没有请求行为的发生，接受权能依然存在。义务人自动履行，权利人有权利接受。

债权是接受权，这是一个支配力味道十足的权利概念。从表象上看，“接受”似乎只是一种被动的行为，只有存在义务人在先的给付行为，方有权利人的“接受”行为可言。但这仅仅是对“接受”含义的初级理解，当然，该种含义也构成了债权即接受权的一种权能，尽管因接受的被动性质，其权利的意蕴

〔1〕 关于拉斐尔的接受权概念，参见沈宗灵：《权利、义务、权力》，载《法学研究》1998年第3期。

被冲淡了。被动意义上的“接受”是权利，意味着：特定人的接受是一种正当的接受，一种具有资格的接受，其事实意义上的对给付的占有不会被剥夺；而没有权利，则没有法律意义上的接受，事实意义上的接受即事实意义上对给付的占有会被剥夺。

接受权的核心权能是其第二种含义，在这种含义中，“接受”所体现的则是一种主动的、积极的力量和作用力，在与给付的关系上，“接受”完全是一种在先的行为，它在先设定着给付行为，因为接受权的存在，所以有给付行为的必然发生。接受权意味着：义务人必须做出给付的行为。因而接受权最实质的定义是：使得义务人必须给付的作用力，这种设定义务人给付行为的法力显然是一种十分充沛的权利。

在实证法上，这种法力表现为：义务人未履行给付，权利人便具备了诉讼的资格，以公力保护自己的权利。因为这种法力的存在，权利人无须对义务人作出任何“请求”，便可直接诉诸公力。而以所谓的请求权解释债权，显然与实证法的规定相矛盾，按照请求权的思路，权利人未“请求”之前不应该成立公力上的诉权。

接受权直接设定了义务人的给付义务，是“使得”义务人履行给付的权利，而非请求对方给付的权利，“使得”给付与所谓的“请求”给付，二者在深刻程度上天壤之别：“使得”给付，是最直接的权利，是无条件的权利，是不作为的权利，而“请求”给付则只是一种有条件的权利，是一种作为的权利。在行政法上，有征收权的概念，接受权与之存在很大共性，加以比对，对理解债权为接受权以及接受权的内涵具有极大的启示意义。

征收的通常定义是行政机关无偿取得公民财产的行为，除了主体上的区别外，债权在本质含义上与征收权精确吻合：强制取得他人财物的权利。与接受权相比，征收概念能表达出债权主动性、强制性的特征。征收表达的是权利主体积极、主动的取得行为，接受权被动的含义要更多一些。接受或者征收，具体含义是事实上、法律上控制他人对象（财物）的权利。征收权就是一个终极概念，从未有人迂腐到以请求权解释征收权，债权也一样，它的本质就是私主体“征收”，不需要再以其他任何的权利解释其本质。在合同等债关系中，在征收权维度下，权利人具有一种使得义务人必须自愿给付的作用力。简单的模型就是：义务人未给付，权利人直接依征收权或接受权即事实上对他人财物的控制权行使公力救济。

不同权利之间是否能够进行优劣比较？诸如物权是比债权更好、更优良的权利，这样的命题是否成立？如果成立，衡量的标准是什么？这些是非常有趣味的问题。从对权利人利益大小的角度比较，接受权与请求权完全不在同一个层次，前者具有非常大的比较优势。

哲学意义上，接受权表达着“无”的神韵，而请求权体现的只是“有”的境界。不行为的权利与行为的权利，前者体现着“无限”，后者被框定在“范围”之中，区别是实质性的。以通俗的语言表达，请求权作为权利，同时也是一种义务，自身明显包含着自我限定的另一种含义：无请求，无履行。而在接受权下，权利是绝对的，权利人“坐享其成”，不需要任何的主动行为。

与请求权相比，征收权或接受权的内涵显然更丰富，针对的范围亦更为广泛。这是一种无条件的权利，请求权被包含在了征收权或接受权之中，不必请求，义务人即必须履行，权利人请求，义务人履行的义务自然不言而喻。请求他人作为或不作为的权利，在逻辑上是权利的一种方式，但这样的权利却非最“优良”的权利，从权利最大化的立场而言，对债权人所设定的应该是一种非请求的权利。非依请求的权利是一种无限的权利，即无条件的权利，而请求权尽管表象上似乎表达着一种十足的权利，但这种请求同时亦是一种条件，请求本身即是对权利的自我限定。显然，请求一方面是对义务人履行义务的命令，另一方面也是义务人履行义务的条件，权利人未请求，义务人无义务自动履行。

非依请求的权利则为无条件的权利，是不以请求为条件的权利，但却又完全将请求的权能包含于自身。义务人的履行是无条件的，无须权利人提出任何请求，义务人便应自动履行。无条件包含有条件，不请求即须履行，请求对义务履行的权利效力不在话下。而有条件的权利则“画地为牢”，永远只能被限定在自身的条件之上。无条件包含有条件，有条件却不能包含无条件，无条件的权利与有条件的权利，二者之优劣，不言自明。

设定义务人的交付义务，支配力、自由，权利的基本要素一应俱全，以此为核心内容形成的接受权，权利的“韵味”丰满充盈。

权利与义务是相互设定的，在债的关系中，实证法或者规定权利，或者规定义务，对任何一方的规定都间接设定了对方。世界上两大代表性民法典，《法国民法典》与《德国民法典》对合同之债、侵权之债、不当得利之债、无因管理之债基本上均从义务的角度予以界定。

《德国民法典》：

合同之债：《德国民法典》没有关于合同之债的一般定义，但其关于合同之债的具体规定是从义务的角度界定的，合同之债的立法架构以义务关系为中心，对此龙卫球教授在《债的本质研究：以债务人关系为起点》一文中有详尽分析。

侵权之债（第 823 条）：因故意或者重大过失不法侵害他人生命、身体、健康、自由、所有权或者其他利益者，对他人因此而产生的损害负赔偿义务……

不当得利（第 812 条）：无合法原因而受领他人的给付，或者以其他方式由他人负担费用而受到利益的人，负有返还义务……

无因管理（第 683 条）：进行事务管理符合本人利益或者其真正的或者可推知的意愿的，事务管理人可以与受托人一样要求偿还其支出费用……

《法国民法典》：

合同之债（第 1101 条）：契约为一种合意，依此合意，一人或数人对其他一人或数人负担给付出、作为或者不作为的债务。

侵权之债（第 1382 条）：任何行为使他人受损害时，因自己的过失而致行为发生之人对该他人负赔偿的责任。

不当得利（第 1376 条）：因错误或故意而受领不当受领之物者，对给付之人负返还其物的义务。

无因管理（第 1375 条）：所有人的事务经适当管理者，管理人以所有人的名义所订立的契约，所有人应履行之。所有人并应补偿管理人因管理而负担的一切个人债务，对于管理人所支出的有益或必要的费用亦应偿还之。

此种现象并非毫无特殊指向意义的任性选择，而是反映了债关系中固有的客观逻辑。从义务的角度界定债的关系，为义务所设定的债权提供了广阔的想象空间，其范围远远超出了请求权的狭隘含义。请求权有其特定的含义，直接以请求权界定债权或者整个债关系与通过界定义务间接设定债权从而界定的整个债关系所体现的法律精神、债关系的内容大相径庭。将债权作为请求权，其所设定的义务便为依请求而履行的义务，不请求则不必履行。体现在诉讼程序上，债权人对义务人的请求是诉讼的前提条件。而在界定义务的模式下，显现出来的完全是另外一幅“图景”：对应的债权肯定不是请求权，义务人的履行不以请求为条件，债务人未履行，权利人可直接提起诉讼程序。

义务自身同时设定着权利。在以义务维度界定债关系的上述规定中，履行义务显然已设定了对应的权利。所设定的权利是什么？对此问题的追问揭开了债权为请求权命题所掩盖的巨大陷阱：对应履行义务的权利显然不是请求履行，而是接受履行。

对债关系的描述必须从义务的角度进行，请求权的角度并不适当。义务人未履行，权利人即可直接提起诉讼程序，在如此设定的制度之下，请求权似乎不具有存在的任何意义空间。撇开时效关系，情形的确如此。在债的基本关系中，并无请求关系的存在。离开时效制度，请求权概念将毫无意义，离开时效关系，请求关系并不存在，请求权概念的价值和意义体现在时效关系之中。这种存在与作为债的基本关系的存在完全是两回事。传统理论将请求作为债的基本关系，无论是对债关系还是对时效关系的理解，均不准确。

请求权作为权利的存在体现在时效中断的效力之中，在时效中断的法律规范效果中，请求权获得了存在的根据。不但如此，在消灭效力中，亦体现着请求权在时效关系中作为权利的存在。直接地说，请求权的消灭构成权利人维持接受权的抗辩事由，正是因为有请求权与接受权的区分，消灭的才是请求权，而非接受权。请求权消灭自身造就了接受权的成立。

债权为请求权是国内学界以为的民法常识，然而却经不起严苛的逻辑分析。学界对请求权概念的许多所谓常识，并不值得信奉。以请求权概念的产生为例，通说以为是德国人温德沙伊德的发明，然而在温氏出生之前颁行的《法国民法典》中，关于请求权的规定已经十分详尽：第 2027 条（如债权人自愿分割其请求权时……）、第 2227 条（下列请求权，经过五年不行使而消灭……）、第 2271 条（下列请求权，经过 6 个月不行使而消灭：一、科学及技艺教师每月授课的报酬请求权……）

在《法国民法典》中，请求权概念使用的情形相当普遍，温氏出生于 1817 年，无论如何都不可能发明请求权。对请求权缺乏深刻的认识，许多关于请求权概念的常识，无非是以讹传讹的结果。事实上，《德国民法典》对请求权概念的使用很不严谨，现在被普遍认为属于形成权的解除权，《德国民法典》也表述为请求权。其第 478 条规定，在解除合同请求权或者减少价金请求权因时效而消灭之前……这样的表述肯定是不正确的。

权利是什么？有一个最简洁、睿智的答案，即权利就是义务的对方。这样的定义并非戏言，而是反映了权利与义务关系的深刻法理。规定了义务，便规定了对方。作为义务的对方的权利，其内容当然就是接受的权利。但并不因此而成立所有权利均为接受权的结论。尽管所有的权利均为与义务的关系，但权利更是自身与自身的关系，其不但规定自身，而且通过规定自身同时规定了义务。也就是说，对权利的界定存在两种方式，一种是自身直接界定自身，一种是通过界定义务界定权利。究竟采用何种方式，须依具体的法律关系的内容而定。在债关系中，依权利自我界定的方式定义的债权为请求权，依界定义务的方式得出的权利为接受权。两种权利的内容是完全不同的，与接受权相比，请求权显然是一种低端的权利，请求表象上是一种权利，同时亦是一种条件，而接受权则高端得多，这是一种无条件的权利，不必请求，义务人自应主动履行，代表着权利的极致境界。

龙卫球先生难能可贵，其研究所得出的两大法典均从义务的角度表达债的关系的结论，是当下国内罕见的言之有物的学术成就。可惜的是，受请求权思维的桎梏久矣，龙先生与发现请求权谬论失之交臂。对《德国民法典》等从义务的角度表达债的关系，龙先生给出的解释是：因为唯有如此，债的关系才能恰如其分地体现个体秩序在债法上的最基础要求——债务人在债的关系中始终没有丧失主体自由，而反过来，由于债权直接指向他人的自由，如果以债权本身为起点，无论如何都不能解释债务人的主体自由何以就合法地成为债权的标的。〔1〕以自由的视阈立论，意境高远，但却与问题本身并不契合，将履行义务与自由牵扯到一起，太过勉强。因为，很显然，自由的含义本身就包括对自由的放弃。距离发现请求权陷阱如此之近，龙先生却没能捅开窗户纸。

3. 债法的消亡

债权并非一个通行的法律概念，一个最基本的事实是，在与大陆法系并驾齐驱的英美法系中，根本就不存在所谓的债法，大陆法系中，债的两大类别即所谓的合同之债、侵权之债，在英美法系中，二者则完全属于两个不同的法律部门，一为合同法，一为侵权法。相较而言，英美法系明显更合逻辑和法理，权利、责任构成最基本的法律维度，责任法构成最基本的法律部门，大陆法系将侵权的旨趣定位于债，湮灭了法律最基本的

〔1〕 参见龙卫球：《债的本质研究：以债务人关系为起点》，载《中国法学》2005年第6期。

“四梁八柱”：责任是最基本的法律概念，是划分法律部门的一个最基本的标准。以债统摄责任，不伦不类。

确立了侵权法作为责任法的独立语境，债概念的含义仅仅是对合同权利、义务关系的一种宾词解释，意义变得相当有限。我国《民法典》中，合同法、侵权法各自构成独立的一编，朱庆育先生写有《债法总则消亡史》一文评论这一对德国代表的传统民法典的根本性改变。其实，实质的问题并不是债法总则的消亡，而是债法本身的消亡。债法、物权法被作为了《德国民法典》的标志性结构，债法的消亡、债法的证伪完全颠覆了民法学者基本的民法信仰，在固执的思维范式下，债法精妙绝伦，其消亡无法想象，实质上的债法消亡轻描淡写地被理解为了债法总则的消亡。

法理上，根本就不成立所谓的债法，遑论英美法系，即便是同为大陆法系的《法国民法典》，也不存在债编、债法。债权的基本含义处在与物权的对应场景中，然而物权本身就完全是一个虚妄的概念，缺乏了物权概念的对应，债权、债法等的表达意义也将随之失掉。

债权概念的意义相当有限，其基本的含义仅仅是作为合同关系中的宾词，是对合同关系的一种附属表达，并不能作为主词构成所谓的债法。究竟是合同法抑或是所谓的债法，两种表达的意境天差地别。债权与物权，表达的是平行的对立关系，是标准的二元结构，然而合同与所谓的物权，意境上却并不存在如此的平面关系，合同与物权的关系是立体的，物权是最终的目标，合同则是取得物权的过程或手段。在该种关系中，突出强调了物权的中心地位，以合同作为过程，表达出了一个一元的动态财产过程：物权和物权的取得。以科学的所有权概念替代物权，则是所有权和所有权的取得。其中的合同权利即便具有些许财产含义，也不影响其含义上的基本定位：是对所有权或财产权的取得，但并不是所有权或财产权本身。

并不成立所谓的债法，国内学者对作为债法蓝本的《德国民法典》的债编的反叛围绕合同与责任的本性区分进行：侵权的本性是责任，并不是固有含义的债。将侵权从债概念中分离出来，意味着债概念直接失去了“半壁江山”。然而，这样的反叛还不够彻底：一方面，缺乏与债概念直接的正面交锋；另一方面，没有阐释出责任概念在法律体系中的基础地位。

直接否认债法的成立，国内学者并没有意识到这一命题，究竟是根本不成立债法，还是侵权不是债，两个命题的反叛强度完全不同。与前者相比，后者显得不痛不痒。至于对责任概念的界定，责任当然不是所谓的债，不但如此，其是一个与权利（私权）即与民法“平起平坐”的基本概念：权利法（私权法）与责任法是最基本的法律部门划分，权利与责任构成最基本的法学范畴。侵权不是债与将权利与责任作为基本的法律部门，无论是对债法的反叛，还是对责任概念的究竟含义的阐释，都失之千里。

仅仅指出侵权责任不是债，如此的认知并不究竟，并不具有根本性的真理成分。最彻底的表达是直接确立责任与权利在法律关系上的基础地位，确立权利法、责任法的法律部门基本划分。

八 变量共有概念对优先受偿物权的消除

1. 变量共有——抵押关系的权利转让机理

权利是自身的客体，在以物为客体的同时，自身成了客体。因此，民法关系中主体最大的财产目的并不仅仅是拥有物、占有物、使用物等，拥有权利、转让权利构成另一个终极目的。在日常语言中，譬如转让楼房与转让楼房的所有权，代表了两种不同的表达方式，二者之间究竟存在何种区别其实是一个十分重要的法理学问题。国内学者中，孟勤国教授进行过这样的追问，[1]但绝大多数学者甚至根本就没有形成相应的问题意识。转让楼房的所有权或转让楼房，在这样的表述中，权利和楼房显然都被作为了客体，即转让行为的对象。

将转让、受让权利作为主体终极的财产目的和财产利益，是必须确立的民法理念，在这一理念之下，抵押关系的真相显现了出来：拥有权利是终极的财产利益，因此拥有权利是对他项债权终极的担保方式。任何对物的拥有、优先受偿等都不如拥有权利具有终极的财产利益。

转让或受让权利构成主体在财产关系上的终极目的，抵押

〔1〕 参见孟勤国：《物权二元结构论——中国物权制度的理论重构》（第2版），人民法院出版社2004年版，第22页。

的目的当然亦是如此。任何抵押都可以被看作是权利的抵押，对抵押权人而言，没有比获得抵押人抵押的权利更大的利益了。依此法理，成立着一个非常清晰和简单的抵押定义：转让（受让）抵押人的权利以保证抵押权人的债权得到清偿。这一定义之下，根本不存在优先受偿的问题，任何的优先受偿都比不上转让受偿具有更为终极的意义，对担保含义的表达，天差地别。

抵押就是转让权利以使得所担保的债权得到清偿，并不是一种独立的权利，抵押楼房，就是转让楼房的所有权，质押债权就是转让债权，并不产生新的权利。然而，与普通的转让不同，抵押、质押关系中的权利转让之所以被称为担保，原因在于转让是附条件的转让，而且是以清偿他项债权为目的的转让。普通的转让不附条件，更基本的，转让是直接对本身债权的清偿，而非对他项债权的清偿。附条件以及为他项债权的清偿，使得转让具有了担保的含义，与普通转让区别了开来。

根本不存在所谓的担保物权，获得权利是终极的财产利益，也是最人的财产利益，所有的抵押、质押都可以被看作是所有权的转让、债权的转让、知识产权的转让等，债权、知识产权等权利不可能成为另一个权利的客体，拍卖、变卖债权、知识产权，完全是债权、知识产权本身的含义和内容，并非债权、知识产权之外的另一种权利。依据现行的担保物权理论，对债权的质押能产生物权，如此的立论违反基本的权利原理，针对债权的最大利益无非获得债权本身，不可能存在着比直接获得债权更大的利益，也就是说，针对债权，无论质押或任何其他的处置方式，都不可能存在比直接获得债权利益更大的物权。

担保的机理就是转让，与优先受偿是完全不同的两个概念。对于民间更为活跃的让与担保，学者们以优先受偿关系来解释其中的机理，显得可笑。在抵押关系中，的确存在着优先关系，但该序位关系，完全是抵押人与抵押权人作为权利共有人之间的关系。简单表达就是：债务人逾期未履行债务，拍卖或变卖所抵押的权利，所得款项优先分配给抵押权人，剩余归抵押人。

最大的利益就是直接获得权利本身，因此最安全的担保方式当然是直接转让（受让）权利，例如质押债权，无论如何优先受偿都不可能比直接获得债权本身具有更大的利益，因此也不可能成为比直接转让债权更加安全的担保方式。传统理论一个似是而非的理由在于：转让的权利与所担保的债权未必等值，因此转让关系无法成立。

这里的转让当然不是指全部转让，而是抵押人与抵押权人之间的权利共有。质押人、质押权人共有所质押的债权逻辑上不存在任何问题，然而所形成的共有关系，却既非传统意义上的按份共有，也非共同共有，而是动态的变量共有：质押权人拥有质押债权一般价值中与所担保的债权相当的数额，质押人拥有的则为债权一般价值与所担保的债权额之间的余额，是个变量，并不确定。

定量、变量，是关于对象的基本数量关系，传统理论仅仅建立了定量的共有概念，而无变量共有的概念，这是非常严重的体系缺陷。建立起变量共有概念，打开了理解民法关系的全新视野，转让权利作为担保方式的机理被彻底厘清了脉络。

让与担保被称为非典型担保，是在德日两国由判例和学说发展起来的一种担保制度，由于在成文法中没有明确规定，有学者将其在担保领域中的地位形象地概括为“私法交易上的私生子”，其合法身份一直备受争议。如今，尽管对于让与担保的批评并未完全消失，但学说和判例就让与担保的有效性已达成共识，并且在一些国家和地区，让与担保成了担保实务中利用得最为普遍的担保方式。

债权担保的本质方式就是设立所有权，在更广泛的范围内是权利转让，让与担保的概念准确表达出了转让作为担保手段的客观机理，而所谓的抵押权作为优先受偿的权利，根本就是无稽之谈，不具有任何担保功能和担保意义。转让是担保最精当的方式，对担保功能的实现，除了转让，别无其他。讽刺的是，传统理论不但不能将抵押界定为物或权利的转让，相反却以所谓的优先受偿权解释直接体现转让含义的让与担保。关于让与担保的定义，按照梁慧星先生的说法，多数学者的见解是：所谓让与担保，指为了担保债权的实现，将债务人或者第三人的财产转让债权人，债务履行后，债权人应当将该财产返还债务人或者第三人；不履行债务的，债权人有权就该财产优先受偿。该定义表象上似乎“像模像样”，实际上却“语无伦次”。让与担保的精义就是转让，以优先受偿权作为注解，“佛头加秽”。

不但让与担保的性质为转让，而且抵押的性质亦为转让。不过这里的转让仅仅是部分转让，在转让人与受让人即债权人之间，后者享有优先分配转让标的一般价值的权利。共有人之间存在变现分配共有财产的先后顺序，逻辑上不存在任何问题，这样的优先关系既保证了债权人的担保利益，又不会对作为担保人的转让人的利益有丝毫的损害。建立起共有人之间的优先权概念，臆想出来的担保债权人与普通债权人之间的优先权概念被戳穿了原形。

在转让的向度下，让与担保可以被定义为：为了担保债权的实现，债务人或者第三人将财产的一般价值在所担保的债权范围内附条件转让给债权人，债务履行，转让解除；债务未履行，财产的一般价值在所担保的债权范围内归债权人所有，从而使债权获得清偿。这个定义彻底摒弃了优先受偿权的说法，以所有权表达担保债权人的权利属性。债权指向的结果就是所有权，直接约定所有权显然是债权担保的最好方式。因拥有了所有权，所以债权得到了实现。债权是取得财产的权利，所有权是对财产的“取得了”状态，是前者的实现及终极目的。因而，所有权即是债权的实现，当然同时就是债权的担保。

担保的精髓是所有权的转让，并不是设定一种新权利。传统理论所发明的独立的担保物权，即所谓的优先受偿的权利，完全是学者们的“物权幻想”，并不存在。受这种观念禁锢，学者们不但对抵押权的所有权本性浑然不觉，而且将让与担保关系也视为同类。关于担保，权利转让的观点早就有人提出过，但一直未成为主流，赞同者寥寥。这种学说的提出，更多的是出于对权利质押与物权客体为有体物之间巨大矛盾的解释，而非直接针对担保自身的内在机理。股权、债权等，没有有体物直接作为客体，客体就是权利自身，不理解为权利转让，会产生权利的权利这样的逻辑困境。理解为权利转让，这一问题便可以避免。

让与担保的机理是转让所有权。毫无疑问，转让所有权是担保的最合适的方式。然而，所面对的一个棘手问题是，债权人享有全部的所有权，无疑会伤害担保人的利益；而要享有部分的所有权，则肯定会伤害债权人的利益。正是认为这个问题无法解决，很多人才坚决地反对让与担保。另一方面，力主让与担保的学者也的确未能对此问题作出令人信服的解释。

转让部分所有权会伤害债权人的利益，这是在静态、定量思维下所产生的想法，以动态和变量的视角观之，这个结论并不成立。在动态概念之下，即便是仅仅转让部分所有权，对债权人的利益亦无丝毫的损害。具体而言，让与担保，就是债权人在返还残余价值的条件下，对担保物拍卖价值与债权数额相当部分所享有的所有权。残余价值与相当价值两个概念本身已清楚地表明了债权人与担保人在拍卖价值中的地位。残余价值是个变量，是拍卖价值与债权价值之差，因而对债权人的利益不构成任何威胁和损害。既然是对差额的所有权，那当然表明债权人的权利已经提前实现。这种对一般价值的分配，实际上也间接地设定了债权人在序位上的优先地位。

上述定义的基础本质上是一种动态共有，即变量共有。哲学上，静态与动态本来就是事物存在的两种并列的状态，而且后者是更高级的状态，变量共有概念与传统共有概念的区别无非是动态与静态的区别，因而其存在的根据十分充足。共有概念是静态的其实是现行理论一个很大的缺陷。

让与担保与抵押是同一个法律结构，同一个法律关系，通俗地说，二者完全是一回事。学界一直将二者当作两种法律关系看待，让与担保是非典型担保，抵押是典型担保。关于二者的区别，梁慧星先生认为，非典型担保是将所有权或者其他权利转让给债权人，而典型担保则是债权人享有“限定”性权利，标的物的所有权仍然保留在设立人处，多数学者所持的大都是同样的观点。关于具体的区别，有学者认为，后者具有手续简单等优点，“不必践行像实行抵押权和质权时需要的那些程序”。〔1〕其实这些区别完全是外在的，并且正是立法需要加以规范的让与担保实践中的缺陷。传统理论将抵押权理解为优先于普通债权人受偿的权利，这种理解本身就是错的。抵押权是变现分配的权利，这种权利就是所有权或其他权利的让渡，因而让与担保与抵押权根本就没有区别。抵押与让与担保就是一回事，根

〔1〕 参见司法部法学教材编辑部编审，梁慧星、陈华彬编著:《物权法》，法律出版社 2001 年版，第 363 页。

本不存在区别的问题，探讨二者的区别，捕风捉影。

担保最直接、最有效的方式就是物或权利的转让，这首先是一个逻辑上的应然结论，不仅如此，从现行各国民法典的规定来看，抵押权的具体内容其实也是权利的让渡，因而将担保的机理理解为权利的让渡，也是对实定法具体规定的概括，同时是实定法上的实然结论。在担保关系上，应然法与实定法是完全同一的，除了权利让渡，不可能存在其他的担保方式。在定义上，没有一个国家的民法典将抵押定义为权利的让渡，但定义上的意义只是形式上的意义，在一定程度上属于认识范畴，关于抵押关系的具体法律规范才是抵押的实质意义。在实质意义上，现行各国关于抵押的法律规定就是权利让渡。首先，各国法律大多规定了抵押关系设立后对其他人获得物或权利的阻断效力，这种阻断效力是权利转让的鲜明特征。其次，没有一个国家的法律规定普通债权人的取得权，抵押清算时，满足抵押权人之后，剩余款项归属普通债权人的规定甚至根本不存在。相反，我国《物权法》《俄罗斯民法典》却明确规定，清算之后的剩余款项，归属于抵押人。上述各国关于抵押关系的阻断效力、清算的具体程序的两项规定，鲜明地宣示着抵押关系的权利转让特征。定义属于认识范畴，一些国家的民法典以优先受偿权概括上述具体规定，是认识上的概括错误，并不能代表法律的实质性规定。

抵押关系是一种合意关系，抵押权因当事人的合意而产生。然而，将抵押权理解为优先受偿权，其所依托的民事合意无法解释。无对应的民事合意，抵押权作为优先受偿权的解构，在逻辑上面临着无法逾越的障碍。在一定意义上，优先受偿权是受偿权的下位概念，受偿权作为合意所产生的权利，所凭借的合意基础是转让合意，推理下去，优先受偿权所对应的合意应是优先转让合意。但优先转让合意在逻辑上根本就不能成立。

优先受偿权是公权力基于区分理念所设定出的民事权利，体现的是公权力对不同性质的普通债权的区别对待，其与以民事合意为原因的所有权、抵押权等民事权利完全属于两类不同的权利。在现行法律下，典型的优先受偿权体现在破产程序中，工资等债权优先于其他债权受偿。优先受偿权的特征有两个：其一是法定性，不以合意为原因；其二是受偿的相对性，只是普通债权人之间的一种优先序位，因无法排除第三人的所有权人身份，能否最终受偿并不确定。传统理论下所谓的典型的优先受偿权，抵押权、留置权、船舶优先权等，不论是法定的，还是意定的，对特定财产的支配都是绝对的，具有根本上阻断其他所有权产生的效力，这与工资优先权迥然不同。该种效力完全不是受偿的效力，直接就是共有人对共有财产的分配。优先受偿权只是优先权人与普通债权人的序列关系，内涵中包括不了对其他所有权人的排斥效力，将抵押权、留置权、船舶优先权定性为优先权是民法学上的一个严重误会。

担保的功能并不仅仅在于通过抵押权人所谓的优先受偿权使所担保的债权得到实现，另一个基本功能更为重要，但却一直被学者们所忽视，这就是担保的违约预防功能。因忌惮丧失对抵押标的的所有权，抵押人违约的选择受到了极大压制，真正实现抵押权既非抵押人的初衷，也非抵押权人的追求。在更多的情况下，抵押权对抵押权人只具有象征意义，因而有丧失抵押标的之虞，抵押人会主动选择履约，而非被动地等待抵押权人实现抵押权，而且实际上，抵押权人也没有这个必要。违约预防是抵押不可忽略的基本功能，从这里可以看出传统理解的巨大弊端：将抵押理解为一种新权利，即所谓的优先受偿权，而不是所有权之转让，完全无法解释抵押的违约预防功能。优先受偿权是抵押权人获得的一种新权利，但却难以直接理解为抵押人的一种利益丧失。无利益丧失，自然无忌惮可言，进而也就无预防功能可言。而理解为所有权转让，则完全顺理成章：抵押权人取得所有权，同时直接就是抵押人利益之丧失，违约预防意义显而易见。

抵押权不是受偿的权利，亦非取得的权利，而是变现分配的权利。其真实关系是：变现并非取得拍卖款项，而仅仅是将对抽象的一般价值的权利变现为具体的货币。即在取得货币之前，抵押权人就对一般价值享有所有权，拍卖的意义只是变现，不存在取得货币所有权的问题，拍卖后的款项的所有权本来就是抵押权人的，本来就属于抵押权人，如同所有权人变现自己的财产以换取货币一样。

2. 物权概念证伪

与债权、所有权、抵押权等迥然不同，在世界范围内，物权并非一个通用的民法上的概念，而仅仅是民法的“方言”。统计出使用物权概念国家的数量，当然是最完美的阐释方式，但却并不必要，典型分析一下英国、美国、法国、德国、日本等主要国家的相关情形，问题的眉目便足够清晰。所有权概念、抵押权概念等不可或缺，英国、美国有关于所有权、抵押权的法律，有关于动产、不动产的法律，但却没有关于物权的法律的任何的“只言片语”。法国与德国同为大陆法系，《法国民法典》有物权概念的零星使用，但与将物权作为一个基本的权利种类完全是两回事，民法典译本中，物权概念只出现了一次，而且属于翻译不当。[1]在法国法中，并不存在债权与物权的基

〔1〕参见郑成思、黄晖：《法国民法典中的“财产权”概念与我国立法的选择》，载《知识产权》2002 年第 3 期。

本区分，根据尹田先生的考据研究，法国没有一本以物权为书名的关于法国法的著作，这一现象为法国没有物权法提供了有力的佐证。至于尹田先生自己的《法国物权法》，作者自己承认书名名不副实，完全是为了迎合国内学术市场的一个营销策略。〔1〕打着物权幌子的做法当然不妥当，但诚实地说出真相，在国内民法大家中，尹田先生已属难能可贵。

英美法系自不必说，即使是同属大陆法系的法国等国家，物权都是一个没有意义的概念。实际上，在大国之中，使用和推崇物权概念的主要是德国和日本，我国仿照德国和日本，物权被作为了民法上的一个基础概念。物权概念是中世纪法学家对罗马法的一种解释，任何解释都是对文本的主体理解，未必符合文本的本义。物权概念就是这样，作为对罗马法解释而演绎出来的术语，在逻辑上破绽百出，并不是一个符合法理逻辑的科学概念，《德国民法典》将其规定在法典之中，其实完全是一个严重的错误，是《德国民法典》的一个污点，而日本、中国等对《德国民法典》的盲目模仿则显然缺乏眼光和独立的鉴别能力。

物权并不是一个世界范围内通用的民法术语，使用物权概念并非民法典或民法学的主流，然而国内学者的著述所制造出来的气氛却是：物权是天经地义的民法概念，是世界范围内的“国际惯例”。

物权并非民法学上的通用概念这一真相必须被揭示出来，国内民法学者对物权概念的普遍认同完全是一种学术盲从，本来就是舶来品，缺乏敏锐的思想鉴赏力，垃圾概念被当作了经典。逻辑上，物权概念存在的问题“触目惊心”。历史上，罗马

---

〔1〕 参见于海涌：《法国不动产担保物权研究》（第2版），法律出版社2006年版，尹田教授作序《法国财产法对中国物权法的借鉴意义》。

法中并无物权概念，现实中英美法系、法国法等亦如此，内容上存在着严重的问题，物权概念被广泛排斥，其实是一种逻辑上的必然。

传统所谓的物权，由所有权、用益物权与担保物权构成，这三类权利中，只有所有权是一种真正的权利类别，称其为物权也不算什么大错，但没有太大的意义，因为债权作为接受权，也是对物的权利，而且所有权本身同时也是对人的权利。而另外两类权利根本就不是独立的权利类别，所谓的用益物权，正确的称谓应为用益权，其实质内容就是占有权。至于所谓的担保物权，含义为权利的转让，同样并不构成新的权利类别。

按照所谓的物权法定的原则，对物权种类的界定似乎属于禁区，非立法者，不得进入。尽管“贵为原则”，但物权法定的含义并不清晰。更正当的是，权利有其自身的客观结构，在相当程度上，权利是被发现出来的，而不是被法律规定出来的。权利的逻辑关系或者说逻辑物权属于客观关系，在客观的逻辑关系以及逻辑物权概念之下，所谓的物权法定原则，鞭长莫及；而违反了物权客观逻辑关系或者逻辑物权的法定物权，尽管有物权法定的“尚方宝剑”，亦是徒有虚名的假物权，并不真正构成一种物权。

权利是时间维度下的一种关系，时间是权利终极意义的存在方式，时间的构成或维度是权利分类的终极标准。按时间无限、当下的基本维度划分，对应存在着两种基本的支配关系：一为无限的支配关系，一为当下的支配关系。前者即为传统学说中的所有权，至于后者，无疑即为占有权，但现行理论显然不知其为何物。

当下是一种独立的维度，并不能完全被无限所消融，当下的支配关系与无限的支配关系并驾齐驱，各自具有自己相当广阔的适用空间。传统理论中没有占有权概念，但占有权关系却客观存在着。

在所有权之外，另行独立存在着占有权，这是一种实体韵味十足的权利，这一概念被发现之后，用益物权概念所表达的实体性、终极意义相形见绌，需最终以占有权为归依，即便不能被占有权完全取代，但地位、价值显然无法与占有权相提并论。尽管是独立的，但占有权却同时构成着所有权的权能。

对用益物权是个伪概念，离经叛道、缺乏常识的指责完全在意料之中。国内学者对用益物权概念的痴信“一统天下”，怀疑用益物权概念的科学地位如同触犯了民法理论体系的“天条”。不过，情形并非用益物权信者们想象得那般天经地义，无论是物权概念，还是用益物权概念，均非大陆法系民法典中没有例外的“国际惯例”，世界上最具代表性的两大民法典中，《法国民法典》既无物权概念，亦无用益物权概念，更无抵押物权概念。了解了这一事实，用益物权信者们的“物权信仰”应该会产生动摇。

抵押关系的逻辑机理为权利转让，因而并不构成一个新的物权种类，国内学界认为抵押权作为优先受偿权的物权性质顺理成章，完全忽略了将抵押权作为物权仅仅是作为大陆法系代表性民法典之一的《德国民法典》的“一家之言”，实际上，与《德国民法典》比肩的另一代表性民法典《法国民法典》并无抵押权物权的概念。由于对《德国民法典》的盲目信奉，学者们失去了对《法国民法典》中的真知灼见的判断嗅觉。最简单的是，债权等权利之上可以成立担保关系，由此可以成立担保权，但绝无产生物权的可能。

权利是一个完整自足的原子，其上不可能再存在成立其他权利的空间。因此，针对任何权利，转让关系均是唯一可能的关系，自身不会成为其他权利的对象或客体。债权等权利之上的所谓优先受偿权，把债权作为了权利的对象，这在逻辑上根本就不可能，拍卖债权并取得拍卖款项，本质上就是债权自身的内容，并不是不同于债权的另一种单独的权利。债权人自身亦可能将自己的债权拍卖并取得经由拍卖得到的款项，由此以为债权人对自己的债权具有物权，荒诞不经。所谓的对债权的优先受偿权，本质上就是债权的转让，是两个债权共有人之间的权利关系。

物权概念是不成立的，但传统理论关于债权为请求权以及以行为为客体的基本立场，显然预设了对应的以物作为客体的权利类别，而接受权与物作为债权客体立论的建立，了断了关于物权概念的所有幻想。

债权既是对物的关系，也是对人的关系，其客体既包括物，也包括行为，而所谓的物权，以物为客体根本上就是一个天大的谎言，对人关系与对物关系是相互界定的，“所有”之所以为“所有”，一个基本的含义就是对他人占有等行为的排除。另一面，之所以对他人占有等行为予以排除，是因为主人拥有“所有”，“所有”是对物的关系，“排除”是对人的关系，二者互为因果，互相界定。对应的一个直接结论是：所谓的物权既是对物的关系，亦是对人的关系；既以物为客体，亦以行为为客体。更“骇人听闻”的结论则是：物权中包含着债权，物权同时就是债权。

物权中包含着债权，其实并不荒谬，对人关系与对物关系的客观结构是“互相纠缠”，因此这一结论只是意味着物权与债权的区分是不成立的，意味着物权概念是荒谬的。

物权与债权互相纠缠是一种客观结构，不得逆违。实际上，传统理论中的物权概念就间接表达着债权的含义：

物权的通行定义是：权利人对特定的物享有的直接支配和排他的权利，包括积极权能和消极权能两种权能。排他的权利和消极权能，含义就是对人关系，直截了当地说，就是债权。

物权中包含着债权，二者客观上是无法分开的，但以区分物权与债权为宗旨的传统理论，显然不可能直接承认或如此表达，排他性、消极权能、对物关系本质上是对人的关系等中性的表达，表面上回避了与物权债权区分立场的正面冲突，然而排他性、消极权对债权的表达相当明显，对物权包含着债权的回避，自欺欺人。

债权同时以物为客体，所谓的物权亦同时以行为为客体，因此根本就不存在所谓的物权，物权与债权的区分是民法学上最大的理论泡沫。

区别一：请求权与支配权的区别

评析：请求权根本就不是独立的权利，而是债权、所有权等权利共同的一项权能。债权的真义是接受权，即便界定为请求权，其本身的含义亦为支配权，这既是温氏使用请求权的原意，也是请求权概念自身的客观逻辑或客观含义。另一方面，传统体系中权利的定义本身就是支配权，即所有的权利均为支配权，将支配权作为种类，权利的一般定义便无法给出。

区别二：相对权与绝对权的区别

评析：债权是对特定人的权利，但该对特定人的相对的权利却是绝对的，该对特定人的权利可以对抗非特定人。债权与所谓的物权在排他性以及相对性、绝对性的表现形式上存在差别，物权直接就是排他的，直接就是对非特定人的权利，债权的排他性和绝对性表现在权利的权利上，权利本身并不排他，是相对的，但权利的权利则是排他的、绝对的。传统理论对权利的理解是平面的，没有将权利同时理解为自身与自身的关系，即没有建立起立体的“权利的权利”的概念，因此在相对与绝对的关系上，简单地在债权与物权之间作了非此即彼的截然划分，非常浅陋。债权的排他性、绝对性具体体现在撤销权与代位权之上，撤销权、代位权是对债权排他性、绝对性极其鲜明的宣示，逻辑上的因果关系，一目了然。

区别三：序位区别

评析：关于物权对债权的优先关系，亦并不成立，孟勤国先生对此有清晰的观点，振聋发聩。

物权优先于债权的效力是学者们普遍认可的优先效力，但并没什么道理。问题本身就不存在，“物权与债权，……永远没有机会相互冲突以至于需要确定谁为先的问题”。[1]比较物权与债权的先与后，无异于比较风马牛，不可能进行得下去，现行的诸种比较没有一个成立得了。

物权概念并不成立，债权与所有权才是表达财产关系的基本术语，债权与所有权的区分才是民法典的基本结构，同时亦是真正的法理问题。实证法上，尽管《德国民法典》债权物权的区分结构“跟风”者众，但《法国民法典》债权与所有权的区分结构也并不孤单。被德国物权债权区分说“麻醉”了的学者，以为物权与债权的区分天经地义，从来没有意识到或认真追问过，何以存在着一个以法国为代表的债权与所有权区分的民法典模式。

物权债权区分说伪问题一统天下，所有权与债权关系的真问题被“驱逐”到了学者的视野之外，关于物权债权区分的论文“铺天盖地”，而关于所有权与债权关系的论文却屈指可数。将关于物权的“思维垃圾”清除干净，要想重新建立债权与所

---

〔1〕 参见孟勤国：《物权二元结构论——中国物权制度的理论重构》（第2版），人民法院出版社2004年版，第89页。

有权的区分结构，传统民法结构和民法理论，必须进行脱胎换骨式的改造。

债与所有，债权与所有权具有十分密切的对应关系，构成财产关系的一个基本维度，债权与所有权的区分与关系非常玄妙。

从词义上看，“债”与“所有”的对立组合，真正表达着彼此的本义：“债”是他人欠的或欠他人的，“所有”则是自己拥有的，一正一反，闭合着财产关系的全部空间。“债”即为“欠”，表达的是特定的行为，与“所有”相对，在行为方式这个最根本的权利分类标准上，“栩栩如生”表达出了两个基本的权利类别：债权与所有权。作为对比，债权与物权两个概念的关系则“驴唇不对马嘴”，“债”与“物”、债权与物权，既不符合行为方式的权利分类标准，相互间亦缺乏直接的关联：“物”并不表达行为，与“债”的关系，需要相当间接的想象。

债权是接受权，所有权是占有、使用等权利，这是债权与所有权最基本的区分，或者是对物的接受关系，或者是对物的占有、使用、收益等，客体均为物，区别是支配方式上的。

作为接受权，债权的物客体十分明显，接受物构成对物的关系的一个基本维度，从对人关系的角度，则体现为对债务人给付行为的接受。但对物最终极的支配关系，显然是所有权，对物的接受关系，以对物的所有关系为目的。另一方面，对物的所有关系，以对物的接受关系为媒介或手段，由接受到所有，构成了一个完整的对物支配关系的动态过程。

接受权概念的建立，不但从根本上改变了关于债权的定义，而且凸显出了物权概念的虚妄和荒谬，谎言被彻底戳穿了。接受是与占有、使用等并列的对物的一种支配关系，债权与物的直接关系即物作为债权客体的含义被清晰描述了出来。结论显而易见：物亦是债权的客体，根据物作为客体建立的与债权区分的权利完全丧失了意义。

关于财产权的宏观图景，物权、担保物权、用益物权均为伪概念，债权、所有权、担保权、用益权才真正构成主要的权利类别。

九 权利的双重客体

权利的逻辑结构是理解所有权、知识产权、债权等财产权利的基本前提。权利的基本逻辑结构是：以物或行为为客体，同时以自身为对象。这是一个关于权利的基本原理，是权利概念的逻辑起点。确立了这一原理，权利上的权利[1]、所有权权能分离等复杂问题便能迎刃而解。

权利同时以自己为对象，该一般命题没有在中国学者的著作中被提出过或引述过，一个被引述的类似命题是萨尔蒙德提出的命题，即所有权从最广泛的意义上看，是一个人与其所拥有的权利之间的关系。中国学者并不认同这个命题，据国内学者介绍，该命题也未被国外学者广泛认同。然而，这个命题却真正揭示着所有权的本质。该命题的存在在一定意义上表明，权利的本质其实已经被揭开，所需要的只是进一步的完善和详尽的解构。对该命题的忽视和误解阻碍了人类对权利概念的认识进程。

在传统理论中，权利不能作为权利的客体是学者们一直普遍认可的通则，权利作为权利的客体，诸如土地使用权抵押、债权质押等权利作为权利客体的这些情形，只能是例外。

---

〔1〕 参见张志坡：《权利上的权利：一个法学上的发现》，载《法治社会》2023年第4期。

所有权的所有权就是所有权，债权的所有权就是债权，等等，这些说法在传统理论中都被当作不言自明的道理。然而，问题并不这么简单，权利不能作为权利的客体，只是就权利与权利之间的外部关系而言的，绝非指在任何情况下，权利都不能作为权利的客体。恰恰相反，就内部关系言之，权利作为权利的客体正是权利自身的重要内容，离开对自身作为客体的支配，自由作为权利的灵魂根本无法实现，而且正因为自身内部存在着的这种自我支配关系，才使得外部的支配关系毫无意义。传统观点在这里明显的失误是，仅仅意识到了在权利的外部关系中，权利不能作为权利的客体，但却完全忽略了在权利自身内部存在的权利以自身为客体，自身对自身的自我支配。

权利以自身为对象、客体，自身对自身的支配是权利中非常重要的内容，权利并不仅仅是与自身之外的客体发生关系。举例来讲，选举权不但包括选举的权利，而且还包括放弃选举的权利；债权不但包括请求债务人履行债务的权利，还包括转让、放弃请求权的权利；所有权也一样，不但包括支配物的权利，而且还包括将这种支配权转让或放弃的权利。在上述权利的内容中，放弃选举的权利、转让请求权的权利、转让支配权的权利，其实质就是权利自身作为了自身的对象、客体。权利自身作为自身的对象，这是权利的基本结构，没有这种自身的支配关系，权利的内容会干瘪很多，适用到上面所举的权利，选举权成了只能选举但不能放弃选举的权利，债权成了只能请求债务人履行但不能转让的权利，所有权成了只能支配物但不能放弃支配的权利，等等。

权利的本质是自由，就债权而言，这种自由体现为请求权以及对请求权的支配，就所有权而言，一方面是支配客体，另一方面则是对支配本身的支配，即支配物的权利以及对支配物的权利的支配。自由只有在支配自身亦作为对象时才能达到，也就是说，在权利自身作为对象时才能达到。单一的支配权，没有同时以自身为对象，体现不出权利的真正灵魂：选择和自由。把对物的支配关系仅仅理解为对物的关系，这种直线式的理解不符合权利的客观结构，因而在逻辑上注定百孔千疮、支离破碎。其中一个致命的缺陷是无法解释权能与所有权的分离。

权能可以与所有权分离，这在传统所有权理论以及物权理论中是一个十分基本的原理，在实际生活中也是一个十分重要的现象。其基本含义是：所有权的占有、使用、收益、处分权能中的一项或者全部暂时可以与所有权分离，所有权不会丧失，恰恰相反，所有权暂时分离出去正是行使所有权的一种形式。我国物权法明确规定物权体系由三种权利构成，即由所有权、用益物权、担保物权构成，按照学者的理解，后两种物权正是因为分离关系而从所有权中分离而成，“因对所有权之权能加以分离，于是产生了用益物权和担保物权制度”。〔1〕分离现象或分离原理的重要性可见一斑。孟勤国先生认为，在传统物权理论体系中，没有什么原理比权能分离论更为重要，“所有权权能分离论是传统物权理论的支柱”。〔2〕孟先生所言并不为过。

对于一个如此重要的原理，现行学说却只有描述性的只言片语，不知是有意回避，还是根本就没有意识到，学者们对权能分离出去所有权却不会丧失或者分离如何可能的问题论述得很少。分离如何可能，这是一个必须回答的问题。在传统理论体系下，所谓的权能关系本质上是内容与形式的关系，肯定不是整体与部分的关系，而按照内容与形式的基本原理，二者是

〔1〕 参见陈华彬：《物权法原理》，国家行政学院出版社 1998 年版，第 27 页。

〔2〕 参见孟勤国：《物权二元结构论——中国物权制度的理论重构》（第 2 版），人民法院出版社 2004 年版，第 4 页。

无法分离的。内容离不开形式，形式永远表达内容。适用到权能问题上，权能分离出去表现的也同样应该是所有权。用益权人是所有权人，足够荒唐。按照另外一种代表性的观点，占有等权能是所有权的作用，分离就更不可能。

多数学者连分离如何可能的问题都意识不到或故意回避，少数相对深刻一些的学者意识到了问题，但对问题的解决也不成功。王利明先生认为，在权能分离时，支配权并没有分离出去，因而所有权一直没有分离出去，即所有权没有丧失。[1]支配权与所有权是同义语，所设问的问题就是支配权为什么没有分离出去，支配权没有分离出去与所有权没有分离出去是一回事，说支配权没有分离出去，所以所有权没有分离，与说所有权没有分离，所以所有权没有分离，没什么两样。本来是要解释现象，结果却把要解释的现象当作了对现象的解释。也有学者借用经济学的“剩余控制权”概念解释所有权的分离现象。这些观点都是徒劳的尝试，局限在将所有权理解为仅仅是对物的支配、占有权是所有权的权能的范式之下，不可能从根本上解决占有权与所有权的分离问题。

权能与所有权分离是可能的，但现行学说却没能将其机理说清楚。孟勤国先生由此干脆把问题取消了，不再试图解释分离如何可能，而是认为分离根本就是不可能的，因而从另外一条路径解释占有权、用益物权的产生根据。孟先生对传统物权体系下的所有权的母权属性提出质疑，认为用益物权、抵押权等不是从所有权中分离出来的，将占有权与所有权割开，提出了占有权既可以是所有权的权能，同时也可以是独立的权利的观

〔1〕 参见王利明：《物权法论》（修订二版），中国政法大学出版社2008年版，第107页。

点。[1]存在着非从所有权中分离出的独立的占有权，但用益物权等与所有权的关系是无法切断的，孟先生将这种关系切断，对用益物权、占有权的发生根据的解释不能令人信服。尽管没能成功建立起所有权与权能分离关系的新理论，但孟先生对传统分离理论困境的揭示或者对传统分离理论的摧毁，功不可没。

缺乏关于权利双重客体的基本理念，分离问题由此产生，只有从源头上正本清源才能求得问题的正解。换句话说，在权利双重客体范式下，分离问题根本就不是一个问题：占有权等虽然是所有权的权能，但却是以所有权的对象的形式实现，因而对所有权人而言，尽管占有权、收益权等权利被分离出去，自己不再享有支配权，但其却一直拥有更为绝对的权利，即拥有着支配权的支配权，其所有权人的身份没有发生根本性改变。作为对象的占有权、收益权等权利分离出去而不影响所有权，十分顺理成章，仅仅作为权能的确无法与所有权分离，但作为对象的权能从所有权中分离，天经地义。在这种范式下，占有权与所有权的必然关系被切断，因为既然是对象，占有权当然也可以脱离所有权而存在，可以表现所有权，也可以不表现所有权。在这里，占有权是仅仅支配物的权利，而所有权则是支配占有权的权利，对物的无限的支配被理解为了间接通过对物当下支配权的支配，而对物当下的支配则仅仅是对物本身的支配。

在传统体系下，所有权的基本定义是：对物的绝对的支配权，以占有、使用等为权能。所有权是无限的支配权，以占有等为权能。在时间维度下，所有权作为无限支配权与占有等权能存在两种基本的关系：第一，无限的支配权分别体现为无限

[1] 参见孟勤国：《物权二元结构论——中国物权制度的理论重构》（第2版），人民法院出版社2004年版，第199页。

的占有权、无限的使用权等。在这种关系中，不存在自身以自身为对象的问题，无限之上不可能再存在任何的权能空间，无限不可能是无限的对象。同时，也不存在分离的问题，无限支配权表现为无限占有权，便完全体现为占有权。第二，无限无法自身表达自身，在当下的支配权中，无限才能得到表达。因而，作为所有权权能的占有权等，本质上同时是当下的支配关系，是当下的占有权等。在该重关系中，占有权等成了无限支配关系的对象，对物的无限支配关系间接体现为对权利即当下支配权的支配，而非对物的直接无限支配，所有权体现为对权利的权利，是支配权的支配权。传统理论认为所有权是绝对的支配物的权利，以占有等为权能，却未在时间范畴下解析绝对权的含义，以及占有、使用等权能的含义。占有等权能是具有当下性质还是无限性质这样的问题一直没有被追问过，所谓的支配权仅仅是单向的对物的关系，将无限支配权仅仅理解为自身，而没有理解为自身对自身的支配。这个缺陷是致命的。所有权权能的分离问题、用益物权的性质问题、抵押权是物权抑或债权的争论、物权的客体是有体物与抵押、质押关系中权利作为物权客体的严重冲突，物权理论的这些基本问题一直扯不清楚，祸首就是将所有权以及无限仅仅理解为单向的对物关系。

十 权利的时间结构

1. 当下权利与将来权利

探讨权利，必须在一个基本的前提下进行，这个前提就是：作为一种客观关系，权利存在于时间维度之中，受到时间维度的规范。换句话说，不管权利是一种什么样的关系，都必然与时间维度存在着对应关系，时间维度如何区分，权利就如何在对应的维度上进行分类。(时间只有一个维度，过去、当下、将来等并不是独立的时间维度，而是时间的维度构成）时间是物质的存在方式，因而只有在时间的角度上探讨权利，才可以说真正揭示着权利的本质。反思传统的权利理论，其完全游离于时间坐标体系之外，如此基础上构建的理论，缺乏最基本的逻辑起点，其科学性注定十分有限，也不可能揭示权利的本质。

时间的维度，在一种意义上可以被划分为过去、当下与将来，在另一种意义上可以被划分为当下与无限（永恒)。因而毫无疑问，作为一种客观关系存在于时间之中，必然对应存在着当下的权利与将来的权利，以及当下的权利与无限的权利。反过来讲，权利本质上就是当下或将来、当下或无限的某种客观关系。

权利存在当下与将来之分，就债权而言，附条件、附期限的法律行为所设定的权利便是将来债权的典型形态。将来债权的含义意味着，债权已经存在，但存在于将来。传统理论从未进行过这样的追问，因而债权或者是当下存在的，或者是不存在的。当下债权与将来债权的区分描述出了债权在时间维度上的不同类型，将来是一种独立的存在，而非纯粹的虚无。以将来债权解释附条件、附期限法律行为所设定的权利，在与当下债权的对比中，淋漓尽致地勾勒出了其权利的特质。

将来权利的物权形态更为典型。从最直接的层面，可以将将来物权定义为将来生效的物权。这里的将来生效包括可能生效与必然生效。在终极意义上，这种将来生效的物权就是存在或可能存在在将来的物权。将将来作为存在看待，将来是一种存在，便可推导出将来物权的当下效力。因是存在的，所以具有当下效力。在这个意义上，将将来物权定义为将来生效的物权，仅仅是法学的定义，还不是哲学的定义。法学定义体现不出将来物权的存在性，而存在于将来的物权，直接表达出了将来物权的存在本性，是一个极致性的定义。该定义穷尽了理性的任何探究欲望。

将来物权是已经存在于将来的物权，而不是没有存在、没有发生的权利，只是没有在当下存在，没有在当下发生。传统理论认为没有在当下存在、没有在当下发生便是没有存在、没有发生，这是对时间维度、对存在非常肤浅的认识，没有把将来当存在。

将来物权是一种客观关系，而且不是个别现象，传统物权体系下的抵押关系、让与担保关系、所有权保留买卖关系，体现的都是将来物权关系。将来物权概念具有具体的实证功能和体系意义，能够完满解释上述关系下权利人的权利状态，无可替代。而在传统理解下，上述三种关系无一例外地被理解为当下权利，无法在既定的概念体系下自圆其说。

(1) 抵押关系的将来物权解构与当下物权解构。

传统理论对抵押关系的解读是当下权利，但抵押关系下的具体权利关系则是：将来时刻到来并且债务人清偿未能发生，抵押权人能够变卖抵押标的，取得担保债权数额，剩余数额由抵押人所有；在将来时刻未到来之前，抵押权人对标的享有排除妨害等权利，但不能直接支配标的。显然，主要的、基本的权利在将来才能行使。当下的权利为什么在将来才能行使，这是一个需要解释的问题，不能蒙混了事。传统理论对此的一个以讹传讹的说法是：将来行使表明的是权利的实现，清偿不能被理解为权利实现或者实行的条件。

在将来物权的概念解构下，抵押权被作为将来的权利，不是当下的权利，即抵押权当下并未发生，合同签订以及抵押登记后权利人并未在当下取得抵押权。清偿不能被理解为权利当下产生的条件或生效的条件。

在当下的物权视角下，抵押人、抵押权人拥有的都是当下的权利，并且认为二者可以在当下并存，前者是所有权，后者是抵押权。这种解释缺乏关于时间结构以及支配关系的最基本常识。在抵押关系中，抵押人所有权的将来实际上已经被处分了，因而抵押人不可能再拥有所有权。不过，传统思维的认知结构本身就没有成熟，除了当下的所有权外，也想象不出别的概念，只能满足于"设定了负担的所有权"这样的描述性解构。"负担"可以改变性质，在将来物权的视角下，物权被分为当下物权与将来物权，抵押关系中抵押人拥有的是将来物权，所谓的"负担"被解释为性质的改变。

所谓抵押权的实现，就是抵押权的实行、行使，需要条件才能行使或实行的权利一定是一种没有生效的权利，这是基本的法律逻辑。另一方面，实现需要条件的权利，直接意味着存在不能实现的情形：条件未成就，抵押权便不能实现。可能实现，也可能不能实现，如此的权利显然是一种不确定的权利。

通说是抵押权登记生效，将本来意义上的生效条件作为了所谓的抵押权实现的条件。抵押登记后，会形成排除妨害等效力，传统理论想当然地将抵押登记作为了抵押权生效的条件：没有生效，怎么会有这些效力？但最核心的权能即权利的行使都不能进行，称权利已经生效显然不合逻辑。

将来物权概念下，抵押关系的逻辑结构非常清晰：①清偿不能，抵押权生效。实现、实行、行使是抵押权最核心的效力，因此其条件当然就是抵押权生效的条件。因为是将来物权，是一种存在于将来的物权，尽管将来生效，但却是一种存在的权利，只是存在于将来。对将来物权的期待产生当下的权利，即排除妨害权等，如此的逻辑关系相当顺畅。以为没有生效，当下就没有效力，传统理论缺乏对将来与当下关系的深层把握。②将来物权是不确定的权利，抵押关系中所有权悬置。抵押关系中是不存在所有权的，抵押标的的最终归属已经被处分，抵押人为所有权人的传统通说牵强附会，抵押权人当然也不是所有权人。真实的结构是抵押人、抵押权人均为将来所有权人。抵押标的的所有权悬置：条件发生，抵押权人的将来所有权实现，即抵押权人成为所有权人；条件未发生，抵押人的将来所有权实现，即抵押人成为所有权人。

（2）让与担保的将来物权解构与当下物权解构。

让与担保的直接字面含义是：债务人或第三人转让所有权，若债务人届时履行债务，所有权复归债务人或第三人。对于该含义的深层意义，传统理论的解释五花八门，虚伪意思表示说、授权说、质权说、抵押权说、二段物权变动说、附解除条件所有权转让说，令人目眩。从当下物权角度解释让与担保，学说

十分混乱，没有任何一种学说能将其中的道理讲清楚

以上诸说中，附解除条件转让所有权是最接近真理的，但该说还没有上升到将来物权的高度，没有描述实际上也描述不出让与担保关系下关系人的具体权利，因而尽管接近真理也没能在学说林立的混乱格局中一统天下。

（3）所有权保留买卖关系的将来物权解构与当下物权解构。

关于所有权保留买卖关系下买方、卖方的具体权利性质，传统理论的通说是：卖方享有所有权，买方享有期待权。无论是所有权还是期待权都是当下的权利。在将来物权的视角下，结论则大相径庭：买方、卖方当下拥有的都是将来所有权，当下权利则是期待权。当下所有权是唯一的，而将来所有权则可以并存。

当下是唯一的，而将来则并不确定，所以在所有权保留买卖关系下，卖方拥有将来所有权，同时买方也拥有将来所有权。从当下的视角而言，将来是一种可能，因而成立两个将来所有权的存在。而从将来的视角而言，两个将来所有权则都是现实的存在，是客观的逻辑存在，其存在的依据在于将来物权因时刻或客观条件的发生而变为当下的存在。将将来物权理解为存在，可以解释权利人权利的确定性，但将来又仅仅是一种可能，将来物权因之具有不确定性。在将来物权概念下，物权的确定性与不确定性达至完美的结合。

在确定性与不确定性的辩证关系下，才有期待权成立之依据，因确定性，所以成立期待权而非纯粹的期待，因不确定性，所以成立的是保全性质的权利而非现实的支配的权利。传统理论缺乏将来所有权概念，所提出的卖方当下所有权与买方期待权的这种权利结构其实是成立不了的。当下所有权是一种唯一的存在，绝对的存在，一种僵死的状态，在这样一种权利之下，

根本不存在权利变动的空间和机缘，所谓的期待只能是纯粹的主观意愿，而非大概率实现的客观期待。这样的主观期待任何人对任何权利都可以有，但毫无意义。

当下物权与将来物权，两个概念所体现的思维范式的基本区别如下：在当下物权概念下，物权都是当下的，在将来到来之前，没有物权的存在。在将来到来时，才存在物权关系。当下所有权并非仅在当下具有意义的所有权，当下涵盖未来，因而当下所有权是指在当下成立、当下生效的所有权，效力贯穿整个时间维度，即在当下、将来都存在的所有权。所有权在当下成立、当下生效，所意蕴的法律关系相对简单，所有权在移转主体之间彻底了断，一方当下丧失，一方当下取得。而在将来物权概念下，物权在当下就存在了，但是存在在将来，而非在将来到来时才存在。将来到来时，只是将来的物权变为当下的物权，并不是物权的纯粹发生。

将来是一种存在，而非虚无。现行理论缺乏将来所有权概念，理念上是将将来理解为了虚无。存在不仅仅是现在或当下，将来与当下并列，是与当下具有同等意义的存在。表面上，任何人似乎都对特定物拥有将来的所有权，但该种关系完全是抽象可能的关系，无限趋近于“无关系”。

当下债权、将来债权，当下所有权、将来所有权，是权利在时间中的存在方式，亦构成权利的基本类型。传统理论未建立起这样的权利时间类型，笨拙地“发明”了所谓的完整权与期待权的权利类型，在将来权利的概念之下，所谓的期待权丧失了意义。期待是对将来权利变为当下权利的期待，被期待的是将来的权利。

既得权与期待权是更为普遍的一种表达，朱育庆先生认为与“既得”对应的概念为“未得”，期待权也是一种既得的权利，因此使用完整权的概念与期待权概念。实际上，两个概念之间“半斤八两”，均为垃圾概念。

期待权当然也是一种完整的权利，而且是当下的权利，被期待的权利才是将来的权利，将来权利并非要件尚未齐全的权利，仅仅是在时间维度上存在将来，而期待的含义则完全是权利在将来与当下时间维度中的一种动态关系，与“既得”“完整”等扯不上太大的关系。将来债权下，权利人对其具有变为当下权利的合理期待，因此具有解除合同或要求对方提供担保的权利，这些权利均为当下的权利。在抵押关系中，抵押权人的保全权，亦是期待的权利，是当下的权利。

被期待的权利是将来的权利，对将来权利的期待的权利是当下的权利，这便是期待权概念的基本含义。将来权利与当下权利概念下，不存在权利要件的问题，将来权利中的条件仅仅表达权利的时间维度，对应的为当下权利，根本就没有条件。既得权、完整权，完全不得要领，权利的形成并非一个条件逐渐满足的过程，在更多的情形下，权利是直接设定的，或者存在，或者不存在，并无任何的条件。

期待权是对将来权利期待的权利，是一个陪衬角色，内容亦十分干瘪，直接建立起将来权利概念，期待权概念将变得无足轻重。在传统理论中，无将来权利概念，所有权保留买卖是其所理解的典型的期待权关系，但以期待权的范式解构所有权保留买卖却混乱不堪，买受人的期待权根本无法与“强大”的所有权相抗衡，申卫星先生由此提出了买受人享有“不完整所有权”的概念，期待权在概念上的混乱可见一斑。

所有权保留买卖关系中，真实的权利结构是两个将来所有权的关系，“不完整所有权”概念有些旨趣，但并不科学。无论出卖人，还是买受人，拥有的均为将来所有权，当下所有权

“空缺”。或者将来出卖人拥有所有权，或者将来买受人享有所有权，双方的地位“势均力敌”。传统理论无将来所有权概念，当下所有权被作为了唯一的所有权，但以所有权解释出卖人的地位，在逻辑上存在着巨大的障碍，不包含将来权利的权利，无论如何都不会是所有权。当下所有权是唯一的，但两个将来所有权却可以并存。

抵押关系也是一种典型的期待权关系，但却被传统理论完全忽略了。抵押关系是典型的条件结构，被界定为优先受偿权，也应该是条件结构下的优先受偿权。

未形成时间范式，缺乏基本的逻辑结构，现行关于期待权的通说十分浅陋，本末倒置，在期待权概念下，将权利中最本质的内容牺牲掉了，而且作为“物权”、债权之外的新的权利种类，其性质并不清楚。而在将来权利概念下，或者为将来所有权，或者为将来债权，相关的权利性质一清二楚，将来所有权就是所有权，将来债权就是债权，不存在性质上的争议。因是将来权利，自然是被期待的权利，对其的期待形成当下的期待权，期待权只是将来权利的一个派生权利，现行学说无将来权利概念，将期待权当作了唯一的权利，对相应权利关系的表达，“喧宾夺主”，完整权与期待权之类的术语，将权利处于时间坐标中所体现出来的美妙神韵“屏蔽”得一干二净。

传统通说将期待权理解为对“将来取得完整权利的期待的权利”，包括取得债权、取得所有权等等。这里的取得债权、取得所有权是指一种客观事实或者一种客观状态。其基本含义在于：权利当下没有取得，没有发生，只是在将来才发生，在将来才取得，但当下具有了权利产生的部分条件。因当下具有了部分条件，所以对将来取得权利存在着合理期待的权利。这种理解是对时间本质的一种僵死的理解：将来没有到来，所以完整权利就不存在，以为对将来的权利，仅仅存在取得关系，而不存在“取得了”关系。“存在了”关系、“取得了”关系，并非仅仅是当下关系，在将来维度下，同样存在“存在”关系、“取得了”关系，权利已经取得了，已经存在了，只是存在在将来。

权利被看作已经存在了，只是存在在将来。与之相对应，期待的不是权利的产生，而仅仅是当下的产生。所谓期待权根本不是什么对未来取得完整权利的期待，而是对将来变为当下的期待，对将来现实变为当下现实的期待。

2. 当下权利与无限权利

就当下与无限范式的对应而言，传统上仅有无限物权概念，而无当下物权概念，以永久存续为其本质的所有权是唯一的自物权，至于是否存在着与永恒、无限对应的当下的支配关系，以及这种当下的支配关系到底是一种什么样的权利，传统理论毫无知觉。以无限性、绝对性为特征的所有权一柱擎天，不符合时间的基本结构。时间是由无限、当下两级构成的完整维度，以时间为存在形式的支配关系必然存在着两极，即无限物权与当下物权，两极少了一极，一直流行的传统物权理论事实上便是一个严重残缺的体系。传统物权理论缺乏时间元素，表现之一是没有将来物权，表现之二就是没有当下物权。

支配关系在客观上表现为无限的支配关系与当下的支配关系两种方式，与之相对应，支配权亦存在着无限支配权与当下支配权之分。在大陆法系中，只有无限的支配权，无当下的支配权，这显然不符合支配关系在时间中既在无限中存在，又在当下存在的客观状态，没有全面反映支配关系在时间中的真实状态。相反，英美法系只有当下的支配权，而无绝对的、无限的所有权，同样不全面。就根源上看，无论是大陆法系还是英美法系，对时间的理解都不准确。大陆法系的毛病在于将当下仅仅理解为无限的瞬间，没有意识到当下并非仅仅是构成无限的瞬间，并非仅仅以无限为目的，其在作为无限的瞬间的同时，自身也具有独立的价值和意义。换句话说，在时间结构中，并非仅仅有无限一个目的，当下与无限都是目的。英美法系走的则是另一个极端，仅仅关注当下，没有意识到无限关系。

当下物权与无限物权相对，是指暂时的、相对的支配关系。传统理论一直认为物权是无限的、绝对的支配权，这从根本上就是一个错觉，显然是把当下仅仅当作了表达无限的瞬间，把当下消融在了无限之中，忽略了当下的独立意义。然而，当下并非仅仅是无限的瞬间，它是独立的，具有自己的存在意义。适用到物权问题上，除了无限物权之外，还一定存在当下物权。所有权是无限权利，占有权则是当下权利。

（1）信托关系与占有权。

信托制度是英美法系的创制，因其独特的功能和价值，亦被一些大陆法系国家或地区如日本、韩国等引入，我国也于2001年发布实施了《信托法》。在作为起源地的英国以及将其发扬光大的美国，并没有关于信托的成文法的定义，学理上一般认为，当一件财产从一个人（委托人）处移转给另一人（受托人），且该移转是为了第三人（受益人）的利益时便构成信托。大陆法系基于自身的成文法特性，关于信托的成文法定义是其体系的内在要求，不可避免。我国《信托法》关于信托的定义大同小异，是“指委托人基于对受托人的信任，将其财产权委托给受托人，由受托人按委托人的意愿以自己的名义，为受益人的利益或者特定目的，进行管理或者处分的行为”。

上述定义只是在抽象层面界定了信托关系的含义，从根本上理解信托关系或者说进一步明确上述信托定义的含义，还需要具体解析信托关系下权利的基本架构，即受托人、受益人所拥有的权利的性质。英美法系的结论是：受托人、受益人分别拥有普通法和衡平法上的所有权。大陆法系则陷入了困境：大陆法系下，所有权是唯一的自物权，因而必须或者说只能用所有权解释受托人、受益人的权利性质，但因其体系下的所有权是绝对的权利，所以受托人、受益人二者中只能有一方为所有权人。然而，二者中任何一方的实际权利都不具有绝对权利的品格，认为任何一方拥有所有权，另外一方的权利都无法解释。

在大陆法系下，信托关系中受托人、受益人权利的性质以及谁拥有所有权是必然发生的追问，学者们也意识到了这个追问，对其的探讨并不冷清。尽管观点纷呈，但却没有一种观点能讲清楚其中的道理。其实，建立了占有权概念，厘清占有权与所有权的关系，信托关系下的权利结构非常清晰：完全不存在绝对的权利，即不存在所有权，存在的就是占有权、收益权等当下的权利。传统体系先天不足，所建立的逻辑程式就是错的，在信托关系上适用的困难不可避免。

信托关系中不存在所有权，道理非常简单。所有权是无限的权利，在时间上表现为无限，除非在特定情况下因公权利之需要，否则不会消失。以此标准衡量，委托人、受托人、受益人均非所有权人是非常明显的。首先，三者中任何一方的权利在时间上都不是无限的。在委托设立后，委托终止时委托人是否能够收回权利以及受益人能否取得权利并不确定，因而谁都没有无限的权利。受托人同样如此，信托结束后占有权非因自己的意志和利益而彻底丧失，离无限的权利相距更远。其次，在信托期间，任何一方都不具有全面的支配权能，受托人具有的是占有权、处分权，无收益权，受益人具有的是收益权，但无占有权及处分权，委托人具有其他一些权利，但都不是绝对的权利。

传统观点没有认识到当下支配关系是一种独立的关系，因而对于即便如上述简单的结论亦视而不见，局限在所有权是唯一的自物权的枷锁之内，陷入了无休止的争论之中。对于信托关系中的所有权人，主张受托人是所有权人的有之，主张受益人是所有权人的有之，主张委托人是所有权人的也有之。然而问题本身就是个伪问题，是在所有权“有色眼镜”下看出的问题。回归本真，信托关系中谁为所有权人的问题根本就不存在。

支配权存在相对、绝对，当下、无限之分，一为占有权，一为所有权。传统理论将支配权与所有权完全等同，受托人、受益人的所有权人身份之争不可避免，并且永远无法解决。受托人享有占有权，当然体现支配权，受益权也是一样，从某种意义上说，受益权是支配权的终极目的。委托人的支配权同样理所当然，其可以解聘受托人，可以主张信托无效，这些权利无疑都充分体现着支配权，上述主张从其前提中都是必然得出的结论。因而，在传统理论的体系内，把所有权理解为支配权，这种混乱是无解的。然而，支配权根本就不是所有权，所有权是对支配权的支配权，在正确界定所有权定义之后，争论的症结将真相大白。

明确了占有权的当下性质，真正揭示了信托关系中的权利状况。由于占有权是一种独立的权利，因而没有所有权也没什么不妥。而在传统体系中，占有权只是所有权的表现形式，物之上没有所有权自然无法想象。

在新的理解之下，占有权是一种独立的权利，在信托关系中占有权与所有权实际上处在一种动态的转化关系之中。首先，信托设立本质上就是将所有权分别分解为占有权、受益权等，分解之后即在整个信托关系存续期间所有权不再存在，物上存在的就是占有权等权利，体现的是所有权向占有权等权利的运动。其次，信托关系终止后，占有权向所有权运动，所有权重新生成。若信托文件规定信托关系终止后信托财产归受益人所有，则这种生成的具体内容就是受益人享有了所有权。

在关于信托财产所有权归属的争论中，主张受益人享有或者应该享有所有权是流行的观点之一，孟勤国先生、温世扬先生也都持该种观点。在孟先生的物权二元体系下，受托人拥有占有权，受益人拥有所有权。受托人拥有占有权是成立的，但受益人拥有所有权的说法有待商榷。从意思表示的角度看，不存在委托人将财产转让给受益人的理由，委托人设立信托关系，其意欲建立的权利架构是：委托人自己放弃所有权，受托人拥有占有权，受益人拥有受益权，信托关系终止后，信托财产归属于受益人，即受益人在将来拥有信托财产的所有权。从实证的角度分析，在信托关系的权利架构中，委托人一直拥有撤销权，在撤销权利剑高悬之下，受益人不可能拥有所有权。另一方面，受益人当下的权利内容之中，并没有占有、使用、处分信托财产的权利，缺乏这些重要内容的权利离所有权相距甚远，直接地说，没有占有、使用及处分内容的权利不可能是所有权。占有等权能可以与所有权分离，但分离以拥有为前提，在拥有—分离—收回的统一关系中，缺少当下占有等权能的所有权因对占有权能的支配权的存在，所有权本身不受影响，但受益人的权利从信托关系设立的瞬间起，就缺乏占有等权能，因而不是一种分离关系，所有权只是在将来才生成。

委托人如此设立信托关系下的权利架构，具有独特的功能。一方面，将所有权的转让设定在将来，使得受益人的权利具有不确定性，委托人保留了在信托关系期间对信托财产的附条件的控制。不确定关系是一种客观关系，是一种关系样态，也是现实生活的一种需要。另一方面，将所有权分解为占有、使用、处分权与收益权，既是一种权利制衡，受托人、受益人之间互相制约，也具有效率上的效果。将所有权当下转让给受益人，上述目的无法实现。

关于信托中的法律关系，与主张受益权为所有权的观点相反，亦有另一种极端的说法，认为受益权为债权。但受益人对信托财产具有追及性是通识，许多国家在立法上亦有明确具体的规定。如《日本信托法》第31条规定，受托者违反信托本旨处理信托财产时，受益者得以向对方或转得者宣布取消该项处理。我国《信托法》第22条规定，受托人违反信托目的处分信托财产或者因违背管理职责、处理信托事务不当致使信托财产受到损失的，委托人（根据第49条规定，受益人享有此项权利）有权申请人民法院撤销该处分行为，并有权要求受托人恢复信托财产的原状或者予以赔偿；该信托财产的受让人明知是违反信托目的而接受该财产的，应当予以返还或者予以赔偿。如此前提之下，受益权是债权的说法底气不足。

（2）所有权保留买卖与占有权。

按余能斌先生的定义，所有权保留是指在移转财产所有权的商品交易中，根据法律规定或当事人的约定，财产所有人将对财产的占有转移给对方当事人，而仍保留其对该财产的所有权，待对方当事人交付价金或完成特定条件时，该财产的所有权才发生移转的一种制度。关于所有权保留买卖的性质，学说上有附停止条件所有权转让说、部分所有权转让说、特殊质押关系说、担保物权说、担保性财产托管说等等。其中，附停止条件所有权转让说为德国、日本的通说。余能斌先生也认可该说。该说总体上是对的，但对该说的理解存在误区。学者们未在时空立体概念下思考所有权保留关系，其深刻含义并未被阐释出来。

所有权保留的真正含义是保留了取回权，而非保留了所有权。取回权是一种将来的物权，是一种发生与否不确定的物权。将所有权保留机械地理解为保留了所有权本身，不符合所有权保留关系中权利处于不确定状态的本质。保留的含义并不一定是指所有权仍然由出卖方所有。在这里，所谓的保留仅仅是指所有权没有到达买受人手中，但也不在出卖人手中，处在中间状态或者说悬置状态。从这个意义上说，部分转让所有权的说法是有道理的。这里的部分并不是指对所有权权能在出卖方与买受人之间作量上的分割，而是指在空间上所有权处于出卖方与买受人之间。将所有权转让理解为在一段空间距离上的运动过程，所谓的部分转让是指在距离上已经移动了一部分。在所有权保留关系中，所有权处在中间状态，是不确定的。如买受方付清款项，所有权向买方发生，买方取得所有权；如未付清款项，所有权向出卖方复归。认为所有权仍然原封不动地保留在出卖方手中，是将本来不确定的、动态的关系确定化、静止化了。

出卖方保留了取回权，取回权是一种物权，且是一种将来的物权，因而出卖方当下拥有的也是一种期待权，即期待取回的权利。学者对买受人的期待权人身份论述颇多，对出卖方的期待权人身份却鲜有提及，完全理解错了。在所有权保留关系中，因所有权的最终归属不确定，双方的身份其实都具有期待权人的性质。传统理解错误地认为所有权仍然在出卖人手中，意识不到其期待权人的身份也是注定的结果。

传统理论错误之产生，原因很多，比如缺乏时空观念、缺乏动态概念等等。认为一定存在着所有权，缺乏独立占有权观念，也是一个重要原因。在所有权保留买卖中，根本就没有所有权存在，传统观点对所有权的解释牵强附会，在道理上是完全讲不通的。学者们的逻辑有些简单了，认为所有权既然没有被移转给买受人，那当然就还是出卖人的。然而，学者们忽略了，标的物虽然没有被移转给买受人，但却从出卖人处移转开了，或者说移转走了，此时的所有权处在中间状态。没有移转过去，未必就一定在原地不动。因而，这里的保留，其真正的含义应该是：没有移转给买方，但并非仍然归卖方所有。

所有权已经离开，或者换句话说，所有权已经被处分了，只是对买受方还没有发生所有权产生的效果。所谓的保留是在处分的基础上的保留，没有处分，则无所谓保留，这与日常用语中保留的含义完全不同，后者的保留含义与处分完全没有关系。虽然使用的是所有权保留的概念，但严格地说，并非保留了所有权，而是保留了取回权。实际上，在所有权保留买卖中，出卖人已经将所有权形成权处分给了买受方。一项所有权的形成权被处分给了对方，自己当然不可能再是所有权人。所有权的形成权被处分给了对方，学者们仍然认为出卖人是所有权人，这在逻辑上十分奇怪。拥有形成权之后，买方对标的物上的管领力和支配力远多于出卖人，前者都不是所有权人，后者怎么可能是呢?!处分不一定就处分给对方，没有处分给对方也不一定就仍然是出卖人的，对所有权形成权的处分是一种悬置处分，处分的只是形成权，所以出卖人还保留有取回权；从另外一种意义上讲，由于处分了形成权，所以保留的只是取回权，不可能再是所有权。从买方的立场上而言，其得到的也只是所有权形成权，而不是所有权，当然也不是标的物上的所有权人。

质言之，在所有权保留买卖中，出卖人享有的是取回权，而不是所有权；买方享有的是所有权期待权，也不是所有权，标的物上的所有权处在悬置状态，所有权人空位，无论是出卖人，还是买受人，均不是所有权人。对于已经“离开”的所有权而言，出卖人与买受方的地位是相同的，因尚未到达，买受人当然不是所有权人。但因已“离开”，出卖人也不再是所有权人，其只是前所有权人，曾经的所有权人。

(3) 抵押关系与占有权。

现行关于抵押关系下权利状况的通说是：抵押人在债务届期前仍然享有所有权。引述几位学者的表述如下：

“抵押物所有人对不动产设定抵押权后，可以将不动产转让……因为抵押物所有人虽然以其不动产设定抵押权，但他并不因此丧失对不动产的所有权。”〔1〕

“担保期间，担保物之所有人仍可以依法转让担保物的所有权，足以说明担保物的价值是在所有人的直接支配之下。”〔2〕“从理论上说，抵押权设定后，抵押人仍然享有抵押物的所有权。”〔3〕

与上述类似的表述可以引述很多，在这个问题上，实际上没有任何争议，甚至连主流观点与非主流观点之分都不存在，认为抵押人仍然享有所有权是唯一的观点。但这种观点并不对，高度的一致是一种集体的迷失。抵押关系下物权的真实状态是：所有权已不再存在，抵押人的所有权其实已经变为附条件的所有权，是一种将来的权利，并且是不确定的权利；抵押权人享有抵押权，因抵押权本质上就是附条件的物权，也是一种将来并且不确定的权利，两个将来的权利因都具有或然性所以可以

---

〔1〕 参见司法部法学教材编辑部编审，梁慧星、陈华彬编著：《物权法》，法律出版社2001年版，第322页。

〔2〕 参见孟勤国：《物权二元结构论——中国物权制度的理论重构》（第2版），人民法院出版社2004年版，第340页。

〔3〕 参见温世扬：《物权法要论》，武汉大学出版社1997年版，第214页。

并存。所有权是绝对的权利，抵押权也是绝对的权利，这样性质的两种权利不可能并存。但附条件的物权因具有不确定性，两个权利同时并存正是其本性。附条件的物权是将来的权利，主效力在将来才能行使，但却同时具有当下的效力，抵押人作为附条件的所有权人，曾经的所有权人，当下具有占有权，而抵押权人当下则具有抵押物保全权等权利。

附条件所有权是一种新的提法，传统物权体系中没有该概念。其基本含义是：权利的发生是不确定的，但这种不确定的权利是一种物权，因而具有当下的对抗效力，条件成就则在将来的当下具有支配效力。实际上，这种不确定所有权是一种相对的物权，对抗不了抵押权，这是其相对性的体现。但另一方面，一旦条件成就，该不确定所有权就会成为确定的所有权。所以，这种所有权具有意义：当下可以对抗其他人。即抵押权设定后，抵押人尽管没有确定的所有权，但其对标的的转让仍然具有意义。传统的说法是，抵押人享有所有权因而可以转让所有权，但抵押权不受影响。抵押权不受影响，那么所有权就肯定受影响。抵押权人与受让人的权利不可能并存。一个主张不了的所有权不成其为所有权。抵押权不受影响，传统理论就此点到为止，但受到影响的所有权是一种什么样的权利，则没了下文。不确定所有权，是对该情形下所有权关系最传神的概括。确定与不确定，本来就是对象存在的基本样态，适用到所有权问题上，名正言顺。

抵押人不确定的所有权与抵押权人不确定的抵押权相对应。其实，抵押权作为担保物权，不确定性是其根本特征。关于担保物权的法律特征，梁慧星先生归纳为从属性、附随性、不可分性、物上代位性；温世扬先生归纳为物权性、价值性、担保性。这两种观点基本上代表了学界的主要观点。

上述说法并不错，但不深刻，缺乏灵韵。担保物权之所以为担保物权，一为不确定性，二为他目的性。这样的概括才淋漓尽致。因为是担保权利，所以其是否实现、产生，完全取决于被担保的债权实现的情况。上述的从属性、附随性、担保性等说法，从本质上需要更上位的概念加以解释，不确定性是终极性的概念，是对三个概念的终极概括。在条件成就时，不确定的权利变为确定的权利，成为一种当下现实的权利；与自物权、用益物权不同，后二者之产生和存在以自身为目的，而担保物权之产生、存在则不以自身为目的，债权的实现才是其目的，这是一种他目的。引入占有权概念，抵押关系下真实的权利状态是：抵押人与抵押权人均拥有不确定的物权，即将来的物权；当下维度下，抵押人拥有占有权，抵押权人拥有保全权，不存在所有权。

(4) 用益物权与占有权。

占有权是当下的支配关系，传统体系中的用益物权，本质上都是占有权。只有在占有权的高度才能真正描述出用益物权的终极意义。

在传统物权体系中，用益物权是三大基本物权类别中的一种，与所有权、担保物权一起构成整个传统物权体系的三大支柱。各国法律所规定的用益物权种类千差万别，我国《物权法》中规定的用益物权包括土地承包经营权、建设用地使用权、宅基地使用权和地役权四种。如同物权体系中的其他许多概念一样，关于用益物权，学界的争论也很多，用益物权的客体、用益物权的种类等等，许多问题都没有定论。这些争论有其价值，但因都是些具体的形而下的问题，价值仅仅是实践价值，没有任何形而上的意义。在这些争论之上，存在一个更为基础的问题，即用益物权的实体性问题：用益物权是否为一种独立的实体权利？如果被作为权利个体，其实体性的依据何在？这是一个形而上的问题。在国内学者中，仅仅在个别学者，如孟勤国先生、房绍坤先生的著述中，能看到对该问题的追问。没有形而上追问的法学，缺乏成熟学科的品位。

在传统体系中，用益物权被作为一个与所有权完全不同的权利实体，所有权、担保物权、用益物权的三分法预设着三种独立的权利个体。然而，在用益物权由所有权权能分离而成的通说之下，不可能得出用益物权为独立实体权利的结论。这是传统体系的一个巨大的盲区，天大的漏洞。不给出用益物权的实体性依据，用益物权的其他一切问题都无从谈起。

在占有权概念下，在将用益物权归结为占有权的范式下，用益物权的实体性与所有权的异质性昭然若揭：占有权本就是独立的权利，而不仅仅是所有权的权能。而所有权在一种意义上完全是占有权通过以自身为对象而实现的自我超越。占有权以自身为对象形成所有权，占有权同时成为所有权的权能，但这种权能是以对象性的方式存在的，本就是独立的权利，分离出去自然也是独立的权利。

权利的实体性是权利的基本属性，建立不建立占有权概念，关涉着用益物权，与用益物权“生命攸关”。

十一 财产法与商法的法理范式

1. 民法抑或财产法——民法的名称追问

财产法构成着一个独立的法律部门，传统意义上的所谓民法其实就是财产法。确立起财产法作为部门法的独立地位，商法、知识产权法与财产法关系的全新语境建立了起来，一直被学界作为基本问题的所谓民法与商法的关系问题便会被彻底取代。财产法与商法等才存在着合一或分立的问题，民法是由财产法、商法、知识产权法三大子部门构成的整体，是将财产法与商法合一编纂还是分别编纂，这才是真正成立的问题，而民法本身作为整体，根本就不可能与构成其的子部门商法等存在所谓的合一或分立的问题，一直作为学界基本表达的所谓民商合一、民商分立，问题本身就是假的。财产法、商法、知识产权法，三者之间的平行对应关系十分明显，学界在民商关系问题上的各种混乱，正是由缺乏这一语境所致。不可能不存在财产法，而直接建立起财产法以及财产法与商法关系的语境，民法与商法的关系问题，基本上失去了意义。

民法公认的本质为财产法，正是认为法国、德国等传统民法典“明显是以财产法为绝对主导，给人的感觉是民法主要就是财产法，……大陆法系传统民法典存在‘重物轻人’的体系弊端”。[1]我国《民法典》由此开创性地在民法典中设立独立的人格权编，从而完善民法典的体系结构。在传统语境中，民法与财产法是等同的。既然等同，何以不直接将所体现的内容称为财产法，一定叠床架屋，为财产法另行制定一个含义模糊、众说纷纭的民法名称呢？民法作为名称，表达着与财产法不同的含义吗？

传统民法典以物权法、债权法为基本的架构，将物权法、债权法另行冠名以财产法，进而冠名以民法。其实财产权法就是一个十分恰当的部门法名称，直接表达着社会生活的基本内容，其对特定法律部门的表达，直截了当，远比民法的名称更为清晰。在英美法系中，使用的便是财产法的名称，在规范的意义上，甚至可以说大陆法系竟然没有财产法，大陆法系的财产法是解释意义上的，民法才是部门法的名称，财产法不过是对民法概念的解释，是民法概念的宾词。

更准确地说，传统民法典只是“半个”财产法，只是以物权、所有权为中心的财产法，与物权、所有权并驾齐驱的财产权即知识产权被排除了。[2]因此将传统民法典定性为财产法的通说并不恰当。民法并不是财产法，而仅仅是“半个”财产法，在将传统民法界定为财产法的前提下，显然可直接推出民法就是物权法的结论。

传统意义上的财产权就是物权、所有权，因而沿袭传统的语境，成立财产法与知识产权法的对应关系的命题；在现代语境下，物权、知识产权构成财产权最基本的两大要素，因此成立的是物权法与知识产权法的对应关系的命题。传统民法典并

---

〔1〕 参见王利明：《论我国〈民法总则〉的颁行与民法典人格权编的设立》，载《政治与法律》2017 年第 8 期。

〔2〕 有学者甚至认为知识产权是第一财产权。参见刘春田：《知识产权作为第一财产权利是民法学上的一个发现》，载《知识产权》2015 年第 10 期。

不是财产法，而仅仅是作为“半个”财产法的物权法。

传统民法就是财产法或物权法。无论是财产法，抑或是物权法，显然都具有自身独立的表达价值，而且是社会生活中必须予以进行的最基本的法律表达。如果不表达财产法、物权法之外的其他含义，以民法作为名称表达财产法，根本就没有任何的表达意义。学界另有民法为财产法与人法或身份法的通说，对所设定的问题没有任何影响，即便是作为财产法与人法，也同样存在着独立的、基本的法律表达价值，同样不存在另行以民法名称表达的意义。

如果民法就是财产法或者财产法与人法，另行以民法作为名称表达便没有任何意义。财产法是必须进行的基本的法律表达。如果表达的是财产法，民法名称无论如何都不可能比财产法名称自身更为恰当；而如果不表达财产法，民法概念就需要重新定义：民法不可能仅仅是财产法或财产法与人法（身份法），现行将民法界定为财产法的所谓通说，存在问题。

财产法就是财产法，不必要而且也不能冠名以民法。财产法本身即是一个十分恰当的部门法名称，而且是一个必须独立表达的法律语境，另行以民法命名，不但没有必要，同时也不合法理，逻辑上也不存在以民法作为财产法的“主词”的根据。财产法作为名称，表达着十分具象的含义，另行将其称为民法，民法成了主词，财产法则成了宾词，所谓民法即财产法。在与商法、知识产权法的关系上，财产法作为名称，显然更加协调。财产法、商法二者之间界限清晰，直接表达着相当具体的法律区域，民法、商法的关系疑窦丛生，但在财产法与商法关系的表达下，则脉络清晰：二者当然是区分的，但同时又具有共同的特征。民商分立、民商合一、民法商法化、商法民法化等莫名其妙的问题，统统烟消云散。

2. 民法一般法论与商法二元论的一并证伪

在民法、商法关系问题上，民法一般法论与商法、民法二元论是两种基本的主张，在财产法、商法整体法意义上的民法新概念下，两种主张一并被证伪了。

民法是适用于商法的一般法，存在着民法一般法规范，这是传统民法学说中最大的谬论和谎言。民法一般法论大行其道，但对于民法何以就是商法的一般法，民法是商法的一般法的命题究竟意味着什么，学者却从未给出过具体的法理阐释，民法作为商法的一般法的真正含义并没有被识别出来。学者现行的通常理解是："民法是私法的一般法，其含义是，就私法的有关问题，只要没有特别法，民法便具有正当性。民法规定的是私法中的一般规范，包括主体、法律行为、代理、物权、债权、侵权责任、婚姻、继承等。这些规范是整个私法体系的基础，是一般法。民法调整那些每个'市民'都可以参与的法律关系。从这个意义上来说，作为形式意义上的民法，即《民法典》，毫无疑问将与商法构成一般法与特别法的关系。"〔1〕似乎理直气壮，说清楚了民法一般法的含义，但其实完全不得要领。

民法作为商法的一般法，真正的含义是民法与商法具有同一的事项，在法的对人效力、对事效力、空间效力、时间效力四种效力范围中，与对事效力对应的事项上具有同一性，〔2〕是民法作为商法一般法逻辑上的基本前提。如果规范的不是同一事项，民法与商法规范在内容上没有交集，民法作为一般法对

〔1〕 参见刘文科：《商事一般法若干基本问题研究》，载《法治研究》2020年第1期。

〔2〕 参见汪全胜：《"特别法"与"一般法"之关系及适用问题探讨》，载《法律科学（西北政法大学学报）》2006年第6期。

商法的适用或意义就将相当有限，甚至完全可以忽略不计。传统民法作为财产法，《法国民法典》的核心概念就是所有权，《德国民法典》的核心概念就是物权和债权，因此论证或者阐释民法为商法的一般法，实际上就简化为了一个单一的问题：物权、债权是商法的一般规范，非在这一命题上阐幽发微，关于民法为商法一般法的所有高谈阔论便都是自欺欺人。

论证关于所有权、物权、债权是商法的一般概念，多数学者甚至连问题意识都没有形成，个别学者有过探讨，钱玉林教授明确主张民法分则（物权法等）是商法的一般法，王利明教授撰有《论〈物权法〉对我国证券市场的影响》、楼建波教授撰有《我国〈物权法〉的商事适用性》，尽管论证并不成立，但还算是意识到了问题。〔1〕对于物权法如何就是商法、知识产权法的一般法，不可能有学者建构出其中的逻辑关联。结论显而易见，民法是一般法的立论在逻辑上并不成立。多数学者泛泛而谈民法一般法，何以不在具体的语境中论证物权法的一般法性质？或许是有意回避，因为在这一语境中，民法为一般法的立论被直接推翻了。

传统的物权法就是指有体物法，另有对应的关于无体物的知识产权法，有体物与无体物，物权法与知识产权法，无论如何都不可能存在位阶上的差别关系。称物权法是知识产权法的一般法，违反了基本的概念逻辑。在某种意义上，物权法与知识产权法是相等的，完全可以相互替换，如果物权法是一般法，则知识产权法也是一般法；知识产权法是特别法，则物权法也是特别法。至于物权法与商法，前者的核心概念是所有权，后

---

〔1〕 钱玉林：《民法总则与公司法的适用关系论》，载《法学研究》2018 年第 3 期；王利明：《论〈物权法〉对我国证券市场的影响》，载《法学杂志》2008 年第 2 期；楼建波：《我国〈物权法〉的商事适用性》，载《法学杂志》2010 年第 1 期。

者的核心概念是营业权，所有权与营业权，更不存在一般与特别的关系问题。

债权法非为商法的一般法，同样可以简单证明，甚至不但不是商法的一般法，而直接就是商法的内容，而非民法的内容。在传统民法典中，“《法国民法典》分为人法、财产法、财产权取得法三编。荷兰、比利时、西班牙、葡萄牙及日本旧民法亦沿用这种形式”。〔1〕在此种模式下，并无独立的债编，“债权关系针对的是物或财产的流转关系”，〔2〕显然以物权为目的，债或合同被定性为取得所有权的方式，因此在相当程度上并不表达财产的含义。相反的则是《德国民法典》代表的债权、物权区分的二元模式，将合同法定性为债法，对应成立的是债权，债权、物权构成了最基本的财产分类。相较而言，法国模式更为合理，与合同对应的债权所表达的财产权的含义相当牵强，本质上，合同就是取得财产的方式，而在英美法系中，更是直接将其界定为商法。合同法为商法而非财产法，在美国法中体现得最为彻底。美国法并不存在独立的债法，甚至根本就没有债的概念，〔3〕分别成立的是财产法与商法，关于合同的规定被编纂在“原汁原味”的商法（即《美国统一商法典》）中。国内也有学者清晰主张，合同法属于商法范畴。“从合同法在16、17世纪产生伊始，其性质就是商事的。”“在采民商分立的德国，其民法典中的合同规则其实是原为商事所用的；在采民商合一的意大利等国，其民法典中的合同规则则直接将原商法的规则纳

〔1〕 参见史浩明：《论我国未来民法典的结构体系》，载《中外法学》1992年第6期。

〔2〕 参见施天涛：《商事关系的重新发现与当今商法的使命》，载《清华法学》2017年第6期。

〔3〕 参见苏永钦：《大民法典的理念与蓝图》，载《中外法学》2021年第1期。

入其中。”〔1〕合同法本身就是商事性质的，作为交易法的合同法必然并主要是商化的。〔2〕据德国学者研究，95%的合同都是商事合同。〔3〕做财产法与商法的二分，将债权定性为商法的内容才更为究竟。有学者主张在《民法典》中规定财产法总则，将所有权、知识产权、债权，甚至继承权等“一网打尽”。〔4〕显然缺乏财产法与商法区分的清晰理念。所谓的债权，其实本质上表达的是取得财产的媒介过程，对财产本身的表达，意义有限。我国《民法典》甚至在规范的层面，将债法的概念取消了，取消了独立的债编，为将合同法解释为商法预留了空间。

物权法、债权法作为商法一般法的命题无法证立，学者甚至都没有意识到这一问题。相反，这一命题却被轻松证伪了：物权法不可能是知识产权法的一般法，也不可能是商法的一般法，所有权与营业权是相当明显的平行关系；至于债权，更是本来就直接属于商法的内容。

营业权商法与所有权物权法之间是非常明显的平行关系，在规范效力上并不具有同一事项，所谓的一般法与特别法关系就没有法理上的可能，存在极个别的同一事项情形，但其中也是明显的“归一关系”或者“平行关系”，没有任何一般法与特别法的含义。票据质押规范被分别规定于《票据法》及《民法典》物权编，对此存在着“归一论”和“并行论”两种对立

〔1〕 参见徐强胜：《合同法民商合一的规范实现——一个历史比较的视角》，载《北方法学》2021年第2期。

〔2〕 参见徐强胜：《〈合同法编〉（审议稿）民商合一的规范技术评析》，载《中国政法大学学报》2020年第2期。

〔3〕 参见纪海龙：《现代商法的特征与中国民法典的编纂》，载王洪亮等主编：《中德私法研究》（第15卷·民商合一与分立），北京大学出版社2017年版。

〔4〕 参见吴汉东：《论财产权体系——兼论民法典中的“财产权总则”》，载《中国法学》2005年第2期。

的学者主张，[1]如果以一般法与特别法解释二者之间的关系，逻辑上显然太荒唐了。

物权法、债权法不是商法的一般法，《民法典》中关于主体的规定也不是商法的一般法。钱玉林教授称《民法总则》的相关规定是《公司法》的简版，《公司法》总则的规范至少有 2/3 应当被移除，[2]并进而提出了所谓的《民法总则》对《公司法》的一般法适用问题。既然是《公司法》的规范，其特别法的性质便不可能因规定在《民法典》而发生一般法的性质改变。因此首先应该检讨《民法总则》的不足，而非关注《民法总则》与《公司法》之间一般法与特别法的适用关系，直接关注《公司法》的修改。采徐强胜教授的观点，世界上多数国家关于营利法人的规定都在《公司法》中，《民法典》规定营利法人的非常少见。[3]因此根本就没有必要将完整的《公司法》肢解，将完整的《公司法》规范割裂开来，移至《民法总则》的做法未必妥当，并不具有特别的意义。

物权法、债权法、主体法等皆非商法的一般法，民法为商法一般法的立论在事实场景就被彻底证伪了。然而，在概念的场景，民法概念本身却总是表达着“一般法”的含义，表达着对商法的统摄含义，商法作为民法“下位法”的命题总是若隐若现。物权法等不是商法的一般法，但民法却是商法的“一般法”：事实场景的民法与概念场景的民法发生冲突，事实场景的民法就是物权法、债权法等，因此不是商法的一般法。但概念场景的民法则是财产法、商法、知识产权法构成的整体，并不

---

〔1〕 参见陈甦：《票据质押效力范畴界分辨析》，载《政法论坛》2022 年第 5 期。

〔2〕 参见钱玉林：《民法总则与公司法的适用关系论》，载《法学研究》2018 年第 3 期。

〔3〕 参见徐强胜：《论我国民法总则中营利法人的制度安排》，载《华东政法大学学报》2016 年第 5 期。

是事实场景中单一的财产法。

民法概念本身就包含着商法，与商法具有统摄关系，但此种统摄关系是整体与部分的关系，而非一般法与特别法中体现的统摄关系，民法一般法论显然将整体与部分的关系误认为了一般法与特别法的关系，同时也将民法误认为了财产法。

传统体系中或事实场景中的民法就是财产法，财产法与商法即事实场景中的民法与商法的一般法关系牵强附会，法理逻辑上破绽百出，商法与民法二元论与民法一般法论针锋相对，刘凯湘先生、郑彧先生论证民法不是商法的一般法、〔1〕冯果先生提出民法与商法构成二元的私法体系，〔2〕李建伟先生提出所谓“商法是私法的特别法，不是民法的特别法”。〔3〕真正成立的是财产法与商法的二元论，而非民法与商法的二元论。财产法是必须进行的法律表达，财产法与商法的平行关系在逻辑上更为清晰，旨趣亦更为对应。

民法不是商法的一般法，民法与商法也不构成所谓的二元结构，民法本质上就是财产法、商法等构成的整体，因此民法与商法之间根本就不存在所谓的对应关系或区分关系，在现行学术表达中，民事对应商事是一个基本的语境，民法与商法的区别、民事合同与商事合同的区别、民事法律行为与商事行为的区别、民事主体与商事主体的区别、民事代理与商事代理的区别……诸如此类的对应，不一而足，二者的对比构成了一个

〔1〕 参见刘凯湘：《论商法的性质、依据与特征》，载《现代法学》1997 年第 5 期；郑彧：《民法逻辑、商法思维与法律适用》，载《法学评论》2018 年第 4 期。

〔2〕 参见冯果、卞翔平：《论私法的二元结构与商法的相对独立》，载中国法学会商法学研究会编：《中国商法年刊》（2001 年创刊号），上海人民出版社 2002 年版，第 119~134 页。

〔3〕 参见李建伟：《民法总则设置商法规范的限度及其理论解释》，载《中国法学》2016 年第 4 期。

重大的学术主题。对此现象必须予以“当头棒喝”：民事与商事的对应完全是学术幻觉，根本不存在所谓的民事与商事的对应。

民事与商事概念的对应表达十分怪异。日常语言中，商用房对应的是住宅房，商用车对应的是乘坐车，更换成民用房、民用车的表达，简直就无法想象。商法学者将民法与商法对应起来，由此证明商法的独立性，在起点上就跑偏了。路径错误，不可能抵达科学的终点。商法直接就是民法，商法的独立性存在于与财产法的对应语境中，与商法构成对应表达的是财产法，而非民法。

民事合同与商事合同的对应，在所谓的民法与商法对应的错误体系中，是一个基本的表达。建立起财产法与商法的对应语境，民事合同与商事合同的对应关系被彻底推翻了。商事合同直接就是民事合同，根本不存在什么民事合同与商事合同的区分。

合同的基本分类是消费者合同与商事合同，“商事”与“消费”，这样的表达才构成着对应的意义，消费者合同与商事合同构成着合同的一种最基本的区分。“消费者合同概念的提出，倒逼出经营者合同概念，并使区分民事合同与商事合同的传统法律思维演化、转换为区分消费者合同与经营者合同的法律思维。代表最新民事立法（软法）思想的《欧洲示范民法典草案》（DCFR）及《欧洲共同买卖法》（CESL）在合同法总则及分则方面皆充分贯彻了明确区分消费者合同与经营者合同的立法思维。”〔1〕消费关系与经营关系构成着社会生活的基本关系，因而亦是区分法律的一个基本维度，明显缺乏消费者关系与经营关系区分的清晰理念，是我国《民法总则》的一个严重弊端，“既没

〔1〕 参见朱广新：《论合同法分则的再法典化》，载《华东政法大学学报》2019年第2期。

有很好地体现普通群众（消费者）的实际生活要求，也没有很好体现商人（企业经营者）交易便捷与交易安全保障的要求”。[1]李建伟先生对《民法总则》的批评可谓“入木三分”。

必须建立起消费者合同与商事合同的对应范式，这样的表达才有意义。传统的所谓民事合同与商事合同的对应，语义含混不清，并不构成真正的对应。传统民事合同的定义就是“发生在生活消费领域内，服务于生活消费目的的交易行为以及发生在雇佣劳动领域内，以提供劳务为目的的交易行为”。[2]正确地直接建立起消费者合同与商事合同的对应范式，民事合同与商事合同的区分失去了意义。我国的合同法在性质上被解释为统一合同法，学者将此种统一称为民事合同与商事合同的统一。民事合同与商事合同的统一十分荒谬，在消费者合同与商事合同之外，并不存在所谓的民事合同，商事合同直接就是民事合同。因此，我国所谓的统一合同法，其实是消费者合同与商事合同的统一。

民事法律行为堪称民法上的“招牌”概念，民事法律行为与商事法律行为的对应，是传统体系中另一组基本的对应，刘凯湘教授著有《商事行为理论在商法中的意义与规则建构》，施天涛教授著有《商事法律行为初论》，意欲证明商事法律行为是区别于民事法律行为的独立存在。[3]合同是传统民事法律行为概念最为核心的内容，“法律行为概念主要是根据合同概念抽象

---

〔1〕 参见李建伟：《〈民法总则〉民商合一中国模式之检讨》，载《中国法学》2019年第3期。

〔2〕 参见张良：《民法典编纂背景下我国〈合同法〉分则之完善——以民事合同与商事合同的区分为视角》，载《法学杂志》2016年第9期。

〔3〕 刘凯湘：《商事行为理论在商法中的意义与规则建构》，载《法治研究》2020年第3期；施天涛：《商事法律行为初论》，载《法律科学（西北政法大学学报）》2021年第1期。

出来的”。[1]从消费者合同与商事合同区分的理念出发，消费者的消费意思表示与经营者的营利意思表示的区分是非常清晰的。法律行为与意思表示是等义词，从消费者消费意思表示与经营者营利意思表示的角度，对商事法律行为独立性的证明在逻辑上十分简单。施天涛教授开创性地提出存在着商事法律行为，当然是成立的。不过，与其对应的却不是民事法律行为，而是以消费意思表示为基础的消费法律行为。平行的消费法律行为与商事法律行为整体上的意义，便是民事法律行为。

所谓的民事主体与商事主体的对应，在新的范式下，同样被成功“驱逐”。财产法与商法对应，财产主体与商事主体对应，其间的对立旨趣直截了当。在财产主体与商事主体之外，并不存在其他的抽象的民事主体，民事主体概念的含义就是由财产主体、商事主体界定的。

与其他基本概念上大行其道的民商对应不同，现行体系中法人概念上的逻辑相当清晰，并没有在民商对应的错误语境下进行表达。社团法人、财团法人是传统的分类，我国《民法总则》采用的是营利法人与非营利法人的分类，被学者称赞为“首次以基本法律的形式明确了‘营利’—‘非营利’的法人区分标准，确立了商事/商法的核心范畴，这是《民法总则》对商法的最大贡献”。[2]如果“发明”了民事法人与商事法人的奇葩对应概念，就太滑稽了。

所谓的民事代理，按曾大鹏先生的观点，主要指监护人的代理权、失踪人的财产代管人的代理权、遗产管理人的代理权、

---

〔1〕 参见易军：《〈民法总则〉对〈合同法〉的超越》，载《团结》2017年第2期。

〔2〕 参见蒋大兴：《〈民法总则〉的商法意义——以法人类型区分及规范构造为中心》，载《比较法研究》2017年第4期。

夫妻之间的家事代理。[1]以财产代理概括，可能“挂一漏万”，但大体表达出了各种代理的本质和共性。财产代理与商事代理的对应，将所谓的民事代理与商事代理的对应关系亦厘清了：财产代理与商事代理共同构成民事代理，民事代理与商事代理之间不存在横向的对比关系。

财产法与商法对应，二者构成的整体则为民法；财产主体与商主体对应，二者构成的整体则为民事主体；营利法人与非营利法人对应，二者构成的整体则为私法人；消费者合同与经营者合同对应，二者构成的整体则为民事合同；消费行为与商行为对应，二者构成的整体则为民事法律行为；财产代理与商事代理对应，二者构成的整体则为民事代理……

财产权法与商法在逻辑上是清晰区分的，二者之间存在对应关系，财产法、商法直接就是民法本身，现行理论中流行的“民事”与“商事”的对应是民法学上最大的谎言。

3. 所有权财产法与营业权商法的平行关系

在英美法系，财产法是一个最为基本的法律部门，与商法分庭抗礼，财产法与商法，分别从归属与营利的维度表达出了社会经济生活的经纬二线。匪夷所思的是，大陆法系竟然缺乏规范意义上的财产法部门，只是在解释的意义上，财产法被作为了民法的宾词。究竟是作为主词还是作为宾词，是一个原则问题，只有作为主词才能表达出作为独立法律部门的含义。

传统大陆法体系中竟然没有财产法，这是一个足以令人目瞪口呆的结论，而这一重大学理现象的发现，为彻底厘清学界

---

〔1〕 参见曾大鹏：《民法典编纂中商事代理的制度构造》，载《法学》2017年第8期。

一直纠缠不清的民法基本问题之一的民法与商法的关系问题找到了答案。

传统体系没有财产法，然而民法就是财产法是民法学上的“公理”，因此这一主张似乎显得荒唐。出乎意料的是，民法就是财产法的命题，不但不是对财产法的宣示，完全相反，这一命题恰恰表达的是“没有财产法”的含义。在民法就是财产法的命题中，表达的独立法律部门是民法，不可能是财产法。民法与财产法是冲突的，民法就是财产法的命题，不是在表达存在着财产法，而是在表达存在着民法。财产法是对民法的表达，而不是对自身的表达。与其说民法就是财产法，所以存在着财产法，不如说民法就是财产法，所以不存在财产法，存在的是民法，财产法完全是对民法的表达和解释。

在传统体系中，不存在独立意义上的财产法，财产法的含义完全被吸收在民法的概念之中。民法就是财产法的命题，恰恰表达的是民法才是独立的法律部门，而财产法无非是对民法的解释。民法就是财产法，所以不存在财产法。因为财产法是在表达民法，因而存在的不是财产法，而是民法。民法就是财产法的命题，既不表达存在财产法的含义，也不表达同时存在民法与财产法的含义，主词与宾词并非并列的平行关系，既存在民法也存在财产法的解释违反了命题的基本逻辑。

财产法是必须进行的基本法律表达，与商法、知识产权法等相比，即便没有更基础的价值，但至少具有同样的地位，商法、知识产权法等一应俱全，但传统体系中竟然少了财产法，大陆法系如此严重的法理学疏漏不可思议。国内的法理学教科书中，关于部门法，现行的“标配”是宪法、民法、商法、诉讼法等，然而表达最基本的社会生活的财产法却付之阙如。这个现状必须改变，缺乏财产法的概念便表达不出社会生活的主旨性内容，违反基本的法理逻辑。

物权法、债权法等传统民法内容，首先必须被设定在财产法语境中予以表达，现行做法是将其直接设定在民法的语境中，财产法这一基本的法律表达被遗漏了，也因此造成了概念体系中的重大混乱。“传统的民法典包括《法国民法典》和《德国民法典》，都是以财产法（所有权）为中心而构建的，Bonnecase 形容《法国民法典》其实是一部‘财产法典’的讥讽，得到了后世学者的普遍认同。”〔1〕直接将其称为财产法典，更为名副其实，而且简单明了。

财产法是表达社会经济生活的一个基本维度，不可或缺，其与商法的对应关系荦荦大端。然而，如此显而易见的对应关系，竟然是学者关注的一个盲区，比较民法与商法关系的文献不计其数，而比较财产法与商法的关系，学者甚至连问题本身都没有识别出来。

在自然语境中，作为经济动物，经济生活是人的基本活动，存在着两种公理性质的经济行为分类，即“所有”行为与营利行为，两种行为大体上闭合了人作为主体的经济活动的全部行为和全部目的：或者对物进行“所有”，或者营利。二者互为目的和手段，通过“所有”进而营利，营利的结果或目的则是“所有”，其间的动态关系构成一个完整的经济过程。财产法的核心概念就是“所有”，而商法的核心概念则是营利，“商人与商行为‘营利性’和‘营业性’的核心特质已经获得了学理上的共识”。〔2〕“在我国学者看来，‘商’的法律含义为营利性

〔1〕 参见石佳友：《人格权立法的历史演进及其趋势》，载《中国政法大学学报》2018 年第 4 期。

〔2〕 参见施天涛：《商事法律行为初论》，载《法律科学（西北政法大学学报）》2021 年第 1 期。

的活动。"[1]"必须确立起商事营业权作为一般商事权利的地位。"[2]

所有权、物权与"营业权"的对应非常清晰，财产法的核心概念就是所有权、物权，商法的核心概念则是营业权。简化对比所有权与股权，二者大相径庭，能够充分描述出两个独立的法律意域，构成了两个独立法律部门的内容。

所有权表达的是关于财产的归属关系，是静态的结果；股权的要义则并非表达归属，而是表达营利的过程。最形象的比喻则是：所有权表达"收藏"，股权表达"倒卖"。"所有"与"营利"构成着两种并驾齐驱的独立目的，比拟"收藏"与"倒卖"，"所有"与"营利"二者存在关联，但不可能是包含关系，各自的旨趣迥异，缺一不可。在所有权概念下，"所有"本身构成目的，而在股权概念下，"所有"则仅仅是手段，因为"所有"正是为了出卖。

将所有权与股权区分开来，在相当程度上就建立起了财产法与商法的对应关系。然而，事实上学界对二者的区分并不清晰，股权、票据权利等是否为所有权被作为了一个重大的学术问题予以探讨。在所有权的意境中理解股权，完全毁坏了股权概念的旨趣：股权的精髓不是"所有"，而是倒卖"所有"而从中营利，作为营业权，股权重在参与与表决，"如何归入物权、债权领域，都欠缺理论上的妥适性与实践上的合理性"。[3]授人以鱼，不如授人以渔，所有权为"鱼"，营业权则为

〔1〕 参见徐国栋：《民商合一的多重内涵与理论反思　以 1942 年〈意大利民法典〉民商合一模式的解读为中心》，载《中外法学》2019 年第 4 期。

〔2〕 参见赵旭东等：《〈商法通则〉立法大家谈》，载《国家检察官学院学报》2018 年第 3 期。

〔3〕 参见叶林：《〈民法总则〉背景下的商法前景》，载《北京航空航天大学学报（社会科学版）》2018 年第 1 期。

“渔”，“鱼”与“渔”、“收藏”与“倒卖”，构成着并驾齐驱的两种独立目的，对所有权、股权区别的阐释，最为传神。

财产法不可或缺，事实上大陆法系也存在财产法，不过被错误地另行冠以了民法的名称。经典的民法典，虽冠以民法的名称，然而实际的内容其实只是财产权法，《法国民法典》只有三编，第一编是人法，第二编是财产及其对所有权的各种限制，第三编是取得财产的各种方法，也有称为取得所有权的各种方法。〔1〕显然，将如此内容的法典称为财产权法才更名正言顺，而且直截了当。不过分咬文嚼字，甚至可以将所谓的《法国民法典》称为所有权法，取得财产，当然就是取得所有权，第二编、第三编显然都是对所有权的规范，以所有权法称谓，可以直接“望文生义”地了解“民法典”。所有权法典的称谓并不突兀，立法例上，1942年《意大利民法典》“又有‘所有权法典’之称”。〔2〕财产权或所有权显然与营业权不同，所有权表达的是结果，营业权表达的是营利过程。正因如此，法国几乎同时分别制定了“民法典”与商法典，商法的内容并没有被合并到“民法典”中。《法国商法典》由商业事务、海上贸易、破产、商事法院及诉讼程序四编构成，如此旨趣的经营内容无论如何也不可能被统摄在财产权或所有权的概念之下。《德国民法典》由五编构成，即总则编、债权编、物权编、亲属编与继承编，也是十分典型的财产权法，是对财产归属关系的规范，《德国商法典》由商人、公司和隐名合伙、商业账簿、商行为、海商五编构成，与表达财产归属关系的所有权、物权等概念大相径庭，

〔1〕参见《拿破仑法典》(法国民法典)，李浩培、吴传颐、孙鸣岗译，商务印书馆2011年版，第4页。

〔2〕参见费安玲：《1942年〈意大利民法典〉的产生及其特点》，载《比较法研究》1998年第1期。

因此与《法国民法典》一样，财产权法典才是《德国民法典》的恰当名称。所有权、物权与营业权对应，财产权法与商法对应，如此的对应才符合逻辑。

所有权与营业权，两大概念分庭抗礼，构成着两个独立的意义单元，因此分别成立财产权法与商法，与商法对应的是财产权法，而非民法。法国人将财产权法称为民法，明显是张冠李戴。财产权法是民法，但民法却不是财产权法，商法与财产权法的整体才是所谓的民法。

财产法是必须进行的基本表达，而且传统的所谓民法的内容其实也正是财产法，因此去除民法的称谓，直接以财产法作为名称，法理上的根据非常充分。由此，民法概念上的严重混乱亦被彻底厘清，一个全新的、清晰的民法定义被给出了：民法是由财产法、知识产权法、商法构成的整体。

4. 民法：财产法、商法的整体

财产法是一个与商法等平行的独立的法律部门，财产法与商法等构成的整体，才是民法。民法根本就不是什么所谓的财产法，而是由财产法、商法等构成的整体。传统理论将民法与财产法等同，财产法的独立含义被彻底抹杀了，在逻辑起点上便已误入歧途。正确地恢复起财产法的独立含义，民法作为整体概念的范式建立了起来：民法是由财产法、商法等构成的整体。

“整体”范式与“一般”范式，与哲学上的整体范畴、一般范畴相对应，是两种完全不同的逻辑范式。传统做法将民法定性为一般概念，即所谓商法、知识产权法的一般法，在新的理念下，财产法被作为了一个独立的部门，由此民法则被完全界定为了整体概念：民法是由财产法、知识产权法、商法等构成的整体。

（1）整体法与部门法范式。

民法概念明显表达着上位法的旨趣，对商法、知识产权法等具有位阶上的统摄关系，民法一般法论的合理之处正在于对民法与商法等此种上位法关系的强调。然而，此种位阶关系其实并非一般法与特别法的关系，而是整体法与部门法的关系。在现行法理学理论中，关于法律之间的层级关系，无非是上位法与下位法、根本法与普通法、一般法与特别法。其实，还存在着另一种基本的层级关系，即体系法与部门法之间的关系。在传统理论中，法律体系概念侧重于国家宏观体系层面，所谓法律体系，是指一国的全部现行法律规范划分为不同的法律部门而形成的有机联系的整体。[1]实际上，部门法本身也是一个体系，存在着体系法与部门法的关系。未能针对部门法建立起体系与部门的层级关系范式，直接造成了民法与商法、知识产权法关系问题上的观点混乱。以体系法与部门法的范式解构民法与商法、知识产权法的关系，谜底终于被揭开：民法是体系法，财产法、商法、知识产权则是构成民法的部门法。

“整体”范式与“一般”范式，两种范式大相径庭。在一般法与特别法的范式下，商法、知识产权法的独立地位被打了折扣。体系法与部门法之间显然也表达着法律的层级关系，但却完全不同于一般法与特别法之间的层级关系。在该范式下，商法、知识产权法的独立性能够得到极致的表达。作为体系法的民法无非就是传统意义上的财产法（物权法、债权法）、商法、知识产权法三大法律部门构成的整体，根本不存在独立于部门法的抽象的作为体系法的民法。但另一方面，作为体系法的民法概念，因是整体，又表达着对部门法的“统领”旨趣：

〔1〕 参见葛洪义主编：《法理学》（第2版），中国政法大学出版社2012年版，第270页。

财产法、商法等只是民法的一个部门。

在整体法范式下，成立的就是财产法、商法等的具体规范，民法无非就是一个统摄财产法、商法等的一个概念名称，并非财产法、商法等之外所谓的一般法规范。

（2）商法的独立性。

商法的独立性一直是商法学者孜孜以求的重大问题，[1]桎梏在民法为一般法概念的范式下，关于商法独立于民法、区别于民法的任何阐释、论证都不够究竟，因为前提就是错的。在民法整体概念的范式下，商法的独立性根本就不是一个问题：商法、知识产权法等直接就是民法本身。与论证商法区别于民法、独立于民法的现行做法相反，新的理念直接将商法、知识产权法等同于民法，商法等区别于民法根本就是不可能的。围绕商法与民法的区别论证商法独立性，根本就证明不了商法的独立性。商法直接就是民法的命题才在终极意义上完成了对独立性的证明：因为民法的独立性被“证伪”了。整体概念范式下的民法，不可能脱离构成其的部分而独立存在。

苦心孤诣证明商法区别于民法、独立于民法，传统理论从未另辟蹊径，发现真正存在问题的并不是商法的独立性，恰恰是民法的独立性。民法整体概念的新范式，为一直纠缠不清的商法独立性的争论画上了句号。

民法为商法一般法的观点扼杀了商法的独立性，作为特别法的商法无论如何最终都要归结于民法，即商法就是民法。普通的理解中，只有商法不是民法才能表达出作为独立存在的商法，民法、商法二元结构的观点遵循的便是这一思路。但这一

---

[1] 赵万一教授专门以商法独立性的理论证成为题目撰有论文，但不是法哲学的维度。赵万一：《后民法典时代商法独立性的理论证成及其在中国的实现》，载《法律科学（西北政法大学学报）》2021 年第 2 期。

范式将民法与商法的关系完全切断了。

似乎两难的窘境在财产法、商法的关系范式下被轻松化解了。民法是由财产法、商法构成的整体，在财产法与商法的语境中才存在着私法的二元结构，不但民法概念包含着商法、作为商法的上位概念的传统语境得到了维护，而且表达出了作为最基本的法律内容的财产法。商法直接就是民法，商法与民法的同一关系得到了再充分不过的清晰表达。另一方面，商法的独立性亦展现得淋漓尽致：部分与整体，不可能不是独立的关系。同样是商法是民法的命题，传统理解中被商法学者强烈排斥，许多学者的论文便是围绕推翻这一命题而展开，力图证明商法不是民法。在新的范式下，这一命题却表达出了完全相反的含义：商法直接就是民法，不但不是对独立性的否定，恰恰是对独立性最为究竟的表达。因为在新的语境下，首先围绕的并不是商法的独立性，而是直接将民法的独立性"悬置"了。〔1〕

学者关于商法概念的界定，一直处在与民法概念对应的语境当中，观点五花八门，但以经营关系立意是一个较被广泛认同的主张，"商法是指调整因经营行为而形成的商事法律关系的法律规范的总称"。〔2〕将语境设定在与财产权法对应的关系上，商法概念的上述定义更加不言而喻：财产法是一个独立的法律部门，核心概念是所有权，与之对应的一端当然是营业权和商行为。商法学者孜孜以求的商法的独立性终于得到了彻底的证成：商法独立于民法是无法证明的，独立性存在于与财产权法对应的语境之中。而在财产法的语境中，源头上就撇清了对商

〔1〕 张谷教授以"寄居蟹"形容商法的独立性，意欲表达即便作为民法的特别法，也是独立的。真正的论证是逻辑的、分析的，比喻式的论证意义有限。从整体与部分的关系的角度才能真正将民法与商法的关系阐释清楚。参见张谷：《商法，这只寄居蟹——兼论商法的独立性及其特点》，载《清华法治论衡》2005 年第 2 期。

〔2〕 参见范健、王建文：《商法总论》，法律出版社 2011 年版，第 10 页。

法、知识产权法的包含关系。财产法无论如何都不可能包含商法、知识产权法，事实上也没有学者去论证此种关系。论证商法的独立性，学者们“千言万语”，其实只需提出商法、知识产权法不是财产法的简单命题，一切纠结便都能迎刃而解。蒋大兴教授在将民法作为一般法的前提下论证商法的独立空间，〔1〕意境逼仄，只有在与财产法对应的语境中，才能描述出商法别具一格的广阔空间：或者财产法，或者商法，二者的整体则构成民法。如此语境中的商法，独立性的含义，甚至根本就不成为一个问题。

（3）商法典与民法典的关系。

存在的就是财产法与商法的合一或分立，合一意味着将商法的主要内容全部编入民法典，不再另行编纂商法典，因此名副其实的合一并非仅仅指不编纂独立的商法典，更是在肯定的意义上意味着像“瑞士、意大利那样，将商法的大部分内容都纳入民法典”，〔2〕将财产法、商法整合在一起。分立则意味着另行编纂独立的商法典。德国、法国的民法典，因缺乏商法的内容，其恰当的名称应为财产法典，以民法典称谓，属于“张冠李戴”，因此德国、法国的所谓民商分立，无非是财产法与商法的分立。德国等国根本不是什么民商分立，而是民法典的名称出了问题。然而，果真以财产法典称谓，民法的概念就消失了，大陆法系成了没有民法的英美法系。将财产法典称为民法典，宣示着存在一个由财产法、商法构成的整体的法律部门，即民法。在这一意义上，称财产法典为民法典具有些许的价值。

---

〔1〕 参见蒋大兴：《〈商法通则〉/〈商法典〉的可能空间？——再论商法与民法规范内容的差异性》，载《比较法研究》2018 年第 5 期。

〔2〕 参见严城、董惠江：《中国私法法典形式的历史与现实》，载《求是学刊》2013 年第 4 期。

民法就是由财产法、商法、知识产权法构成的具体规范，因而并不存在什么民商合一或民商分立。民法中本来就包含着商法，显然，概念的民法典直接排斥着商法典：既然编纂的是民法典，当然不能另外编纂商法典，因为民法的概念就内在地包含着商法。但民法典对商法典的排斥并非在编辑体例、立法模式上对“民商合一”方式的选择，在模式选择的角度为阻止商法典的编纂提供依据，同时意味着对“民商分立”即同时编纂民法典、商法典的承认。民法典对商法典的排斥根本不是“民商合一”“民商分立”概念表达的立法模式选择问题，王轶教授认为是否编纂商法典并无对错的观点并不成立。〔1〕编辑民法典，就不能同时编纂商法典，这是唯一的结论，不可能存在同时编纂民法典与商法典的选项。“民商分立”子虚乌有，逻辑上根本就不存在所谓的“民商分立”。德国、法国民法典与商法典的分立，其实是财产法与商法的分立。《法国民法典》的主旨是对所有权的规范，《德国民法典》的主旨是对物权的规范，所有权、物权，无论如何都不会是民法概念本身。民法典的名称与民法典的事实是区分的，将名称与事实混同，产生了“民商分立”的误认：从名称出发，德国、法国的民法典与商法典是分立的，从事实出发，则是财产权法与商法的分立。的确存在着立法模式、编辑体例的选择问题，如是将财产权法、商法、知识产权法三者合一，还是分别独立编纂，就是纯粹的编辑体例选择，两种方式各有利弊，分庭抗礼。学者在“民商合一”所表达的编辑体例语境中解释我国对商法典编纂的废弃，并给出了相关的理由。其实，编辑体例、立法模式的选择，本身就是最充分的理由，其他的理由都是次要的。

---

〔1〕 参见王轶、关淑芳：《民法商法关系论——以民法典编纂为背景》，载《社会科学战线》2016 年第 4 期。

概念上的民法典与事实上的民法典不同，事实上的民法典只是财产法典。将二者区分开来，一直纠缠不清的“民商合一”“民商分立”问题便能被理出头绪。以民法典概念论，民法典排斥商法典；以民法典事实论，“民法典”只是财产法典，当然并不排斥独立商法典的编纂。既然事实上编纂的是财产权法典，那么当然必须同时编纂独立的商法典、独立的知识产权法典，商法典的独立编纂被证成了。

在概念的民法典中，民法典对商法典的排斥，却真正表达着商法的独立性质。商法学者一直浅陋地以为，只有编纂与民法典“平起平坐”的商法典，商法才能成为独立的部门。其实玄机并不在于是否独立编纂商法典，而是确立财产法的独立部门法地位，进而将民法正确地解释成由财产法、商法、知识产权法构成的体系法。在民法体系法的概念下，商法典固然未能独立，但民法典的一般法地位同时被消解了：商法就是民法本身，在财产法、商法、知识产权法之外，并不另行存在一个作为商法一般法的民法。因此，与其说商法失去了独立性，毋宁说是民法失去了独立性。在体系法的意义上，民法典与商法典不可能并存，将商法典独立出来，体系将不成其为体系，民法将不成其为民法。但商法典的地位并不因此而有所降低，因为民法典就是财产法、商法本身，离开财产法、商法等具体部门，民法典就是个“空壳”，是完全的虚无。

所谓的民商合一，真正含义就是财产法与商法的合一，意味着将大部分商法内容纳入民法典。然而，有学者正确地指出，民商合一既无必要，也无可能，[1]适用于财产权法与商法关系的语境，含义更为清晰：财产法、商法构成明显的平行关系，再加上知识产权法，将三者整合起来形成民法“巨婴”是否有

〔1〕 参见赵旭东：《民法典的编纂与商事立法》，载《中国法学》2016年第4期。

必要的确是一个问题。“将各种民事、商事法律纳入一部统一法典的做法不仅不可取，而且愚昧和狂妄。”〔1〕因此，中国语境中的民商合一，主要存在“‘民法典+单行商事法’与‘民法典+商法通则+单行商事法’”两种范式主张，〔2〕前者的核心要义是制定一部系统完善的民法总则，使其有效涵盖民商事交易规则。〔3〕此种范式同样是学者的异想天开，既然将民法界定为商法的一般法，则在一般法与特别法即民法与商法之间提取公因式在逻辑上荒谬不堪，之所以在比较法上无先例可循，〔4〕原因便在于一般法与特别法之间根本就不可能存在所谓的公因式。真实的问题是财产法与商法之间的合一，然而所有权财产法与营利权商法二者“南腔北调”，在财产法与商法对应的巨大差异语境中，甚至连提取公因式的意念都很难产生。

所谓的民商合一就是将财产法、商法的具体规范“拼图”为整体，在财产法商法的对应语境中，就不可能存在可以整合的一般法规范。张谷教授指出，民法与商法的规范交集是有限的，〔5〕直接在财产法与商法的对应语境中，其间的规范交集更加可以忽略不计，不但交集很少，而且旨趣相异。以提取所谓的“公因式”形成一般规范的幻觉立场整合，一方面将本为具体规范的规范当作了一般规范，另一方面大量的商法规范被直接排

〔1〕 施天涛：《民法典能够实现民商合一吗?》，载《中国法律评论》2015年第4期。

〔2〕 参见李建伟：《民法总则设置商法规范的限度及其理论解释》，载《中国法学》2016年第4期。

〔3〕 参见王利明：《民商合一体例下我国民法典总则的制定》，载《法商研究》2015年第4期。

〔4〕 参见王利明：《民商合一体例下我国民法典总则的制定》，载《法商研究》2015年第4期。

〔5〕 参见张谷：《商法，这只寄居蟹——兼论商法的独立性及其特点》，载《清华法治论衡》2005年第2期。

除了，因财产法与商法是平行关系，二者之间的“个性”规范构成着各自的灵魂和基本规范，大量的商法规范无法被“公因式”整合是必然的，商法中的基本制度规范，即商事主体一般规定、商事登记、商业名称与商号、商业账簿、商事行为一般规定、商事代理、商事权利等，在民法总则中是缺位的。[1]商法学者列出了未被民法典整合的商法内容的详细清单：“‘民商合一’的初心只偶尔散见于《民法典》个别条款，并未被贯彻于法典编纂的始终；《民法典》中商法规则挂一漏万的现象随处可见。无论是商法规则核心内容的商法原则、商法理念、商主体、商行为，还是具有制度特殊性的商事营业、商事财产、商事权利、商事责任、商事纠纷解决机制等，在立法技术层面都未能被《民法典》抽象出体现其规范价值的条款，民商规范冲突比比皆是。”[2]既然合一就是财产法与商法的具体规范的整合，但同时却并没有将商法的主要内容编纂于民法典中，我国的《民法典》显然还称不上是名副其实的民法典，更多的仍然是属于《德国民法典》《法国民法典》风格的财产法典，因而以合一模式的选择为由反对商法典编纂的立场亦直接被推翻了：以具体规范而非一般规范的立场，未完全整合商法规范的所谓民法典无非是财产法典，商法与财产法具有相同的位阶，商法通则或商法典因而具有了自身的根据。

从概念的发生的逻辑机理分析，概念是对对象的一种精练的名称概括，对象是既定的存在、客观的存在，财产法、知识产权法、商法便是认识所面对的对象，无论是否准确，“民法”

---

〔1〕 参见李建伟：《〈民法总则〉民商合一中国模式之检讨》，载《中国法学》2019年第3期。

〔2〕 参见范健：《中国〈民法典〉》颁行后的民商关系思考》，载《政法论坛》2021年第2期。

一词的实质无非是对作为对象的财产法、知识产权法、商法等的一种本质上的名称概括。对象无所谓对错，但名称概括却显然存在着准确与否的问题。正确地将民法概念理解为一种对对象的名称概括，民法概念的名称显然概括错误。以“民法”作为名称概括的财产法、知识产权法、商法，名称不但与对象之间直接缺乏表象上的语义关联，而且根本表达不出对象的实质内涵。对三者最传神的名称概括是私权法，民法作为名称，含义既模糊，对法律精髓的表达亦相当有限。以私权法名称替代民法名称，学界尚未形成主流的清晰意识，但王涌教授的观点与其相当接近。王先生明确提出以私权概念取代民事权利概念，〔1〕可惜的是半途而废，没有进一步主张以私权法概念替代民法概念。

民法概念的正确名称应该是私权法，而非民法。甚至可以更直接地表达为：存在的是私权法，而非民法。“民法”是一个非常空洞的概念，其自身的固有含义根本就不表达具体的法律部门，“民法”即国法，与法律概念几近是同义词。事实上，“民法”概念原初亦正是在“法律”的含义上被用的，采信徐国栋先生的观点，在部门法的意义上使用“民法”概念，只有一百多年的短暂时间。〔2〕

私权法与民法，二者对特定法律部门的法律本质的表达可谓天壤之别。两相对比，意境迥然。

“民”字仅仅表达对象，但却不直接表达内容。名称作为对特定法律部门的主旨概括，当然以内容表达为第一原则，宪法、刑法、行政法等在名称中均丰满表达着具体的内容，而非表达

〔1〕 参见王涌：《私权的分析与建构：民法的分析法学基础》，北京大学出版社 2019 年版。

〔2〕 参见徐国栋：《“民法”变迁史考》，载《中国政法大学学报》2007 年第 2 期。

对象。对比“民法”的名称，“私权法”则直接表达着内容：关于公民之间私权利的规范。

“民”字仅仅表达对象，内容是什么，成了学者的是非之地。使用私权法的名称，直接去除了学者关于民法内容“想入非非”的温床。具体到一直无法理出头绪的所谓民商合一、民商分立的“麻烦”问题，私权法的名称如同“灵丹妙药”，将问题从根本上直接消除了：在私权法的表达下，不存在等同于财产权法的可能，公民的权利不应该如此单一和贫乏；私权法即财产法的立论足够荒唐。私权法与商法、知识产权法的合一、分立等伪命题亦根本就不可能产生：私权法是整体概念，自然包含商法、知识产权法。

更为精妙的是，私权法的名称直接与刑法名称建立起了对称关系，表达出了两大部门间的体系特征，“相映成趣”。权利与惩罚，在对立的意义中闭合了对民众规范的整个空间。而民法与刑法的名称则并不“搭调”，“民”表达的是对象，“刑”表达的是行为，两个名称之间的关系十分朦胧。

关于民法的性质，另两个主流说是所谓的市民社会法和私法，在私权法的名称下，市民社会法、私法的定性变得多余，被彻底清除了。市民社会、政治国家的对应根本就不是现代语言，刑法目前的通说也是私法，以私法定性，很难区分民法与刑法。关于人民、民众、百姓的规范，与关于政府、官员、国家的规范相对应，这才是民法的现代表达，直截了当。而私权法名称本身就表达着自身的究竟含义，不会产生“本质追问”的任何幻想，根本不存在以另外的概念作性质解释的问题。

存在着商法、知识产权法，就一定对应存在着财产法，或者说，财产法是一个必须予以表达的法律部门。其与商法、知识产权法才构成对应的法律表达：财产法与知识产权法是横向的平行关系，传统意义上的财产法针对的是有体物，知识产权法指向的则是无体物，有体与无体，二者之间的平行对应关系非常明显；与商法构成的则是纵向的立体关系，财产法表达的是静态的归属关系，商法规范的则是动态的营利关系。一动一静，闭合了经济生活的全部空间。

然而，现行的体系竟然缺乏财产法的法律表达，对财产法的表达被民法概念替代了，许多概念上的混论就滋生于这一温床。必须将民法与财产法从根本上区分开来，而这一区分理念的确立使得民法理论从深陷的泥淖中彻底摆脱出来，许多纠结都被彻底解开了。

将财产法与民法区分开，财产法的独立意义表达了出来。同时，民法概念被“释放”了，不再局限于单一的财产法的狭隘含义，而是表达着综合财产法、知识产权法、商法更为丰富的含义，一个全新的民法概念由此产生：民法不是财产法，而是财产法、知识产权法以及商法构成的整体，本质上是私权法。整体意义上的民法概念不可能是一般法，民法为一般法的争论被从根本上了结了。

财产法对应商法的语境与民法对应商法的语境完全不同，传统理论一直在民法与商法对应的语境中进行表达，在逻辑起点上已误入歧途。财产法对应商法，二者之间不会产生任何位阶关系的想象，财产法与商法合一构成的整体即为民法，一直无解的民商合一、民商分立的纠结迎刃而解：存在的是财产法、商法的合一或分立，根本不存在什么所谓的民商合一、民商分立。

商法是独立的，在财产法与商法的对应关系中，这一立论顺理成章：财产法与商法之间不存在位阶关系，作为上位概念的民法，表达的是整体含义，整体与构成其具体部门，彼此之间根本就不存在独立与否的问题。

十二 权利法与责任法的法理范式

1. 民事违法概念的谬误

在权利法责任法的部门法划分范式下，民事违法这样的奇怪概念是不可能产生的。传统体系缺乏这样的范式，以公法、私法区分刑法、民法，根本就建立不出两个法律部门的清晰界域：民法固然是私法，但公法却不仅限于刑法。因此，私法、公法的区分是民法与所有公法的区分，并不是民法与刑法的区分。另一方面，相当多的学者主张刑法亦为私法，以私法、公法区分民法、刑法更是直接失去了意义。只有在权利法、责任法的语境中，才能表达出两个独立的法律部门，才能真正划定民法与刑法的各自界域，即才能区分开民法与刑法。

现行关于刑民交叉概念的讨论，民事违法、刑事违法的关系被作为了一个基本的主题，违法一元论、违法相对论等，学者阐幽发微，观点五花八门。如果根本就不成立民事违法的概念，所谓的刑民交叉、违法一元论、违反相对论等玄虚概念统统应该被清除。

缺乏权利法、责任法的部门法范式，从未在权利法、责任法的范式下思考民法与刑法的关系，这是传统理论极大的弊端和缺陷，而所谓的民事违法概念，正是其直接的后果。权利法、责任法才是最基本的法律部门划分，权利法是对权利义务关系的规范，责任法是对违法行为和责任关系的规范，两大界域楚河汉界，权利义务界域内，是不存在对违法行为的规范的：权利法规范的是权利、义务本身，对权利的伤害产生责任，构成另一个独立的部门法领域。权利不包含责任，责任不包含权利，权利与责任构成最基本的法理划分。

现行所谓的民事违法行为，无非是指违约行为和侵权行为。侵权行为当然是违法行为，但却不是民事违法行为。这一立论足够“耸人听闻”，但却并非信口开河，而是真正揭示了侵权行为的真谛。侵权责任法与刑法同宗同源，具有强烈的刑法向度，而且本来就不是《德国民法典》《法国民法典》等经典民法典的内容。侵权责任法当然可以编纂在民法典中，但却未必一定是民法的内容。遑论侵权责任法，甚至连刑法都可以被编纂在民法典中，如果由此得出刑法就是民法，刑法也是民法，逻辑上就太荒谬了。按照陈兴良先生的观点：“刑法规范可以分解为各个部门法的制裁规范，因而纳入各个部门法。例如，违反民法的犯罪可以纳入民法……”〔1〕将财产犯罪纳入财产法，将婚姻犯罪纳入婚姻法，将知识产权犯罪纳入知识产权法等，与侵权责任法作为了民法典中的独立一编并无二致，如果侵权责任法为民法，那么显然刑法亦直接就是民法。

刑法当然不是民法，侵权责任法当然也不是民法。民法在名称上语义不清，只有将其解释为权利法，才能表达出部门法之间的区别与划分，只有在权利法的语境下，才成立与刑法等区分的法律部门。陈兴良先生所谓的将刑法纳入部门法的观点，失误亦正在这里：刑法根本就不能被纳入部门法，不应将婚姻刑法纳入婚姻法，而是应将婚姻权法与婚姻刑法二者整合为一

〔1〕参见陈兴良：《民法对刑法的影响与刑法对民法的回应》，载《法商研究》2021年第2期。

体构成婚姻法；知识产权刑法与知识产权法二者整合为一体形成知识产权法；财产权法与财产刑法二者整合为一体形成财产法。究竟是将婚姻刑法纳入婚姻法，抑或是将婚姻权法与婚姻刑法整合为一体形成婚姻法，这是一个问题。婚姻刑法之外的婚姻规范就是权利规范，二者整合在一起便构成婚姻法。不能将婚姻权利规范纳入婚姻刑法规范，反过来也是一样，根本不存在什么将婚姻刑法纳入婚姻权利规范的问题。行政刑法究竟是行政法抑或是刑法的争论，也是同样的问题。〔1〕

侵权行为不是所谓的民事违法行为，遑论违约行为。当事人之间的约定不是法律，违反约定不是违反法律，将违约作为民事违法行为、不法行为，无异于取消了约定与法律的区分。〔2〕民事违法行为概念荒谬，王轶、陈少青两位先生亦有相近观点，不过立场不够旗帜鲜明。王轶教授最新的研究结论表明："对于民事法律行为，存在因违法而归于无效的情形，但很少用到违法性这个术语。准民事法律行为更罕见用到违法性的情形。违法性的讨论，主要与事实行为有关，更准确地说，与事实行为中的侵权行为有关。"〔3〕将民事责任概念清除，直接将侵权责任法设定在与刑法关联的语境中，王轶先生的这个结论更为清晰。陈少青先生的文章直接以民事违法论批判作为标题，认为民事违法概念本身颇具争议，大有正本清源的必要，民法侧重行为的

〔1〕 刘艳红教授在文章中对该问题有详细的分析。参见周佑勇、刘艳红：《行政刑法性质的科学定位（上）——从行政法与刑法的双重视野考察》，载《法学评论》2002 年第 2 期。

〔2〕 违约行为不是违法行为，刑法学者"发明"了民事不法行为的概念，回避与民法学者的正面冲突。参见时延安：《论刑事违法性判断与民事不法判断的关系》，载《法学杂志》2010 年第 1 期。

〔3〕 参见江必新、胡云腾、王轶：《刑民交叉疑难问题研究》，载《中国法律评论》2021 年第 6 期。

有效/无效，刑法才侧重行为的合法/违法。[1]

在民事行为概念下，民事合法行为、民事违法行为的分类似乎顺理成章，合法行为、违法行为是法律上最基本的区分旨趣，学者想当然地将其适用到了民事行为概念之上，以为天经地义。其实，按照学者现行的“法学逻辑”，不但存在着民事违法行为，而且还能推导出民事犯罪的概念。陈兴良教授认为“违反民法的犯罪可以归之于民法”，简单推理就能得出民事犯罪的概念。然而，由民事合法行为、民事违法行为、民事犯罪行为构成的“民法”已经不是民法，在如此的语境中，民法与刑法失去了区分的意义：既然民事犯罪属于民法，那么刑法显然失去了独立的表达意义。

在与行政法对应的语境中，民事法（民法）的表达具有意义，违反行政法的犯罪是行政犯，违反民事法的犯罪是民事犯罪，行政犯与自然犯是基本的区分，其实对应行政法与民事法的部门法划分，成立行政犯罪、民事犯罪的对应。恰如陈兴良先生所言：“与其说是刑事犯，不如说是民事犯。这里的民事犯是指以违反民事法规为前提条件而构成的犯罪，是相对于行政犯而言的。”[2]行政犯罪直接侵犯的是国家的管制关系，民事犯罪直接侵犯的是公民的个人利益。由民事合法行为、民事违法行为、民事犯罪行为构成的“整体”意义上的“民法”与行政法构成意义上的相区隔。民事合法行为是一个独立的意义区域，既不含民事违法行为，也不包含民事犯罪行为。因此，在与行政法对应的语境中，成立的是民事合法行为即权利行为、民事

---

〔1〕 参见陈少青：《刑民交叉实体问题的解决路径——“法律效果论”之展开》，载《法学研究》2020 年第 4 期。

〔2〕 参见陈兴良：《民法对刑法的影响与刑法对民法的回应》，载《法商研究》2021 年第 2 期。

违法行为、民事犯罪行为的关系，非在对应的语境中，成立的则是权利行为、侵权行为、刑事犯罪的关系问题。

权利法与责任刑罚法才构成基本的对应，陈兴良教授所谓的违反民法的犯罪可以归之于民法的命题其实并不成立：民事权利法、民事刑法共同构成“民法”，是民事权利法与民事刑法共同组合成了“民法”，因此所谓的违反“民法”的犯罪，其实是对民事权利的侵犯，是对民事权利法的违反：在民事犯罪之外，并不成立什么“民法”，存在的就是单一的民事权利法。

将民事违法行为概念清理掉，令学者焦头烂额的违法一元论、违法相对论等的争论被从根本上消除了：问题本身就是伪问题。在民事权利行为、民事侵权行为、民事犯罪行为这样的语境中，在权利行为、侵权行为、犯罪行为的语境中，根本就不存在交叉的问题。如果权利与犯罪的交叉竟然成立了一个问题，法学就太无趣了。

2. 权利法与责任法的法理范式

民事法、刑事法的对应是现行法理学体系的基本关系之一。正是在相互区别的语境中，民事法、刑事法形成了自己各自的“疆界”。然而，这一法理学上的金科玉律并不科学，不但迷惑了法律人的法学认知，而且遮蔽了法律的真实图景。权利法与责任法立体关系范式的建立，民事法与刑事法关系的传统范式被从根本上破除了。

民事法与刑事法关系范式的破除可谓离经叛道，但并没有想象得那样荒唐。实证法上，与大陆法系分庭抗礼的英美法系根本上就没有民法或民事法的概念，当然也不存在什么民事法与刑事法关系的范式。其他部门法领域，部门法的名称及基本概念在世界范围内都是相同的，宪法、刑法、行政法等都是如此，在这些部门并不存在所谓的大陆法与英美法的巨大差异。唯独在所谓的民法部门，却存在“水火不容”的两大法系，一个法系以民法作为名称和基本概念，而另一个法系却根本没有“民法”的名称或对应的概念。所谓的大陆法系，西方国家的惯常称谓为民法法系，国内普遍称为大陆法系，对于何以在民法法系与大陆法系两个名称的选择上青睐于后者，国内学界并不能给出有力的依据。直接从民法法系的名称上“望文生义”地简单推理，英美法系就是根本不存在民法的非民法法系。

英美法系根本不存在民法，这一结论并不匪夷所思，学者对此亦不会感到诧异，对于英美法律人而言，民法完全是一个莫名其妙的概念。站在民法普世存在主义的立场，一个最自圆其说的辩驳是：英美法中亦存在民法，只是不存在《民法典》。

民法典、民法概念、民法的确代表着三个不同的维度，英美法不存在《民法典》、不存在民法概念是不争的事实，单单这一现象就隐藏着极其重大的法理意义需要探讨。学界普遍忽略了这一重大现象，想当然的理由则是：英美法的特征便是案例法，因此不存在编纂法典的问题。英美法不以法典作为法律的表达形式，没有民法典似乎不值得小题大做，然而英美法中却存在着“原汁原味”的商法典，英美法是否反对法典编纂的立论甚至都成了问题。[1]

英美法中显然存在着婚姻法、侵权法等，这些都是极其“正宗”和标准的民法，但这已经是基于先入为主的民法的思维定式对婚姻法、侵权法等具体法的解释，对于英美法律人而言，则成立着另外一条完全不同的解释路径：婚姻法就是婚姻法、侵权法就是侵权法，不需要以民法名称对其做额外的解释。

---

〔1〕 梁慧星先生认为，以成文法与案例法作为两大法系的区分标准并不恰当。参见梁慧星：《当前关于民法典编纂的三条思路》，载《中外法学》2001年第1期。

词义上，民法的直接含义就是适用于公民的法律，并不表达其他的含义。而且，从法律史上考察，民法概念最初也是在这一含义上使用的。作为民法典始源的《民法大全》，另一名称为《国法大全》，显然表达的不是部门法的含义。内容上，《民法大全》或《国法大全》完全是个“大杂烩”，现代意义上的民法、刑法、军事法、行政法等，无所不包。

民法概念的词义就是适用于公民的法律，是对法律整体的表达，在相当程度上与法律是同义语，与其对应的概念是万民法，是指适用于市民之外的外国人的法律。民法（市民法）与万民法的对应，逻辑上的脉络非常清晰。在市民法与万民法对应的语境中，《民法大全》中包含现代意义上的民法、刑法等的“大杂烩”现象得到了十分合理的解释，“民权法”“民刑法”这样的概念组合，亦没有任何突兀之处。国内学者的民法学教科书，普遍将市民社会与政治国家对应在一起，非常令人困惑。“市民”与“万民”对应，“市民法”与“万民法”的对应，应该是对法律的最基本的分类，对当代的法律部门划分，仍然具有参考意义。在最宏观的层面，存在着根据法律的适用对象对法律部门的划分，适用于本国公民的法律与适用于外国人的法律，大相径庭，体现着完全不同的规范理念。德国等国专门有适用于外国人的外国人法，对法律的分类非常严谨。我国法理学上所阐释的关于中国当代的法律体系，竟然缺乏专门的外国人法的分类，这是非常严重的逻辑疏漏。

肇始于《法国民法典》的民法名称，完全是对民法概念名称的误用，以讹传讹。民法名称词义本身就包含着刑法的含义，法律史上最初亦是在此含义上使用的，刑法也是民法，权利法与责任法，“民权法”与“民刑法”，这样的概念才真正表达着特定的法律部门。“民刑法”概念的建立，将刑法的私法本质彻底显现了出来。以为刑法规范的是纯粹的公法关系不符合基本的法理逻辑。

现行所谓的民事法，通说就是权利法，从民法典的结构来看，债权编、物权编、人格权编、知识产权编等民法的子部门皆直接以权利作为名称的基本元素。既然子部门皆以权利作为名称，解释上的通说亦认为是权利法，何以不直接采用权利法典的名称取代含义模糊的民法典或民事法典？这是一个十分自然的逻辑追问。

权利法是一个非常标准和形象的部门法名称，在解释上，民法的通说是权利法，权利法被作为了民法的注解，作为了民法的宾词。实际上，在民法与权利法两个名称的关系上，权利法的名称才更具有究竟的含义，更具有主词而非宾词的地位。将权利法作为民法概念的宾词，“喧宾夺主”，直接将权利法作为部门法的名称，正本清源，真正表达着所存在的特定的法律部门。民法学直接将权利法作为自己的名称，含义更加清晰，更能传达自身在法律体系中的至尊地位：没有任何其他部门法比权利法更能体现人类文明和法律的精神。

无论是法理学，还是民法学、刑法学，对部门法的划分，皆保守和迂腐地直接从既定的民法名称出发，将民法名称当作了一个天经地义的恰当名称，所追问的民法是什么，属于何种法律部门等问题，问题本身所预设的前提就是错误的。正确的路径应该是，跳出既有的民法名称，从先验的纯逻辑的角度直接追问应该存在什么样的法律部门。应该存在什么样的法律部门与民法属于何种法律部门，两种追问存在天壤之别。法律不是逻辑而是经验，完全是一面之词，法哲学、法理学的本质不可能是经验。

从先验的法律逻辑出发，其实同社会生活亦直接契合，应该存在着权利法与责任法两个基本的法律部门。民法这一名称本来就是《法国民法典》的误用，直接追问一个错误名称的含义，不可能发现问题的真相。显然，民法学的第一任务并不是界定民法的内涵，而是为民法找到一个正确的名称。

民法这一名称完全是一个陷阱，严重影响了学者的法律认知。徐国栋先生最先警觉到了民法名称的问题，认为民法名称并不表达法律部门。[1]徐先生考证出的这一结论，为权利法名称的成立提供了有力的佐证。

关于刑法的性质，一直存在着公法与私法的性质之争，在比较法维度上，法国刑法为私法是法国学界的通说，德国、日本等国主张刑法为私法的学者阵容亦相当强大。危害行为是社会生活最基本的行为，明显是平等主体之间的关系，对应的救济责任或惩罚责任，当然也是平等主体之间的关系，尽管同时亦体现着国家的利益。杀害的是个人，盗窃的也是个人，对加害方的惩罚却不是受害方的个人利益，公法说即国家关系说的牵强附会，无以复加。在极端个别的情形下，刑事责任的国家关系才是成立的。受虐狂从别人对自己的伤害中获得快感，因此并不期望加害方承担刑事责任，但国家仍然会对加害方施以刑法，其中的确不体现任何的个体利益。然而，一些国家对安乐死不追究刑事责任的立法，甚至对这一观念亦提出了挑战：受害方出于自愿，加害方便无须承担刑事责任。

调整对象是平等主体间的关系，设定的责任即刑事责任也是平等主体间的关系，如此旨趣的刑法不是私法，则没有任何法律可以被称得上私法。当然存在着国家利益，而且刑事责任的惩罚措施亦是由国家实施的，但这些都不构成刑法不是私法

---

〔1〕 参见徐国栋：《“民法”变迁史考》，载《中国政法大学学报》2007年第2期。

的任何根据，只是简单意味着刑法同时是公法。体现国家利益，未必不能同时体现平等主体之间的利益；由国家实施的刑罚措施，未必一定仅仅体现国家利益，代理人实施的特定行为，体现的就是他人的利益。

从自然正义的角度，平等主体间伤害关系的加害方一定存在着对受害方的责任付出。因承担了责任，在“等价报复”的实现中，加害方的愧疚心理得到缓解，受害方受到的伤害得到了“报偿”，从而实现了伤害关系的平复。这是一个十分明显的自然法理，在自然正义的观念下，不可能不存在加害方对受害方的刑事责任。学说上，报应刑的立场，深刻体现的便是这一自然正义的理念。

现代关于刑法目的的主流学说是恢复性私法主张，该学说将刑法的私法性质或所谓的“民事”性质更是阐释到了极致。根据该学说，受害人直接就是刑事关系的当事人，其同加害方的刑事和解，可以对案件的裁决具有决定性的作用。

权利与责任是社会生活最基本的维度，权利法与责任法的界限非常清晰，其含义直接契合社会生活，直截了当：权利是可以实施的行为，对权利的伤害产生了责任。法律是对行为的规范，没有任何概念比权利法与责任法的关系范式更能直接表达法律为行为规范的这一本质，权利法与责任法的立体关系基本上闭合了法律所需规范的社会生活的行为空间。或者为权利法，或者为侵权法，或者为刑事法，与刑事法真正构成对应关系的是侵权法和权利法，而非所谓的民法或民事法。刑事法本身规范的同样是平等主体之间的关系，无非是与权利关系并行的伤害关系，以平等主体的关系作为民事概念的基本含义，不表达任何与刑事概念的区分含义。

没有任何其他概念比权利与责任更能概括社会生活的基本

含义。现行法理学以民法与刑法构成一组对应的组合，词义上就不合逻辑。“刑法”名称中的“刑”，作为字词，其对应的概念当然是权利，“刑罚”与“权利”，这样的概念才构成组合，在与权利概念的对立关系中，刑罚概念才更能充分地表达出自身的含义。“民”字表达的是对象，“刑”字表达的则是行为，“民”与“刑”，民法与刑法，这样的组合南腔北调。法律是对行为的规范，对部门法的分类最恰当的方式显然是对行为的分类，权利法与责任法，权利法与刑法，其中所体现的行为性质，一目了然。

权利法与责任法关系范式的创立，为理解法律体系、部门法划分等法理学基本问题打开了全新的视阈。国内法理学关于法律体系、部门法划分的基础研究乏善可陈，尽管没有“刑法槽”“民法槽”等“专业槽”〔1〕的局限，但却陷入了疏离部门法这一同样严重的缺陷。〔2〕因对部门法的疏离，本应发挥指引功能的法理学因建立不出深层次的部门法划分范式而在事实上一直受到部门法学的冷遇。现行的公法、私法、社会法这样的法理学部门法划分的陈词滥调，在逻辑上破绽百出，对部门法没有任何指导意义。个别的部门法学者干脆放弃了传统的法理学理论，另起炉灶，自己建立法律体系和部分法划分的理论。张明楷先生将法律分为根本法、部门法与保障法三大类别，其中的保障法是指刑法。〔3〕张先生的法律体系范式显然是不成立

〔1〕“专业槽”是学者对部门法学局限在自身体系内进行碎片化研究的形象化比喻。

〔2〕韩思阳先生对法理学者疏离部门法学提出了尖锐的批评。参见韩思阳：《法理学还要与部门法学疏离多久——以桑本谦先生的法律解释理论为分析视角》，载《西南政法大学学报》2010年第1期。

〔3〕参见张明楷：《刑法在法律体系中的地位——兼论刑法的补充性与法律体系的概念》，载《法学研究》1994年第6期。

的，但却充分表明了部门法学对法理学理论的失望与反抗。

部门法的划分，所涉及的内容错综复杂，的确不是一个三言两语能够解决的简单问题，但直接从社会生活的维度、从社会生活最基本的权利与责任的行为分类维度，终于找到了解决这一问题的正确路径。无论是传统的公法、私法、社会法的范式，还是张明楷先生的根本法、部门法、保障法的方式，其共同的严重弊端都在于严重脱离了社会生活的直接的基本语境。权利与责任，直接表达着社会生活最基本的含义，权利法与责任法关系范式的成立应该是一个十分顺理成章的自然结论。

3. 刑民交叉概念证伪

刑民交叉在国内学界是一个被普遍接受的概念，在司法实务中也有相当的体现，所谓的刑民交叉案件，是司法实务中的难点。然而，尽管被普遍接受，对刑民交叉概念含义的理解却非常混乱。但无论如何混乱，学界却始终未对这一概念是否成立产生怀疑。首先产生问题意识的是张明楷教授，其认为“刑法学理论还在使用一些没有任何影响力及实际意义的伪概念”，大胆提出了刑民交叉为伪概念的颠覆性观点，批评学界“创制伪概念，在伪概念上下功夫，只能导致刑法学的落后，而不可能使刑法学具有话语权”。〔1〕而在此前，周光权教授亦提出了刑民交叉概念意义有限的温和观点，认为几乎所有的刑事案件都涉及刑民交叉，在法秩序统一性原理之下，刑事和民事各自有其判断规则，原本就没有什么交叉问题。〔2〕任何颠覆性的观点

〔1〕 参见张明楷：《刑法学中的概念使用与创制》，载《法商研究》2021年第1期。

〔2〕 参见周光权：《“刑民交叉”案件的判断逻辑》，载《中国刑事法杂志》2020年第3期。

都不可能被学界快速认同，冷清的回应中，学者并不赞同张明楷教授的观点，继续坚定地主张“刑民交叉不仅是一个真问题，而且是一个越来越突出的问题”，或至多存在着“纯粹法学问题中的解释选择问题”，即无非是以“刑民交叉”抑或是以“刑民关联”表达的问题。[1]也有观点表示部分认同，认为刑民交叉概念“亦真亦幻”，[2]“张明楷教授提出‘刑民交叉’概念没有存在的余地，确如斯言”。[3]

刑民交叉为伪概念的主张是成立的，只是张明楷教授没有给出更深层次的法理阐释。张明楷教授证伪“刑民交叉”，基本理由是认为刑民交叉概念没有边界，含义模糊，每个人都在不同的含义上使用刑民交叉概念，学界作为刑民交叉典型案例的民事欺诈与合同诈骗不是交叉关系，而是包容关系，刑民交叉概念外延无边无际，并不比“刑民关系”具有更多含义。[4]这些理由并不充分，证伪“刑民交叉”，对民法、刑法概念本身以及二者之间的关系进行法理、法哲学的分析才是最究竟的维度。现行关于民事责任、民法与刑法的关系的基础理论存在误区，刑民交叉概念以民事责任、民法与刑法关系的基本理论为背景，如果基本理论存在误区，在其基础上建立起来的刑民交叉概念显然不可能是一个真实的问题。如果民事责任概念存在争议或不成立，如果将赔偿责任与惩罚责任作为责任概念的基本语境，如果在权利法与责任的语境中解构刑民交叉概念对问题的理解

---

〔1〕 参见江必新、胡云腾、王轶：《刑民交叉疑难问题研究》，载《中国法律评论》2021年第6期。

〔2〕 参见江必新、胡云腾、王轶：《刑民交叉疑难问题研究》，载《中国法律评论》2021年第6期。

〔3〕 参见王充：《刑民交叉三论》，载《华东政法大学学报》2021年第6期。

〔4〕 参见张明楷：《刑法学中的概念使用与创制》，载《法商研究》2021年第1期。

就会发生根本性改变：去除了民事责任、违约责任概念的民法就是纯粹的权利法，而在作为权利法的民法与作为责任法的刑法关系的语境中，很难产生任何关于交叉的想象。交叉的实质是在同一点上，即在同一事实上同时成立权利义务关系与责任刑罚关系，这在法理逻辑上根本就不可能。如果权利法与责任法的交叉甚至成了一个问题，法学就真的成了笑柄。张明楷教授对刑民交叉概念的证伪，缺陷正在这里：未能从根本上铲除滋生刑民交叉伪概念温床的民事责任、违约责任概念。

在现有概念体系中，侵权责任与刑事责任是民法与刑法之间真正存在的“交叉”情形：侵权是轻微的伤害行为，犯罪是严重的伤害行为，刑事责任包含侵权责任于其中，逻辑上简单可解。但这并不意味着所谓的刑民交叉概念的成立，并不意味着民事责任与刑事责任概念存在着所谓的交叉。法律责任概念的基本语境是赔偿责任与惩罚责任，“本文将严格意义上的法律责任界定为违法者在法律上必须受到惩罚或必须做出赔偿”，〔1〕蔡宏伟先生的《“法律责任”概念之澄清》一文的确澄清了责任概念的真正含义。赔偿与惩罚才是法律责任概念的基本语境，因此即便存在着交叉，也首先是赔偿责任与惩罚责任的交叉，是侵权责任法与刑法的交叉，而非所谓的民法与刑法的交叉或者民事责任与刑事责任的交叉。

赔偿救济责任与惩罚责任是责任概念的基本分类，这样的语境才表达着责任概念的终极含义。赔偿救济与惩罚，直接体现着社会生活中两种最基本的行为关系。或者为赔偿救济责任，或者为惩罚责任，在两大概念之下，责任概念的基本含义被建立了起来，法律上的对应概念则为侵权责任与刑事责任，侵权

〔1〕 参见蔡宏伟：《“法律责任”概念之澄清》，载《法制与社会发展》2020年第6期。

责任与刑事责任直接对应，二者的对应构成着一种独立的和终极的含义。既不存在民事责任与刑事责任的对应，也不存在以民事责任“注解”侵权责任的必要，侵权责任概念本身就表达着终极的含义。

确立了自然维度上的责任概念的逻辑起点，在赔偿救济责任与惩罚责任、侵权责任与刑事责任两个范式下，问题将变得非常清晰：伤害案件存在多重责任。是多重责任，而非责任的交叉、聚合、竞合等。多重责任的存在十分正常，对于伤害案件，责任是多重的，既有赔偿救济责任，也有刑罚责任。“多重”概念本身鲜明地传达着责任各自独立的信息。

“刑民交叉”案件与“伤害案件的多重责任”，两种表达的意境云泥之别。伤害案件存在着多重责任，表达的是究竟意义上的自然语境，伤害案件是自然概念，多重责任即赔偿救济责任与惩罚责任也是自然概念。民事责任本身就不是究竟意义上的自然概念，而且根本就不存在，既不存在民事责任概念，也不存在所谓的刑民交叉案件。在自然的语境上，伤害案件存在着多重责任，这样的表达通俗易懂，作为朴素的“公理”，甚至都不存在定义和解释的问题。作为对比，学者对“刑民交叉”概念的定义则矫揉造作，显得玄虚：

> 刑民交叉案件，是指司法实践中发生的因特定事实要素的关联而出现的刑事法律关系和民事法律关系相互交叉、彼此竞合甚至水乳融合的案件。[1]

责任聚合亦称请求权聚合，是指同一法律事实基于法律的

〔1〕参见杨兴培：《刑民交叉案件的类型分析和破解方法》，载《东方法学》2014年第4期。

规定以及损害后果的多重性，应当使责任人向权利人承担多种内容不同的责任的法律形态。[1]

上述定义是否准确不予置评，仅仅将刑民交叉、责任聚合限定在法律语境本身就不够究竟。自然意义上，伤害案件存在多重责任是一个妇孺可知的简单道理。

案件裁决过程是一个基本的法理问题，刑民法交叉伪概念的泛滥在很大程度上正是因为缺乏对案件裁决过程的基本认知。案件裁决过程就是对同一事实同时或分别做民法和刑法的价值认定，从而或者以民法排除刑法，或者以刑法排除民法，最终确定特定事实或者民法或者刑法的单一性质。这是案件裁决过程的基本原理，并不是什么所谓的刑民交叉，非但不是交叉，反而恰恰是典型的相互排斥：在同一事实上，或者以民法排斥刑法，或者以刑法排斥民法。学界通行的所谓刑民交叉，基本含义就是指所谓的法律事实的交叉，[2]建立起案件裁决过程的清晰概念，根本就不需要刑民交叉这样粗疏的混乱表达，所谓的刑民交叉、法律事实的交叉等，统统失去了法学上的意义：根本不是什么法律事实的交叉，而是对“无性”的自然事实同时做民法和刑法的价值认定，以确定纯粹的自然事实或者民法事实或者刑法事实的单一性质，是将纯粹的自然事实评价为具体的法律事实。是将自然事实评价为具体的法律事实，抑或直接是法律事实的交叉，这是一个根本性的法理追问，法律事实的交叉、牵连型法律事实交叉、竞合型法律事实交叉，这些被炮制出来的玄虚的法学术语，完全缺乏自然事实与法律事实关系的基本法理学观念，在逻辑起点上就跑偏了。王充教授将刑

---

〔1〕 参见肖建国、宋春龙：《责任聚合下民刑交叉案件的诉讼程序——对“先刑后民”的反思》，载《法学杂志》2017 年第 3 期。

〔2〕 参见王充：《刑民交叉三论》，载《华东政法大学学报》2021 年第 6 期。

民交叉归纳为三种情形，民事侵权行为与犯罪行为的交叉、合同行为与犯罪行为的交叉等，[1]以案件裁决的范式解构，问题其实非常简单：对特定的纯粹的自然事实，同时做侵权和犯罪的价值评价，或者评价为侵权事实，或者评价为犯罪事实，评价后自然事实具有了单一的法律事实性质，根本就不存在什么法律事实的交叉问题。

所谓的刑民交叉，在法理逻辑上显然是指在同一事实同时成立民法关系与刑法关系，这是案件裁决后的结果。果真存在这一情形，当然就意味着刑民交叉是一个真实的概念。与裁决结果对应的则是裁决过程，将案件裁决结果与案件裁决过程清晰地区分开来，问题一清二楚：裁决结果意义上的刑民交叉情形根本就不存在，而案件裁决过程的机理就是对同一事实同时进行民法、刑法评价，根本不是什么所谓的“刑民交叉”。竟然没有关于案件裁决过程的任何阐释，竟然没有在案件裁决结果与案件裁决关系的语境中解构刑民交叉概念，刑民交叉概念上的混乱是注定的。

现行学界流行的民法定义为调整平等主体人身关系、财产关系的规范；刑法定义为调整国家与犯罪人之间的关系，规定犯罪与刑罚的规范。[2]这样的定义是存在问题的，关系是一个相当抽象的概念，直接从行为的角度才能表达民法、刑法最直接的定义。这样的定义就是：民法是对主体行为做权利义务的评价，而刑法则是对主体行为做责任刑罚的评价。权利与责任（刑罚）是对社会生活予以规范的最基本的维度，因此民法、刑法的定义必须被嵌入权利与责任对应的语境。至于对主体行为的权利评价或责任刑罚评价，其中所体现的究竟为何种关系，不但是其次的间接语境，而且在相当程度上是认知性的问题：无论主张对主体

---

〔1〕 参见王充：《刑民交叉三论》，载《华东政法大学学报》2021年第6期。
〔2〕 参见刘仁文等：《立体刑法学》，中国社会科学出版社2018年版，第159页。

行为的责任刑罚评价体现公法关系，还是主张体现私法关系，都无非是对主体责任刑罚评价的一种认知，对主体行为的责任刑罚评价才是刑法的“文本定义”，是最直接、最基本的定义。

在最基本的行为概念语境，民法、刑法指向的评价对象是同一的，而所谓的案件裁决过程，正是同时或分别针对同一事实进行民法评价和刑法评价，最终确定特定事实与规范的“匹配”关系，即特定事实或者民法或者刑法的单一性质。案件裁决的目的就是确定特定事实究竟是与民法“匹配”抑或是与刑法“匹配”，而学者所谓的“刑民交叉”在相当程度上其实指的就是案件裁决的此种机理。以立体的维度，案件裁决过程就是对推定的民事关系做责任刑罚评价，对假定的责任刑罚关系做权利义务关系的评价。

概念上，民事行为即权利义务行为与犯罪行为势不两立，对民事行为做责任惩罚的评价的立论，像是信口开河。然而，问题并不这样简单，概念上的民事行为当然不可能存在责任惩罚评价的问题，但法律规范的是事实，正是对自然事实的民事行为或犯罪行为的性质认定，同居是合法的，强奸则是犯罪，对同居不存在责任刑法评价问题，但特定的“无性”的自然事实究竟是同居还是强奸，却正是需要法律评价的对象。

与有罪推定相反，权利推定是必须建立的法律理念，对无性的自然事实，首先被假定或推定为了民事行为，特定事实必须首先被推定为占有而非侵占，推定为同居而非强奸，推定为买卖而非诈骗……因此对无性的自然事实做民事行为和犯罪行为的性质认定，就是对推定的民事行为做责任惩罚评价。

对推定的民事行为做责任刑罚评价，这一命题对法律规范行为本质的表达，穷形尽相，不但直接表达着权利推定的正义理念，而且表达出了规范的动态、立体及对立过程：不仅仅是同一事实，对推定的民事事实做责任刑罚评价，当然包含着同一事实的含义。不可能既牵连民事关系，又牵连刑事关系，是民事行为，就不可能同时是犯罪行为，在责任刑罚评价之前，民事行为的性质是假定的。

对民事行为做责任刑罚评价，但并不评价抽象的民事行为。例如，不可能对抽象的合同行为进行评价，那属于立法的范畴，裁决过程仅仅是对具体的合同行为进行评价，而在评价之前，所有的民事行为都是假定的，一旦被认定为具备责任刑罚性质，其便无法成立民事行为。假定甲、乙合资设立公司，然而乙的出资却是赃款。裁决过程中不会对抽象的合资设立行为进行评价，但乙的具体的出资作为假定的民事行为，却必然需要经过刑法的责任刑罚评价，这正是刑法的功能和意义，非如此，刑法便无法体现自身的功能和意义。被认定为赃款出资，乙的假定的出资民事行为，无法产生民事行为的含义。

对推定的权利义务行为作责任刑罚的评价，成立责任刑罚关系的，推定的权利义务关系终止。另一方面，所有的责任刑罚评价都设定着一个在先的权利义务评价：责任刑罚科处在权利伤害行为之上，显然以权利义务关系的成立为前提，因此任何责任刑罚评价都必然同时涉及权利义务评价。

对推定的民事行为作责任刑罚评价，显然根本不是刑法与民法的交叉关系。恰恰相反，是不交叉关系，是纯粹的对立关系：成立责任刑罚评价，推定的权利义务关系就终止了。对推定的责任刑罚关系作权利义务评价，如果不成立权利义务关系，推定的责任刑罚关系便终止了：责任刑罚科处在伤害权利的行为之上，没有成立的权利义务关系，当然不可能存在对权利义务的伤害，即不成立责任刑罚关系。赃款赃物、违禁品上不成立民法上的权利，但仍然可以构成财产犯罪的对象，[1]没有权利存在，却独立成立责任刑罚关系。其实，在民法上，纯粹的占有本身就是受到保护的，因此与民法刑法关系原理并不矛盾。

对民事行为的责任刑罚评价，其中所体现的旨趣是对立的，认定为责任刑罚性质，假定的民事行为便不再具有民事行为的意义。是责任刑罚性质，就不可能同时是真实的民事行为，在评价和定性之前，所谓的民事行为只是假定的民事行为。被作为刑民交叉典型情形的民事欺诈与合同诈骗的区分，在该命题下将被清晰地厘清脉络：特定的行为首先被假定为民事行为，即民事欺诈，对其进行责任刑罚评价，若定性为合同诈骗，假定的民事欺诈便不再具有民事欺诈（即民事行为）的含义。其间不存在任何的交叉关系：构成合同诈骗，就不可能同时构成民事欺诈，在责任刑罚评价之前，特定的行为只是假定的民事行为、假定的民事欺诈。民事欺诈形成的是权利义务关系，合同诈骗形成的则是责任惩罚关系，二者之间泾渭分明，根本不可能存在所谓的交叉关系。

表达上，民事欺诈的术语并不准确，变更为民事欺骗，与合同诈骗之间能形成清晰的对比语境：欺骗程度低，仍受权利义务范式的评价，欺诈程度高，受责任刑罚范式的评价。现行民事欺诈、合同诈骗术语的平行使用，显然表达不出立体区分的旨趣。张明楷先生认为，合同诈骗包含在民事欺诈之中，因此区分二者如同区分财产与不动产一样没有意义，“合同诈骗只是民事欺诈中的特殊情形，既然如此，就不能讨论二者之间的区别或者界限”，[2]大抵将其间的关系颠倒了：合同诈骗包含民

〔1〕 参见吴镝飞：《法秩序统一视域下的刑事违法性判断》，载《法学评论》2019年第3期。

〔2〕 参见张明楷：《刑法学中的概念使用与创制》，载《法商研究》2021年第1期。

事欺骗或民事欺诈，如同犯罪中一定包含着侵权，但后者包含前者在逻辑上是不可能的。

民事欺诈与合同诈骗罪的对应表达，如同民事犯罪与刑事犯罪的对应一样荒谬不堪，民事侵权与刑事犯罪、民事欺骗与刑事诈骗，如此的对应才符合逻辑。“德日刑法教义学中，对于民事欺诈与诈骗罪并未严格区分，而是将我国学者所认为的民事欺诈都认定为诈骗罪。”〔1〕陈兴良教授的这个结论，或者说德日刑法教义学的立场，暗合的正是欺骗与欺诈的对应关系：根本就不存在什么所谓的民事欺诈，欺诈概念本身表达的就是犯罪的含义，所有的欺诈都是犯罪，如同不可能存在民事盗窃与刑事犯盗窃一样；与欺诈构成对应关系的是欺骗，如同犯罪对应侵权一样，表达的完全是两个不同的义域。

欺骗与欺诈的对应，表达出了二者之间质的区别：前者是违约，后者是犯罪。张明楷、肖中华两位先生认为，民事欺诈与刑事欺诈构成一般与特殊的关系，〔2〕此意义上的关系，当然没有区分的意义。

民事欺骗与刑事诈骗，二者的区分构成着基本的案件裁决目的，学者所谓的刑民交叉在相当程度上指的就是这一情形：“被广泛使用的‘刑民交叉’，大致所针对的似乎是案件处于刑事和民事的临界点上，构成犯罪还是民事侵权、违约难以被决断的情形。”〔3〕张明楷先生反对刑民交叉概念，理由之一便是不成立民事欺诈与刑事欺诈的区分问题。

---

〔1〕 参见陈兴良：《民事欺诈和刑事欺诈的界分》，载《法治现代化研究》2019年第5期。

〔2〕 参见肖中华、朱晓艳：《经济纠纷背景下的刑事诈骗案件认定》，载《法学杂志》2021年第6期。

〔3〕 参见周光权：《“刑民交叉”案件的判断逻辑》，载《中国刑事法杂志》2020年第3期。

民事欺骗与合同诈骗性质迥异，既非包含关系，亦非交叉关系，区分二者的实质就是区分权利义务关系与责任刑罚关系，构成着案件裁决最基本的功能和使命。在案件裁决过程，就是对同一事实究竟是民事性质抑或刑事性质作出识别，构成民事欺骗，就不可能同时构成刑事欺诈，不存在交叉的问题；构成刑事欺诈，同时成立民事关系，但这是一个基本的法理问题，即犯罪行为对合同效力的影响。在更广泛的意义上，刑事案件引起民事赔偿关系，也是一个普遍现象，但不存在以所谓的刑民交叉概念表达的意义。犯罪行为对合同效力的影响、刑事案件的民事赔偿关系是比刑民交叉更富法学意义的表达。

权利与刑罚，两种关系根本不可能同时成立，刑法与民法即责任法与权利法之间根本就不存在交叉的点。连交叉点都不存在，怎么可能存在交叉。被学界作为所谓的刑民交叉的情形恰恰是不交叉，而是刑法与民法的对立：成立责任刑罚关系，便不能同时成立权利义务关系。案件裁判过程，是对假定的民事行为做责任刑罚的评价，对假定的责任刑罚关系做权利义务关系的评价。更直接的说法是，案件裁判过程，就是或者以责任刑罚关系排斥权利义务关系，或者以权利义务关系排斥责任刑罚关系，是“赤裸裸”的排斥关系。陈兴良先生将所谓的刑民交叉归纳为三种情形：①形式上看似民事法律行为，实质上是刑事犯罪行为；②形式上看似刑事犯罪行为，实质上是民事法律行为；③刑事犯罪关系和民事法律关系的交织。〔1〕三种情形没有一种真正构成交叉的情形。前两种明显就是不交叉，是非此即彼的排斥关系。同时成立才是交叉的含义，一种关系排斥另一种关系的成立，怎么可能是交叉。在第三种情形中，陈

〔1〕参见陈兴良：《刑民交叉案件的刑法适用》，载《法律科学（西北政法大学学报）》2019 年第 2 期。

先生探讨的是区分盗窃罪与侵占罪、侵占罪与职务侵占罪的民法上的基础关系：存在保管关系或委托关系的为侵占罪，不存在的为盗窃罪……民法为权利法，对权利的伤害产生责任刑罚关系，姑且不论这是民事关系与刑事关系的基本关系，并不构成一种独特的情形，而且此关系的实质也根本不是什么所谓的交织，而是"对象"关系，犯罪就是对权利的伤害，权利义务关系是犯罪侵犯的对象，如何就成了犯罪与权利的交织？成了刑法与民法的交织？

被陈先生作为刑民交叉问题探讨的在合同纠纷中涉及犯罪行为的民事纠纷如何解决的问题，同样也不是真正的交叉问题。陈先生列举了合同一方当事人涉嫌犯罪是否必然影响合同的有效性、借款人骗取担保是否影响贷款合同和担保合同的效力等9种情形，其指向的核心问题就是：犯罪行为中的合同效力。犯罪行为不可能产生权利义务关系，罪犯的犯罪行为不可能同时对罪犯产生权利义务关系，至于犯罪行为是否影响另一方当事人的权利，即是否影响合同的效力，构成一个基本的法理问题，但却完全没有必要表达为刑民交叉问题。犯罪行为是否影响合同的效力是远比所谓的刑民交叉更具有法律意义的表达。

4. 法秩序统一原理的真义

法秩序统一原理是关于法律的一个公理，与所谓的刑民交叉直接相关，学者对刑民交叉概念的探讨，主题之一便是该原理在刑民交叉中的具体体现：交叉点在哪里？统一性如何体现？这些是学者争议的焦点问题。

以法秩序统一性原理解构刑法、民法之间的关系，现行观点认为，在刑法、民法之间一定存在着统一性、同一性的关系点。寻找刑法、民法同一性的关系点，学者的观点五花八门，违法性为同一性关系点、法律效果是同一性关系点等，争论得不可开交。果真成立此意义上的同一性关系点，所谓的刑民交叉当然也就成立了。田宏杰教授主张违法论、[1]陈少青教授主张法律效果论，[2]但目的显然都是阐释刑民交叉的含义。

刑法、民法之间当然存在着同一性关系，但此种同一性关系却是对立中的同一，与交叉无关。其具体含义是：因为是对立的，所以必须同一，在立法层面，刑法规范与民法规范不能相互冲突。因为刑法、民法是对立的，所以在规范上不能冲突，这才是关于刑法、民法同一性关系最淋漓尽致的究竟含义。[3]而在法律的具体适用上则体现为，同一事实上不可能同时成立权利义务关系与责任刑罚关系。同时成立是关于同一性关系的最为粗疏的表象上的理解，不能同时成立才是关于同一性关系的极致境界。理解不了对立的同一，学者便会陷入对刑民交叉、违反一元论、法律效果论等概念无休止的争论之中，正确建立起对立同一的思维范式，刑民交叉、违法一元论等奇怪的概念根本就不会产生。

权利义务关系与责任刑罚关系是直接对立的，立法层面，设定了权利义务关系，刑法就不能同时设定责任刑罚关系。或者权利义务关系，或者责任刑罚关系，赤裸裸的对立关系，前者成立，则必然排斥后者的成立，后者成立，则必然同样排斥前者的成立，根本就不存在什么所谓的刑民交叉。确立了刑民

---

〔1〕 参见田宏杰：《刑民交叉问题的实体法立场与分析方法》，载《政治与法律》2021 年第 12 期。

〔2〕 参见陈少青：《刑民交叉实体问题的解决路径——“法律效果论”之展开》，载《法学研究》2020 年第 4 期。

〔3〕 周光权认为，法秩序统一原理的含义见仁见智，唯一的共识就是规范不能冲突。但其在文章中却使用民事违法、不法的概念，还没有识别出刑法民法规范不能冲突的法秩序统一性的具体含义。参见周光权：《论刑法所固有的违法性》，载《政法论坛》2021 年第 5 期。

对立关系的基本前提，以对立的理念观视，将统一理解为在立法上不能相互矛盾，学界作为刑民交叉典型案例的几种情形，从法理上观之其实非常简单。

案例一：表见代理与刑法上的侵占罪。在学者混乱的刑民交叉概念的使用中，这个问题还算是一个有些意义的真问题：如果表见代理与刑法上的侵占罪在同一行为或同一事实上同时成立，那的确是刑民发生了交叉。学者之间有争议，成立侵占罪，便不能成立表见代理，此主张无异于从根本上废除了表见代理。相反的观点则认为，表见代理与侵占罪可以同时成立。此说的问题是：违反权利与刑罚之间非此即彼的对立关系，同一行为既是权利又是刑罚在逻辑上是荒谬的。〔1〕侵占行为是代理人与被代理人间的关系，直接与代理人与被代理人间的代理关系对应才有意义，代理人无权代理，对被代理人而言就是侵占，在代理人与被代理人之间并不成立有效的代理关系，因此必须对被代理人承担责任，而在有效的代理中，代理人是无须对被代理人承担责任的，有效的代理即意味着代理人享有不承担责任的权利。显然，无权代理中代理人对被代理人不成立权利关系，就是单一的侵占关系。而相对人与被代理人的关系则是另外一种关系，其是否有效与侵占行为并不发生直接的冲突：相对人与被代理人之间就是单一的权利关系。因此，在表见代理中，本来就存在着两种不同的关系，如果代理人与被代理人之间同时成立权利关系与犯罪关系，如果相对人与被代理人之间同时成立权利关系与犯罪关系，那才是所谓的“刑民交叉”。

案例二：保险法不可抗辩条款与保险诈骗罪。帅某骗保案，

〔1〕 相关观点分析参见刘伟：《民刑交叉案件中表见代理行为的刑事法律判断》，载《中国刑事法杂志》2014 年第 1 期。

学界关于其中刑民交叉的观点极其混乱。“帅某的行为既符合《保险法》的规定，又符合刑法中保险诈骗罪的要求，是民事合法行为与诈骗罪的竞合。”〔1〕根本就不存在什么所谓的竞合，如果真的出现了《保险法》与刑法之间的冲突，那一定是立法上出了问题，而不是出现了竞合。如果《保险法》将其设定为了权利关系，刑法就不能再将其设定为责任刑罚关系。假定立法上出现了疏漏，帅某的行为确实可以同时适用《保险法》与刑法，学者首先应该关注的也是对法律的修改，而不是竞合和刑民交叉问题。如果帅某的行为真的符合《保险法》的规定，即便同时符合刑法保险诈骗罪的要求，也不能被定性为诈骗罪。何况是否符合刑法诈骗罪的要求并不清晰，将修改谎报年龄解释成虚构保险标的的保险诈骗行为，并不是法律的清晰规定。问题非常简单：如果帅某的行为符合《保险法》的规定，即便同时符合刑法的要求，那也不是竞合，而是立法出了问题。同时也不能定性为诈骗罪，立法上出现的问题，不应该由公民承担不利的后果。

权利法与责任刑罚法才是民法与刑法最究竟的关系。建立了这一基本理念，根本就不存在所谓的前置法与后置法、刑法对民法具有依赖等奇怪的问题。〔2〕权利法与责任法，基本的旨趣根本就是对立的、冲突的，前者体现的是权利义务的理念，后者则是责任与惩罚的理念，对特定的自然行为，究竟是以权利义务的范式规范，抑或是以责任惩罚的范式规范，两种方式针锋相对，流氓罪、投机倒把罪等的取消，意味着相对应的行

---

〔1〕 参见于改之、吴玉萍：《刑、民冲突时的法律适用　以帅英骗保案为中心》，载《法律适用》2005 年第 10 期。

〔2〕 刑法为后置法是学界通说，也有学者提出质疑。参见张峰铭：《刑法是后置法吗？——法域冲突问题之体系反思》，载《法制与社会发展》2023 年第 4 期。

为被归属到了权利义务的规范范式，不再以责任与惩罚的方式规范。正是基于本质上的此种对立关系才产生了所谓的法秩序统一原理：立法层面，民法法定的以权利义务范式规范的行为区域，刑法不得再以责任与惩罚的范式规范。反过来亦是如此，刑法确立的以责任惩罚范式规范的区域，民法不得再以权利义务的范式进行规范，其中显然不存在所谓民法作为前置法的问题。是互相限定，而非前置后置关系，这才是民法与刑法关系最究竟的含义。陈兴良先生在刑民交叉标题下探讨的“高利放贷的法律规制：刑民双重视角的考察”〔1〕，其实正是民法与刑法相互限定的对立关系，既不存在所谓的前置法、后置法关系，更不存在所谓的交叉问题。

先有民法设定权利，其后才有对权利的侵犯，才有因对权利的伤害所产生的责任刑罚。但反向的关系同时成立：没有责任刑法，就没有权利的存在。另一方面，刑法设定刑罚关系在先，其后便不能再产生对应的权利。刑法的含义绝不单单是对权利的保障，同时更是对权利的限定。与对权利的保障相比，对权利的限定具有同样的基础法理意义，责任刑罚便是对权利的限定，刑法设定了责任刑罚，直接意味着特定领域是权利“禁区”，其间禁止任何权利的产生。权利永远不可能包含责任的含义，责任依赖于权利、附属于权利，无异于取消了责任概念本身。刑法规范不可能被纳入民法，刑法也不可能对民法具有依赖关系，例如不包含婚姻刑法的婚姻法就不是婚姻法，准确的名称应该为婚姻权法，婚姻权法与婚姻刑法加起来才是婚姻法。现行的情形是婚姻权法与婚姻刑法分门别户，婚姻刑法不可能被纳入婚姻权法，二者既可以整合，也可以分立，整合

〔1〕 参见陈兴良：《高利放贷的法律规制：刑民双重视角的考察》，载《华东政法大学学报》2021 年第 6 期。

后才是名正言顺的婚姻法。刑法可以被纳入民法，从根本上既毁灭了民法概念本身，也毁灭了刑法概念本身。

刑法对民法具有依赖关系，立论围绕刑法是后置法、民法是前置法，民事违法性与刑事违法性的关系展开，违法行为一元论、民法定性刑法定量等观点强烈隐喻着所谓的刑法对民法的此种依赖关系，在该语境下的刑法完全成了“寄人篱下”的“陪衬”。相反的观点对违法行为一元论提出了质疑，认为刑法具有其固有的违法性，〔1〕竭力营造刑法与民法分庭抗礼的独立语境。刑法当然是独立的，周光权等先生对刑法独立性的表达还没有触及问题的症结：对刑法独立性的终极证成和表达就是废除所谓的民事不法行为概念，直接在权利法与责任刑罚法关系的语境下表达刑法的独立性。根本就不存在什么民事违法行为，哪里有什么刑法对民法的依赖性？

〔1〕 参见周光权：《论刑法所固有的违法性》，载《政法论坛》2021年第5期。

十三 诉权与诉讼标的的新概念

1. 作为受护权权能的诉权

诉权是民事程序法中最基本的概念，然而关于诉权的定义，纷纭的学说令人眼花缭乱，本案判决说、司法保护请求权说等，多种学说相互攻讦，乱作一团。至今不能将该概念的含义弄清楚，阻碍发现真相的因素十分复杂，但真正的“元凶”就是请求权概念。诉权的本质根本不是请求权，各种学说尽管表面上针锋相对，其实完全是“一丘之貉”，在请求权的基调上“我长你段”，五十步笑百步，并没有根本性区别。

按照流行的通说，实体意义的请求权概念，是温德沙伊德从“action”概念中分离出来的，即从诉讼程序中分离出了实体意义上的请求权。由此看来，请求权概念在民法实体法体系中的“泛滥成灾”肇始于诉权请求权。因而证伪诉权请求权概念，不但本身富有意义，而且对整个请求权概念体系具有正本清源的巨大价值。

法理上，实体权利受到侵害，必有公力救济予以保护，否则权利便会形同虚设，所谓无救济则无权利，显然，获得国家公力保护和公力救济的权利是权利人的一项基本权利。现行理论将诉权理解为请求国家予以保护的权利，诉权被界定为了请求权。

关于诉权性质的定性，关键的问题是诉权与实体权利的关系，包括自身是否为实体权利，以及与所针对的被救济的实体权利的关系。在第二个问题上，现行的解释陷入了难以自拔的泥淖：以为是对作为私权的实体权利的救济，没有实体权利的人便不应该享有诉权。按照这样的理解，原告起诉败诉，原告先前起诉的权利并不是诉权。该种理解实际上是将作为私权的实体权利作为了诉权的前提，诉权被作为了实体权利的派生权利。这与诉讼程序的功能显然尖锐对立：诉讼的目的就是对当事人之间的权利关系作司法上的判明，在裁判之前，是否存在权利关系处在“悬决”状态。以诉权为实体权利的救济权，因裁判之前权利处在“悬决”状态，诉讼程序显然无法启动。相反的立场是将诉权与实体权利的关系斩断，以为诉权为纯粹的公法上的权利。如此理解的一个明显的优势是：为诉讼程序的启动提供了合理的解释，因与实体权利无关，任何人当然都可以对裁判机关提出请求启动诉讼程序。但缺陷亦同样明显：一个没有实体权利的人也享有诉权，诉权的正当性和价值产生疑问。有权利的人与无权利的人，总是要存在区别的，法律的目的即在于对正当性的维护，对有权利的人和无权利的人表明不同的区别态度，对前者予以保护，对后者处以否定性评价。以诉权为与实体权利无关的纯粹公法上权利，自然正义所要求的法律的区别态度根本无从体现。这是一个更为严重的违反法理的硬伤。

对权利公力救济的权利是受护权而非请求保护的权利即所谓的诉权，获得保护的权利才是一种终极的权利和目的意义上的权利，该权利可以放弃、可以主张。而所谓的诉权，其实正是对获得保护权利的一种主张，是获得保护的权利即受护权的一项权能。是否主张受护权，是权利人的自由，不请求，不主张，国家不会自动提供保护。依现行诉权请求权理论，表象上，败诉的原告拥有的当然为诉权，其行使的是请求国家保护的权利。然而，请求作为权利，是因为其内容必须被实现，败诉的原告，请求被拒绝，无任何效力的请求行为不可能成为一种权利，结论令人错愕：原告并不拥有诉权。逻辑上，无论败诉原告是否拥有诉权，都显得相当荒诞。受护权将权利人与非权利人严格区分开来：非权利人可以主张受护权，但不会拥有受护权，即不会胜诉，作为一种客观权利，只有权利受到侵犯的人才有受护权。诉权本就不是直线式的请求国家保护的权利，而是立体的对受护权的主张的权利，该解构之下，败诉原告的诉权悖论不再难解。作为对受护权的主张的权利，表达的是原告对客观权利（即受护权）的一种主观态度，原告表达自己对受护权的主张态度，法院的义务是对其主张作法律上的判明，无论是胜诉还是败诉都是对原告主张的一种审理结果，主张权作为权利因此得以成立。

从表象上看，在诉讼程序中，当事人与司法裁判机关存在的的确是明显的请求关系，民事诉讼以不告不理为原则，符合民事诉讼的自然法理。债权作为请求权被证伪，所依据的一个基本理由是：即便权利人未请求，义务人亦必须履行义务，请求的意义空间极其有限。而在民事诉讼程序中，司法裁判机关显然并无这样的裁判义务，请求是启动诉讼程序的前提条件，因而除了将诉权归结为请求权，似乎并不存在其他的可能。

即便是在债权中，请求亦具有一定的功能，诉讼程序中请求的意义更为明显，并不奇怪。问题的关键是请求仅仅是实体权利的一种权能，抑或是诉权本身。

请求依附于一种具体的实体权利之上，或者说请求权概念下面隐藏着一种特定的实体权利。请求权与实体权的直接同一，将其所依附的实体权利掩盖了。在与刑事诉讼程序的对比中，民事诉权作为请求权，其所隐藏着的实体权利能够被清晰识别出来。

在刑事诉讼程序的公诉制度下，受害人并无请求启动诉讼程序的权利，但却享有实体权利，刑事诉讼的目的之一显然是对公民的保护。对刑事诉讼程序体现出来的这一法律现象的合理解释是：公民享有获得国家保护的权利，该种保护是国家的自动保护，公民不必向国家请求保护，或者理解为享有获得保护的权利但却没有请求国家保护的权利。也就是说，在刑事诉讼中，实体权利与对该实体权利的主张的权利（即请求权）是分离的。

实体权利以及对实体权利的主张的权利（即请求权）是权利的一个基本结构，依特定的法律关系价值取向的不同，实体权与请求权存在不同的结合方式。在民事诉讼中，实体权利与请求权直接合一，请求即被受理，不请求不予干涉，因此产生了一种幻象，本来作为实体权利的权能的请求似乎成了唯一的权利本身。而在刑事诉讼程序中，实体权利则与请求权利完全分离，在该种法律关系中，实体权“浮出水面”，显示出了自身在权利结构中的真正本体地位：因为根本没有请求权的存在，请求权“鸠占鹊巢”的伪装被彻底掀开。

民事诉权中请求权所依附的实体权即为受护权。私人之间存在着实体上的权利义务关系，私人与国家之间亦存在着这样的实体权利关系，前者如人格权、所有权，后者如选举权、游行权。该命题是法律常识，似乎并不存在特别强调的必要。但知道常识是一回事，自觉运用理论探究法律现象却并不简单。在诉讼现象中，所体现的本质关系其实是国家对私人的保护义务，从权利的角度来看，则为私人对国家的受护权。受护权的发现从根本上找到了解决诉权本质的正确路径。

受护权是指私人获得国家保护其特定法律处遇的权利，无论是给付之诉，还是变更之诉、确认之诉，都可以被涵盖在法律处遇的概念之下。作为纯粹的实体权利，受护权的实现体现为国家裁判机关对私人特定法律处遇的认同和支持。受护权的启动以私人（即原告）的请求为条件，但却不能归结为请求国家保护的权利，请求仅仅是受护权的一项权能。从结果与手段范畴上看，请求总是一种手段，必然以某种特定的结果为归依，这里即体现为对获得保护结果的归依，获得保护是请求所追求的目标，作为结果指示着请求所针对的方向。

建立受护权概念后，似乎无解的诉权悖论被轻松化解。诉权是受护权以及对受护权的主张权（即请求权），二者显然均为公法上的权利，前者是纯粹的实体权利，后者是该实体权利的一项权能。只有享有权利的人才存在保护的问题，受护权概念本身鲜明地表明了自身与私权意义上的实体权利的关系，将权利人与非权利人截然区别开来，强烈宣示着按照自然正义理念法律本应具有的不同立场。尽管无论有无权利，任何人都可以启动诉讼程序，但有权利的人因享有权利而具有受护权，最后会获得胜诉判决。诉权的本体为受护权，受护权的有无，在权利人与非权利之间设定了一道无法逾越的天然鸿沟。

客观之债与理解之债，客观权利与理解权利（主观权利），是从主观与客观维度上对债、权利的性质进行的追问，“形而上”的哲学意境不太容易被充分体认。但在该维度上对权利性质的追问是究竟意上理解权利所必须进行的追问。无此追问，映现出来的就不是权利的本质，而是关于权利的虚幻表象。而就具体的意义而言，该追问能够对诉权与实体权利的关系提供一个具有相当解释力的理解模式。

权利是客观的，债是客观的，然而客观权利、客观之债却以主观形式即理解之债、理解权利作为自己的表达形式，无论如何主张客观性，总是主体所理解的客观性，都不可能跳出主观性的禁锢，因而客观权利总是主体所理解的客观权利，至于是否为纯粹的客观权利，只有在法院审判之后才能得到假定意义上的认定。但如果以为权利完全是理解的权利、主观的权利，则会陷入另一个极端，客观权利总是存在的，而且主体所理解的权利正是客观权利本身。

从权利主观性的角度来看，审判之前的权利或者债均为理解权利、理解之债，将主观性立场推至极致，甚至可以认为审判之前并不存在客观权利、客观之债，至少没有理由认为或者要求，原告所主张的权利即为客观权利。以此立场探析诉权与实体权利的关系，无论客观上有无实体权利，都不影响请求法院裁判的权利，即不应先行为诉权设立实体权利的前提条件。但另一方面，总是存在一个客观上的权利，即便是理解之债，也是理解的客观之债。理解之债概念的建立，将诉权是否以实体权利存在为前提的悖论彻底消解：诉讼程序的启动必须以实体权利的存在为前提，唯此方能体现出法律对不同法律处遇的当事人的区别态度所表达的自然正义理念。但另一方面，亦必须赋予任何人以启动诉讼程序的权利，唯此才符合裁判以确认权利为目的、裁判前权利是否存在并未判明的客观真实。在理解之债的概念下，原告是依自己的理解之债、理解权利而启动的，理解之债、理解权利是否为真正的客观权利在所不问，每个人都有自己的理解之债，因而任何人都具有启动诉讼程序的权利得到了合理的解释。理解之债是形式上的实体权利，诉权以实体权利的存在为前提客观要求同时得到了兼顾，诉权究竟是否以实体权利为前提一直未解的“悖论”，迎刃而解。

诉权以实体权利的存在为前提，是对客观权利、客观之债的救济，无救济则无权利，反过来道理是一样的，即无权利，则无救济，诉权以实体权利为前提是必须坚持的立场。因未识别出理解之债与客观之债的区分，现行理论在关于诉权与私法意义的实体权利的关系上陷入了泥淖。

任何人都有启动诉讼程序的权利，诉权是对受护权的主张权，该概念成功地将客观权利与主观权利结合了起来：受护权是客观的权利，但对受护权的主张的权利则是主观的，是原告所理解的客观权利。诉权必以实体权利为基础，但又不能以实体权利为基础，理解权利的概念在似乎两难的窘境中找到了平衡：不是纯客观的实体权利，而是主观所理解的实体权利。一方面，诉权与实体权利无关的原则得到了体现；另一方面，诉权必须与客观上的实体权利关联：尽管任何人都可以提起诉讼，但只有实际享有实体权利的人才能获得受护权，受护权真正体现着与实体权利的关系，真正体现着对实体权利的救济。

引入理解之债与客观之债的术语厘清了关于诉权本质问题的诸种混乱。这样的术语宣示着一种研究民法问题的哲学方法，即在对立的思维范式下审辩民法关系，在主观与客观对立同一的思维路径下思考，只有如此才能将研究引向深入。现行学说中的主观权利与客观权利也是这样的对立术语，哲学中类似的对应概念更是司空见惯，幸福是主体的感觉还是客观上的状态、美是主体的感觉还是客观上的状态等等，均属此类。形成主观、客观对立统一的思维范式，民法中的许多概念都会发生颠覆式的改变。

受护权是纯粹的实体权利，而所谓的诉权仅仅是受护权的一项权能。作为实体权利，受护权不但可以通过行使诉权向法院主张，而且也可以通过合意向仲裁机构主张，诉权与仲裁权共同构成着对受护权的主张方式。厘清上述关系，现行关于诉权的诸种学说终于被彻底理出了头绪。

学说一——私法诉权说：诉权是实体法上的权利，尤其是实体法上的请求权的强制力的表现，或者说是实体法上的权利被侵害转换而生的权利。

评析：永远不要低估大师的智慧。撒维尼代表的该说尽管有些瑕疵，诸如无法解释消极确认之诉等，但其中所体现的诉权必与实体权利或实体关系具有关联的理念十分正确。学术是一种轮回，撒氏的理论即便不是当今的主流学说，但未必就不会在更高的起点上在未来实现否定之否定式的“复古”。实际上，作为流派之一的“二元诉权说”在相当程度上体现着私法诉权说的内容。

学说二——抽象诉权说：诉权是当事人向法院提起诉讼，请求合法审判和判决的权利。

评析：该说之所以被称为抽象诉权说，根据在于忌惮具体的判决内容与实体权利的关系，将诉权与实体权利作截然的撇清，划清界限，担心“若具有请求法院为具体判决内容的内涵，则诉权又具有了实体权利的内涵”。[1]是否具有实体权利，的确不应该影响请求法院审判的权利。然而，若将程序权利与实体权利完全扯断，法律维护特定法律秩序以及正义的宣示功能和目的显然无法体现。

学说三——权利保护请求权说（具体诉权说）：诉权是当事人就具体内容请求法院作出利己判决的权利。李龙先生认为该说是大陆法系各国学术界的通说。

评析：虽然同为诉权公法说，但具体诉权说显然在诉权与

---

〔1〕参见段厚省、郭宗才：《民法请求权与民事诉权之关系考察》，载《河北法学》2009年第10期。

实体权利之间搭建起了相当程度的关联，国民在其权利受到侵害时则享有要求国家保护的权利，这是该说解释诉权所遵循的基本思路。在该说之下，实体权利的在先存在是诉权成立的基础条件。但与私法说不同，该说鲜明强调，诉权是对国家的权利。

学说四——本案判决说：该说后改称为纠纷解决请求权说，"顾名思义"，后者在表达上更为直接。

评析：本案或纠纷显然是个与实体权利与义务没有任何关联的中性概念，诉权被作为了纯粹的公法上的权利。按照该说，不论原告是否具有实体权利，任何人都享有诉权，而无论胜诉与否，亦都可以视为诉权的实现。

学说五——司法行为请求权说：司法行为是个极端抽象的概念，公民对于国家裁判机关（即法院）享有请求其按照实体法和程序法审判的权利。以司法行为概念替代权利概念，该说彻底切断了诉权与实体权利的关系，任何人，无论有无实体权利，都有权利要求法院审判。

评析：公法诉权说的诸种学说，均立足于将诉权与实体权利割裂的立场，然而诉权客观上与实体权利存在着相生关系，以割裂的立场解释，终究会"捉襟见肘"，总会遇到解释不了的自相矛盾，抽象请求、具体请求、本案判决请求、司法行为请求，这些概念存在一些细微的差别，但在割裂二者关系的错误大前提下，诸说之间并无真正的质的差别，任何一种学说对前说的改动均属"换汤不换药"，于事无补，"半斤八两"的学说之间互较短长，距诉权本质的正解，差得很远。

学说六——二元诉权说：该说是苏联学者提出的观点，认为诉权分为程序意义上的诉权和实体意义上的诉权。前者为起诉的权利，后者为胜诉权。

评析：诉权不可能与实体权利没有关联，但构建二者之间的关系，显然存在着两个巨大的障碍：其一，没有实体权利，并不应该影响请求法院保护的权利，是否具有实体权利，正是需要在审判中才能查明的事项。因而，一方面，诉权是请求法院保护实体权利的权利立场无法成立；另一方面，法律不应该为没有实体权利的人设定任何救济的权利。哲学上麻烦的二律背反在这里阻断了出路：无论是正题还是反题，即无论是否以实体权利为诉权的前提，都会面对另一个完全相反的命题。其二，在确认之诉等诉讼中，并不存在具体的权利，但诉却是成立的。

受护权是获得国家保护的权利，显然是不折不扣的实体权利，而请求法院审判的权利，仅仅是受护权的一项权能。受护权与实体权利相连，本身亦是实体权利。因而，诉权的准确定义应该是：请求法院保护特定法律处遇的权利。没有受护权的人，亦可以起诉，但无法胜诉。而享有受护权的人，则获得了法律对特定法律处遇的支持。起诉是一种权利，获得特定保护是另一种权利。相反，无受护权的人只享有一种权利。

请求法院审判的权利不是一种独立的权利，而只是实体权利（即受护权）的一项权能，程序权利与实体权利被完美地有机结合起来，相形之下，苏联学者提出的二元论完全是程序权与实体权的机械拼凑，简单地相加是缺乏生命灵性的僵死的概念。

程序权与实体权利不可能没有关联，其间隐约的关系一直是传统诉权理论的困扰，似乎存在着关系，似乎又不存在关系，有流派认为二者之间存在关系，有流派否认二者之间存在关系，受护权概念建立之后，这种隐约的关系终于显现出来：程序权通过公法上的受护权的中介与私法上的实体权利发生关联，与实体权利并不直接发生关系。

学说七——诉权否认说：国家与作为当事人的公民之间并不存在严格意义上的权利义务关系，私人提起民事诉讼要求法院就此进行审判，是法治国家公民人格权及一般权利的作用使然，这种权利并不具有特定的内容，国家设立民事诉讼制度，提起民事诉讼，无非是公民作为当事人利用这一制度并服从国家审判权这样一种事实而已。

评析：在关于诉权的各种学说中，诉权否认说最为奇葩，该说从根本上否认诉权的存在，给出的理由别有洞天，审判是国家制度，原告提起诉讼，无非是使用或者利用国家制度的一种事实。该说提出了一个极为深邃的法理学追问：个人与国家之间是否成立清晰的权利义务关系？在审判所体现的国家与作为个人的原告的关系中审判本身作为国家制度，基本的意义是一种权力，即审判权，而非对个人的义务。由此得出的结论显然是：原告提起诉讼，只是利用国家审判制度的一种事实，在审判关系中并不成立个人与国家之间的权利义务关系。然而，从个人本位主义的立场，国家对个人负有保护的义务，个人的利益和价值是最终的目标，作为工具的国家，存在的意义即在于为个人提供强制性的保护。在此意义上，个人与国家之间当然成立权利义务关系，因此在审判关系中，有诉权作为权利的存在。

关于诉权本质的理论，多得令人眼花缭乱，不跳出传统的思维框架，不引入新的概念，各种理论的争斗便不可能有最终的结果。对于受护权以及“客观之债与理解之债”概念是否就是将法学的“哥德巴赫猜想”毕其功于一役的“灵丹妙药”，我们需要进行详尽的分析论证。但毋庸置疑的是：两个概念打开了全新的视野，展现了一条通向真理的新路径。

与实体权利的关系是传统诉权理论研究诉权本质时所围绕

的核心问题，受护权概念的精妙之处亦正是对该问题的成功解决：作为程序权利与实体权利的中介，受护权在请求法院审判的权利与在先存在的实体权利之间搭建起了桥梁，实体权利受到侵犯，引致受护权的产生，请求审判的权利则为受护权的一项权能，请求审判的权利与实体权利之间由此实现了完美的结合。检讨传统的诸种学说，私法权说执其联系的一端，淡化了请求审判作为程序权利的独立性质，公法权说执其分离一端，绝对断裂二者之间的脐带关系，过犹不及。受护权概念所体现的间接关系成功揭示了请求权与实体权利既联系又区别的关系的具体样式，同时满足了私法权说与公法权说对诉权本质的核心关切。

诉权与诉讼权利的关系直接影响着关于诉权本质的理解。程序具有独立的法律价值，因而必须针对诉讼程序，为公民设立独立的程序上的权利，这些权利与实体权利无关。对比诉权与诉讼权利，诉权为程序权利的法律“天条”甚至应该遭到怀疑。在受护权概念建立后，诉权为程序权利的基础其实已经被瓦解掉了，所谓请求司法裁判机关裁判的权利，本质上是对受护权的主张权，受护权是纯粹的实体权利，对其主张的权利是实体权利的一项权能，无论是受护权，抑或是其上的请求权，与程序权利的意义关联都十分模糊。现行理论或者以为诉权为纯粹的程序权利，或者以为兼具程序权利与实体权利属性，主张其为纯粹的实体权利的观点，“绝无仅有”。

认定诉权是程序权利，似乎不言而喻，实际上则含混不清，并经不起推敲和理性的严苛追问，诉权为程序权的定性建立在请求权的思维范式套路之下，前提就是错的，因而结论并不值得信奉。作为通说的程序说的流行在很大程度上是积非成是的结果，是认识过程中个体从众心理作祟所导致的盲从现象。认真追问诉权何以为程序权利，未必有人真正讲得清楚。

人身权、财产权等需要公力救济，基本的方式为司法裁判，裁判需要具体的规则以保证其公正进行，这就是权利实现的实质元素。前者即关于人身的权利、财产的权利为实体权，居中的为受护权，也是一种实体权利，后者即关于裁判的规则的权利是程序权利。如此划分，条理一清二楚。实体权利之所以为实体权利，是因为其是关于主体身份、主体利益的权利，是作为权利本身的权利，关于权利本身的保护即裁判规则的权利，是为保护权利本身设立的工具性权利，非为最终的目的性权利，因而是程序性权利。关于裁判规则的权利（即诉讼权利）才是纯粹的程序权利，而诉权作为请求裁判的权利，是规则权利所围绕的目的，因而也是实体权利。在诉讼权利与诉权的对比关系中，诉权的实体权利本质显现了出来。

诉讼权利与诉权的关系是程序法学中的基本问题之一，并无太大的争议，但学说疏于浅陋，远未将二者的关系解释清楚。如周永坤先生认为，诉权是提起诉讼和延续诉讼的权利，诉讼权利则是诉讼进行中的权利。正是诉权的运用才产生诉讼权利。诉权是“因”，诉讼权利是“果”。[1]这种外在的区别即便成立，也是皮毛之别。请求裁判的权利与关于裁判规则的权利，如此的表达才真正解释清楚了二者的终极意义。

2. 诉讼标的案件说

诉讼标的是程序法中的核心概念，旧实体法说、新实体法说、诉讼法说（二分支说、一分支说）等，关于诉讼标的含义聚讼纷纭。其实，裁判的对象，即所谓的诉讼标的，含义简单

〔1〕 参见周永坤：《诉权法理研究论纲》，载《中国法学》2004年第5期。

清晰，就是最普通的日常概念——案件。案件是裁判的对象，确立了案件的概念，诉讼标的概念甚至可有可无：裁判是以案件为中心的，只有案件概念才鲜明表达着裁判的要素和实质。源头上，诉讼法概念名称本身就存在问题，“诉”的含义是告知，“讼”的含义是争辩，然而所谓的诉讼法，既非关于“告知”的法律，更不是关于“争辩”的法律，其核心的过程是审判，是争议审判或裁判法，“诉”仅仅是启动审判程序的一个前端环节，而“争辩”不过是审判中的一个说理过程，目的是为法官裁决提供资料和参考。法官的裁判才是中心环节，无论是诉还是讼，都无非是法官用以作出裁决的手段。将名称转换，直接以裁判法冠名才真正表达出了对象的实质。裁判法，抑或是诉讼法，两种语境大相径庭。诉讼法的英文表达为“Procedural Law”，含义为程序法，拐弯抹角地译成诉讼法，其中的关联相当牵强。程序法才是恰当的名称诉讼法的名称，引出了一系列虚妄问题和虚妄概念。

去除了诉讼法、诉讼标的概念，在裁判法、程序法的语境中直接成立裁判对象的概念，英文为“Subject Matter”，并不表达诉、讼的任何含义，这个对象就是案件。

什么是案件，构成一个真正的问题。本质上，案件是原因事实与目标事实之间以法律根据为连接点的关系，从原因事实推导出目标事实。原因事实、法律根据、目标事实三要素中存在不同的关系：原因事实成立，法律根据成立，但目标事实无法推导；原因事实成立，法律根据不成立，目标事实无法推导。法官裁判案件就是在整体意义上裁判三要素之间的关系，而非其中任何一个单一的要素。在三要素中，法律根据、目标事实都不是唯一的，因此只有原因事实才构成着“一案”的根据：原因事实是“一案”的标准，不同的根据、不同的目标事实，只要基于同一的原因事实便是“一案”，其后的起诉，构成重复诉讼。

针对特定原因事实，原告主张的法律根据不成立，因而无法推导出目标事实，允许以另外的法律根据再行起诉，将其作为不同的案件，放纵了原告的起诉任性，浪费了有限的司法成本。因此，即便客观上成立原因事实与目标事实间的推导关系，亦不能允许再次起诉，原告自己存在过失，其必须自己承担过失的后果。另一方面，基于同一原因事实提出的不同的法律根据、目标事实，其后的裁判与前次裁判极易发生冲突，既判力成了问题。

裁判的对象是案件，“近年来，许多国家和地区的民事司法开始直接将案件事实列为审判对象”。〔1〕因此，首先应该确定的是案件的含义、案件的结构。在案件概念下，根本不存在所谓的诉讼标的问题。

案件是裁判的对象，而案件则是原因事实、法律根据与目标事实三要素构成的整体，法官的裁判则就是在三要素之间的推导关系上作出裁决。以裁判案件说解释所谓的诉讼标的的经典案例，脉络相当清晰。

案例一 案件中，原告以情势变迁为由要求解除合同，法院判决败诉；再以被告欺诈为由要求撤销合同，法院受理并胜诉。在该案中，原因事实是合同的签订，这是一个自然事实，目标事实是解除合同、撤销合同，同样是一种自然事实。法律根据则是关于不可抗力、欺诈的法律规定。由不可抗力、欺诈可以推导出解除合同、撤销合同的目标事实。原告在法律根据

〔1〕 参见梁开斌：《民事诉讼标的的理论争鸣的终结》，载《甘肃政法学院学报》2009年第4期。

上面临两种风险：根据不成立或者缺乏事实根据。在该案中，根据是成立的，但缺乏根据事实，即从不可抗力可以推导出解除合同的自然事实，但缺乏不可抗力的根据事实。该案的原因事实即合同的签订是同一个事实，原告另以欺诈为根据起诉，属于重复起诉，法官判决错误。

案例二 乘客乘坐电车受到伤害。受到伤害是自然事实，该自然事实只有一个，是原因事实；目标事实是赔偿。但二者之间的法律根据连接却不是唯一的，因自然事实只有一个，分别以违约、侵权起诉属于重复起诉。

案例三 甲公司与乙公司合同争议，乙公司收入7亿元，甲公司要求返还。该案先后进行了5次诉讼。甲公司第一次请求撤销《交易价款支付协议》，法院裁定当事人之间不是股权关系，而是委托理财关系，驳回了请求；第二次主张乙方违反委托合同，法院认定为重复起诉；第三次主张不当得利，法院认为委托合同纠纷已经经过裁决处理，判决驳回诉讼请求；第四次请求确认《交易价款支付协议》无效，法院裁定驳回起诉；第五次主张委托合同项下财产纠纷，法院裁定驳回起诉。曹志勋教授在《民事诉讼诉讼标的基础论》一文中详细分析了该案，即“博智案”。〔1〕该案的原因事实是乙公司收入7亿元，目标事实是返还7亿元，撤销协议、违反委托合同、不当得利等，则是法律根据，即原因事实与目标事实之间的推导根据。原因事实是唯一的，甲公司先后提出了5个法律根据，因原因事实是唯一的，甲公司先后提起的5个诉讼实质上构成一案，法院的判决十分准确。

〔1〕 参见曹志勋：《民事诉讼诉讼标的基础论》，载《苏州大学学报（法学版）》2023年第1期。

案件对象说的提出，为关于诉讼标的的传统理论争议理出了头绪，旧实体法说将诉讼标的界定为实体权利，是界定诉讼标的最自然的想法。权利是民法的本体，似乎亦是最终极的价值目标，作为诉讼标的，顺理成章。不过，最自然的想法却往往并不真实，须经过反思的升华才能变为真理。以实体权利作为诉讼标的，实体法说完全忽略了事实在裁判中的基础地位。一个纠结的问题是：同一事实上会产生性质相同的两种以上的实体权利，一个诉讼标的构成一个案件，一个事实产生两个以上的诉讼标的，意味着一个事实会形成两个案件，显然使得诉讼产生重复和冲突。

实体权利不能作为识别诉讼标的的标准，诉讼法说即所谓的二分支说、一分支说将事实、诉的声明作为标准，引入事实要素的诉讼法说更接近关于诉讼标的问题的真相。

原因事实是唯一的、单体的，目标事实、法律根据则可能是多样的，一个原因事实构成一个案件，不同的法律根据、不同的目标事实，只要原因事实相同，便是一案，确定一案的唯一单元终于被识别了出来。

3. 权利“位体”关系与请求权竞合

与诉讼标的相关的概念是请求权竞合。“竞合”是刑法和民法中共同的一个重要概念，刑法中为竞合犯，民法中为所谓的请求权竞合。无论是关于竞合犯，还是关于请求权竞合，都存在着相当大的争议，而后者的混乱更严重一些，不同观点之间在最基本的问题上也达不成共识。但无论如何，争议都不是关于“竞合”概念本身的，其已经被嵌入了法律人的思维方式，成了习以为常的思维定式。

所谓“竞合”，刑法中指一个行为符合多种罪名的犯罪构成，但却又是一罪，须按一罪定罪处罚；民法上实体权利维度下，针对一个自然事实会形成两个以上的请求权，请求权之间是一种典型的“一多关系”。因此，权利人选择其一，经诉讼程序后，一种请求权得到满足，其他请求权随之消灭，不得再为主张。

何以触犯了多种罪名符合多种犯罪的构成要件却是一罪？何以同一事实产生多种权利义务关系却只能选择其中的一种提出诉讼？“竞合”概念本身对此并不能表达出任何的含义。这实际上表明，“竞合”并不是对所指向的关系的一种传神的精确表达，并非一个理想的概念。真正淋漓尽致地描述该种关系的范畴是“位体关系”。

“位体”关系是对象自身存在的一种结构关系，是对象（行为、事实）客观上的存在方式，即对象的本体与位格的关系。“位体”关系表达的是对象运动的和立体的关系，且直接表达实体本身的关系。其基本特点是：本体只有一个，而位格却为多个。作为对比，虽然表达内容的形式亦不一而足，但内容与形式范畴却表达不出形式之间的对立含义，而且内容与形式终究是实体的“属性”，而非实体自身。在“位体”范畴下，对象是一体的，但却存在不同的位格，体现为一种位格，便不能同时体现为其他的位格。另一方面，不论体现为何种位格，本体上总是唯一的。撇开宗教的其他观点不论，其圣父、圣灵、圣子三位一体概念包含有深刻的哲理，反映了客观世界对象存在的一般规律。

“位体关系”概念与“竞合”概念，二者意境迥异，前者灵动传神，后者静止僵死，完全不在一个层次上。刑法上关于竞合犯，想象的数罪与实质的数罪两种观点长期胶着，缺乏“位体”关系范畴，这样的争论，双方均理直气壮，不可能分出胜负。问题根本就不是想象与实质的关系，而是位格与本体的关系，位格是“多罪”，本体是“一罪”，这样的表达满足了关于竞合犯本质探究的一切欲望。民法上的所谓请求权竞合，亦同此理。同一个自然事实对应着多样的实体权利，然而多样的实体权利却无非是同一个抽象权利的不同形式，二者体现了哲学上的“位体关系”，单一的抽象权利为“体”，不同的具体权利为“位”，“体”表现为特定的“位”，便不能同时体现为其他的“位”。实体权利的竞合现象，多样的实体权利只能选择其一，深层的根据即植根于“位体关系”范畴。

鉴于竞合犯概念早已约定俗成，尽管“多位一体”更能表达所指向的客观关系的精确含义，但抛弃竞合犯概念，改用其他语词的主张却并不现实，但在解释上，却必须引入“位体”关系范畴，否则便无法清晰表达出所谓的“竞合犯”的真正意蕴。

十四 法律与法学的区分

1. 抽象规范——法律的究竟表达

法律是规范，不同部门法之间显然是以规范上的差别加以区分的，而对特定部门法的描述，找出对应的抽象规范才是其最究竟的含义。刑法就是《刑法》的 452 个法条中表达的具体规范，民法就是《民法典》中 1260 个法条中表达的具体规范，这是关于刑法、民法最直接、最具体的定义，刑法、民法就是对应的这些具体规范。法律是规范，因此刑法、民法等直接就是相应的规范，除此之外的其他表达，都是认知性的定义，诸如民法是权利法、市民社会的法等流行的定义，并不是对民法的文本表达，而是对文本的解释，因此并不是民法含义的文本本身。与这些具体规范对应，一定存在一个抽象的规范，是所有具体规范中所体现着的一般精神，对应的规范便是：危害是犯罪，支配是权利。危害是犯罪是刑法的抽象规范，支配是权利是民法的抽象规范，分别是对刑法、民法的文本表达，是刑法、民法最为究竟的含义。

危害是犯罪、支配是权利，是刑法、民法的抽象规范。一个自然的诘问是：规范到底是什么？在传统定义下，所谓规范就是行为的规则，“承认法律是一种规范，是与人的行为有关的准则，这是一切现代法律理论最起码的共识”。[1]危害是犯罪、支配是权利的命题，表象上与这一定义并不契合。问题出在传统的关于规范的定义本身上，行为规则的定义只是关于具体规范的定义。与具体规范对应，一定存在着贯穿于其中的抽象规范，是具体规范中所体现着的精神和灵魂。

规范即行为的规则，禁止性规范、义务性规范、授权性规范等，传统的规范理论围绕规范的逻辑结构展开，学界在法律规范的逻辑结构主题上经历了数次范式转换，“这一过程大体上可以被分为三个代表性阶段，即‘三要素说’‘二要素说’与‘新三要素说’”。[2]雷磊教授批判其他学说，认为其提出的“新二要素说”“主张法律规则由构成要件和法律后果构成，满足了逻辑学说的基本标准，解决了过往理论的缺陷，实现了与法律推理的模式相衔接这一根本目标”。[3]观点五花八门，撇开尚未形成共识不论，更大的问题是并没有意识到规范的内容本身。与逻辑结构相比，规范本身，即规范的内容结构，才是更基本的主题，所谓的逻辑结构，仅仅是关于规范的形式而已。

规范内容才是规范的本质，这是一个基本的法哲学道理。对规范的表达，必须首先在内容的维度上进行，其次才是规范的形式，即规范的逻辑结构。行为规则的流行学说之粗陋正在这里：根本就没有揭示出规范在内容上的真相。

规范的究竟含义是价值认定，是对作为对象的自然行为的价值认定。作为法律体系最基本的两大法律部门，刑法就是对作为自然行为的危害行为的犯罪认定，危害行为是自然行为，

〔1〕 参见张书友：《法律实证主义与规范理论——规范性的三个难题》，载《北方法学》2013年第5期。

〔2〕 参见雷磊：《法律规则的逻辑结构》，载《法学研究》2013年第1期。

〔3〕 参见雷磊：《法律规则的逻辑结构》，载《法学研究》2013年第1期。

是对象，犯罪则是价值评价，在危害行为是犯罪的命题中，在对象与评价的连接中，危害行为被规范了；民法就是对作为自然行为的支配行为的权利认定，在支配是权利的命题中，作为自然行为的支配行为被规范了。

在自然维度上，危害行为与支配行为是社会中两种最基本的行为，构成着两种最基本的规范对象；在法律维度上，犯罪与权利则构成着两种最基本的价值评价，危害是犯罪、支配是权利的命题，大体上概括出了刑法、民法的基本含义。

关于规范的新理论提出了新的命题，打开了一个理解规范的全新视域。危害是犯罪、支配是权利，是最基本的法律规范，承认法学中存在着基本的范畴，基本问题就一定对应存在着基本的规范。法学中存在着基本范畴，大体上是学界的共识，但是否存在着基本规范，却至今仍然未被追问过。刑法、民法作为规范，直接以规范表达的才是刑法、民法的究竟含义，没有任何表达比危害是犯罪、支配是权利更能表达刑法、民法的含义。两个命题直接表达的就是规范：对自然行为作犯罪、权利的行为价值认定。传统理论所谓的行为规则的定义，行为规则这样空泛的表达，完全缺乏具体的内容支撑：没有任何所谓的行为规则比危害是犯罪、支配是权利更能表达行为规则的基本含义和究竟含义。或者说，所谓的行为规则就是危害是犯罪、支配是权利，缺乏这两个命题，传统体系中无论是规范的含义，还是行为规则的含义，都语焉不详，浮光掠影。

对规范的表达，更重要的是内容，所谓的规范的逻辑构造仅仅是规范的形式。规范就是对自然行为作犯罪或者权利的价值评价，这是规范理论的第一命题。行为规则抑或是行为价值，境界大不相同：规则可以是随意的，是人为的规定，而价值则是客观的，存在着自然的客观价值；规则极其抽象，缺乏质的规定性，而权利、犯罪的价值认定，则直接表达着特定的义域。

2. 法定义：权利与犯罪架构下的自由规范

法究竟是什么？定义混乱不堪，要法学家回答什么是法律/权利，就如同要哲学家回答什么是真理一样是不可能的。〔1〕从自由规范定义开辟出了一个全新的意义世界。就民法与刑法两大基本的法律部门而言，权利与犯罪构成着法律的基本范畴，而二范畴的终极含义则是自由，是对行为自由的规范。因此，所谓的法，就是对行为自由的规范或关于行为自由的规范，自然法是客观上存在的关于行为自由的理性规范，实证法无非是现实的关于行为自由的“国家命令”。

法理学“侃侃而谈”法概念，然而却从未在民法、刑法基本概念（即权利、犯罪）的语境中进行，民法的第一概念是权利，刑法的第一概念是犯罪，非在权利、犯罪的基础语境中进行，法理学关于法概念的任何探讨都是蜻蜓点水。法理学与部门法的隔阂不但是中国学界的特殊现象，也是世界范围内的普遍问题。无论是实证主义还是自然法学派的法概念，都明显缺乏民法、刑法的基本旨趣支撑。

既然民法的第一概念是权利，刑法的第一概念是犯罪，那么关于法概念的本质当然就“附体”于二概念之中，对二概念进行体系性抽象解构便能得出法概念的本质。权利的本质是自由，犯罪的本质则是对自由的破坏，是反自由，在自由概念下，权利与犯罪被美妙地统一了起来。成功整合权利、犯罪概念的自由概念就是法概念的本质：法就是关于行为自由的规范。从自由的维度界定刑法是刑法学上的基本观点之一，安全刑法抑

〔1〕 参见［德］康德：《法的形而上学原理——权利的科学》，沈叔平译，林荣远校，商务印书馆 1991 年版，第 39 页。

或自由刑法，[1]是学者提出的关于刑法本质的一个基本争论，自由刑法的理念深刻体现的便是行为自由的规范的法定义。

法就是以权利、犯罪概念构建起的行为自由规范，此概念之下，法理学中法律与道德在概念上是否存在必然联系这一法理学中法概念之争的中心议题被成功破解了。[2]实证主义的法定义首先被瓦解。实证法学的核心命题是社会事实命题，主张法律是一个社会事实问题，否认法律与道德（正义）之间存在必然的联系，认为理性上的正义概念并不存在。[3]存在着关于行为自由的客观规范，支配是权利、危害是犯罪等命题便是典型的客观规范，而非所谓的社会事实或人为的约定，自然法无论是在刑法领域还是在民法领域都被简单证立了。实证主义的所谓法，无非是关于行为自由的现实的“国家命令”，与关于行为自由的理性的绝对命题相对应。

另一方面，自然法学派的正义法定义亦被彻底证伪。正义不是法律的全部，但却是法律的核心问题，自然法的主线便是正义问题，学界有所谓自然法即为正义论的提法。[4]正义问题上的立场构成着自然法学与实证法学区别的基本表征：自然法学的核心命题是道德命题，认为法律与道德之间（正义）存在着必然的联系。

以正义界定法，自然法学派明显陷入了误区。自由是行为

---

〔1〕 参见刘艳红：《中国刑法的发展方向：安全刑法抑或自由刑法》，载《政法论坛》2023 年第 2 期。

〔2〕 参见雷磊：《原则理论与法概念争议》，载《法制与社会发展》2012 年第 2 期。

〔3〕 参见刘杨：《道德、法律、守法义务之间的系统性理论——自然法学说与法律实证主义关系透视》，载《法学研究》2010 年第 2 期。

〔4〕 参见梁治平：《“法自然”与“自然法”》，载《中国社会科学》1989 年第 2 期。

的基本含义，对自由的态度则构成正义的评价。因此，正义并不是法的内容，而是对法的评价，属于法学范畴，但却不属于法本身。自由与正义不同，其直接就是自然的概念、行为的概念，是社会生活以及人的行为最基础的含义。相较而言，正义与行为的关系则更为间接：正义是对行为的评价，但却很难直接归结为行为本身。自由就是行为的空间，对自由的规范就是对行为空间的划定。自由概念本身同时具有行为本身和价值评价的双重含义，而正义则是纯粹的价值概念。

自由法定义真正揭示出了法的究竟含义。从正义法定义等到自由法定义的范式转换，构建出了法理学上一个全新的理论视界。

对行为自由的规范以正义和善为目标，但显然无论是正义还是善都不是法本体，行为自由的规范才是法本体，正义或善无非是法的“成色”。在这一命题下，成立另一个问题：是否存在客观、自然的正义？

关于行为自由的规范应该是正义的，自然法学派之所以强调客观法、自然法，最根本的旨趣便是对正义的主张：正义的根据是被设定在自然的概念之中的，因为是自然的，所以是正义的。人作为自然存在，一定存在着关于自由行为的普遍法则，否认了自由行为法则的存在，便如同否认了道德规范的存在一样，无异于直接否认了人与动物的区别。人是目的便是理性的绝对命令，是正义概念的最究竟的含义。这个规则将人与自然、人与动物彻底区分了开来。人是目的，不是因为人自然地就是目的，而是人超越自然而为自身制定的规则。但这个规则却是唯一的，因此是“自然”的，理性不可能设定任何与其相反的其他规则，人是手段便不能成为正义的规则。在这个意义上，人定的规则具有自身的“自然”根据：作为目的的人，才是人的含义。

人是目的，是最高的正义规则，人为人自身制定了人所以为人的“自然机理”。这是人定的规则，但规则的内容本身却是人所以为人的自然机理，只有人是目的，人才能成其为人。因是自然机理，所以具有绝对的权威，但规则是人定的，人的自由意志、高贵和对自然的超越由此得以彰显。

人是目的等正义的规则不可能是纯粹的自然命题，分析法学等实证法学对自然法学的批评并非无中生有。存在着自由行为的客观法则，然而这里的客观法则，终极含义是理性的绝对命令，而非一般意义上的自然存在。理性主义是自然法学的一个根本特征，自然法学是理性主义的一个历史演化过程，〔1〕实证法学则标榜经验主义，认为自然正义的概念不但扼杀了人类精神的创造力，使人类“堕落”到了自然界的复写者的地位，而且所谓的理性根本就不可能认识超越经验的绝对的正义。〔2〕

正义的自然属性，只能是指理性绝对命令的“客观性质”。自然法学将正义理解为理性的认知，实证法学尖锐地批评其为无稽之谈。自然法思想是最朴素的理性观念。但自然界不可能存在正义的规则，实证法学派尖锐地指出了自然法学自然正义概念存在的问题：自然界中大鱼吃小鱼，根本不存在正义与否的问题，主张自然界存在着正义或存在着自然的正义，逻辑上的依据并不充分，而且的确体现不出人与自然的区分，表达不出人类超越自然的“高贵”身份。动物界不可能有道德规范，实证法学批评自然法学自然正义的概念“扼杀”了人的自由意

〔1〕 参见余少祥：《自然法学：理性主义的历史演进》，载《中国政法大学学报》2013 年第 4 期。

〔2〕 参见董静姝：《论凯尔森对自然法学的批判及其对中国法学的启示》，载《西南民族大学学报（人文社会科学版）》2015 年第 3 期。

志，一针见血。正义总是人的正义，只有将正义理解为人定的规则，才能表达出超越自然的人的高贵。超越自然与顺其自然，显然前者更有意境。但人定正义或约定正义的概念同样存在问题：缺乏绝对的客观根据和标准，约定的正义不可能是唯一的，正当性、权威性均大打折扣。

问题出在理性认知与理性命令两大概念的区分上。正义的本质是理性的绝对命令，这一命题将正义的自然根据与人的自由意志完美结合了起来。理性认知与理性命令迥然不同，理性认知是对自然的简单“复写”，理性命令则是理性自身的自我“创造”，并不以纯粹的自然为摹本。未能准确识别理性认知与理性命令的区分，自然法学对自然法的理解存在巨大的漏洞。区分命题的建立，终于破解了自然正义概念上的“悖论”。理性的绝对命令是不言自明的公理，因此具有“自然”的性质，但另一方面，理性终究是人的理性，理性概念本身就表达着超越自然的含义。

作为体现“自然”性质的理性的绝对命令是最基本的正义，是唯一的，与之对应的则是经验范畴上的自由选择，是“约定正义”。〔1〕约定正义并不具有唯一的性质，完全是自由意志的“任性”规定。自然正义应保持在最低的限度内。〔2〕支配是权利，是自然正义，私有制或公有制则是约定正义，婚姻是自然正义，一夫一妻、一夫多妻、同性婚姻则是约定正义，杀人犯罪是自然正义，杀人者处死、终身监禁、注射死、击毙则是约定正义……

---

〔1〕 亚里士多德将正义区分为自然正义与约定正义。参见朱晓喆：《格劳秀斯与自然法传统的近代转型》，载《东方法学》2010年第4期。

〔2〕 哈特认为，自然法在最低限度存在。参见周赟：《纯粹法学与纯粹法律——论原则性法典》，载《政法论坛》2007年第6期。

确立了危害是犯罪、支配是权利的刑法、民法基本命题，客观意义、公理意义上的法被证成了：存在着非依人为约定的法，这些命题明显不是人为的规定，而是客观存在的逻辑公理。法的究竟含义被发现了：对行为自由的强制规范。这里的强制并非现实的强制，而是直接体现在犯罪、权利等概念之中的强制，即犯罪、权利等概念本身直接就意味着强制。相反的对比，作为伦理学基本概念的“善”概念就完全不表达强制的含义。康德主张，强制与否，是法与正义、善等伦理规范的根本区别，〔1〕建立在权利、危害概念基础上的行为自由规范直接将强制性设定在了自身的概念之中，因而与伦理规范截然区分了开来。

在犯罪、权利概念中体现出来的自由规范是一个中性概念，危害是犯罪、支配是权利等理性规则体现出来的关于行为自由的客观规范是良法，实证法对以犯罪、权利概念为中心建构的自由行为规则未必依危害是犯罪、支配是权利等客观规范建构，因而可能是恶法。

法是以权利、犯罪概念建构的关于行为自由的规范，本身就是一个中性概念：一方面，存在着客观的关于行为自由的规范，即自然法，当然是正义的、是善的，但却非因正义，所以是法，而是因为法体现了正义；另一方面，关于行为自由的规范，同时就包含着所谓的恶法。法究竟是关于行为正义的规范，抑或是关于行为自由的规范，在不同的范式之下，结论大相径庭。将法错误地界定为了关于正义的规范，恶法在前提中就被直接排除了。

恶法命题在学界仍然被作为一个问题进行讨论，完全就是一个学术笑话。实证主义恶法亦法的命题，是纯粹的同义反复，

---

〔1〕 参见李寿初：《超越“恶法非法”与“恶法亦法”——法律与道德关系的本体分析》，载《北京师范大学学报（社会科学版）》2010 年第 1 期。

"恶法"概念自身就表达着对法的性质认定，换成日常生活的场景，诸如坏苹果也是苹果等，就不可能存在这样无聊的表达。人为的命令无非是法的形式，但却不是法的内容。法的内容就是关于行为自由的规范，即便作为命令，那也是关于行为自由的命令。实证主义将法的形式即所谓的命令作为法的定义，连法的内容都没有识别出来。所谓的恶法亦法，根据并非实证主义关于法的实证定义，而是源自其是关于行为自由的规范的本性：无论良法、恶法，皆因作为行为自由的规范而获得了法的属性。自然法学派将法与正义等同，立意"高大上"，但同样云里雾里，其实正义同样不是法的内容，而是对法的内容的评价，即是对关于行为自由的具体规范的评价。

恶法非法命题能够直接消解纳粹时期的"恶法"效力问题，既然根本就不是法，当然也就不存在执行的问题，恶法因不是法而直接失去了效力，即所谓拉德布鲁赫公式："凡构成正义之核心的平等在实在法制定过程中有意地不被承认的地方，法律不仅仅是'非正当法'，它甚至根本就缺乏法的性质"的公式。〔1〕然而，恶法非法命题根本上就不合逻辑。清理纳粹时期的恶法效力，真正成立的根据是法的可废止性，〔2〕法律可以被废止，天经地义。尽管是法律，但可以被废止。岂止恶法，良法同样存在被废止的问题。法的可废止性才是一个真正成立的普遍问题，甚至哈特的法的溯及力概念都比所谓的拉德布鲁赫公式更合乎逻辑。

本身即为自然存在，人类社会一定存在着特定的客观的行

〔1〕 参见柯岚：《拉德布鲁赫公式与告密者困境——重思拉德布鲁赫-哈特之争》，载《政法论坛》2009年第5期。

〔2〕 参见宋旭光：《论法学中的可废止性》，载《法制与社会发展》2019年第2期。

为规则，这在哲学上简单可解。危害是犯罪、支配是权利、组织是法人等明显就是这样的规则，动物界是弱肉强食的规则，人类社会则一定存在着另外一种完全不同的文明规范。这些规范就是自然法，是关于人类行为的公理。自然法的理念，为法律设定了正义的终极目标和尊严。但自然法不是道德规范，实证主义批评自然法主义混淆了道德与法律，自然法学派一直未能给出有力的解释，道德与法律的关系至今仍然是未解的学术课题，“法律和道德的关系长期被视为法哲学的核心问题”。〔1〕正义法定义到自由法定义的范式转换，法与道德的关系在究竟意义上被区分开了：法律规范不是道德规范，而是以权利、犯罪为核心要素构成的自由规范。道德以善为价值，“伦理学的基本问题是善恶问题”，〔2〕道德关系的基本矛盾是善恶的对立，〔3〕法律规范则以自由为价值，善与自由，作为行为的终极价值，并驾齐驱，相得益彰。自由与善区分，法律与伦理区分，理性与现实区分，植根于理性的自由规范是自然法，现实的人为的自由行为规范则是实证法。

3. 法律与法学的区分

（1）刑法与刑法学的区分。

关于刑法与刑法学的关系，有刑法解释学的流行学说，即刑法学是对现行刑法的解释。〔4〕刑法是对危害行为的犯罪认定，

---

〔1〕 参见刘杨：《道德、法律、守法义务之间的系统性理论-自然法学说与法律实证主义关系透视》，载《法学研究》2010 年第 2 期。

〔2〕 参见赵昆：《关于“伦理学基本问题”的思考》，载《道德与文明》2013 年第 1 期。

〔3〕 参见兰秀良：《关于道德关系的特殊矛盾问题》，载《伦理学与精神文明》1983 年第 1 期。

〔4〕 参见张明楷：《刑法学》（第 3 版），法律出版社 2007 年版，第 1 页。

刑法学是对犯罪概念的本质认知；刑法中的犯罪定义是功能定义，刑法学中的犯罪定义是实质定义。新观点不但破天荒地建立起了刑法的真正含义，而且揭示了刑法与刑法学最为究竟的区别：刑法作为规范，并不是对犯罪的规范，而是将危害行为规范为犯罪，是对危害行为的规范，其基本命题是危害是犯罪；刑法学是对犯罪的认知，不但存在着犯罪是危害的命题，还存在着犯罪是违法行为等许多其他命题。刑法就是刑法规范，而刑法规范或第一规范就是危害是犯罪，刑法学著作、论文“浩如烟海”，然而却竟然缺乏关于刑法的第一规范，没有危害是犯罪的刑法第一规范，任何关于刑法的“谈经论道”都是细枝末节。关于刑法规范的所谓“以禁止、处罚犯罪行为为内容的法律规范”〔1〕的现行定义，完全就是皮相之谈，根本就没有表达出刑法规范的实质：规范是对自然行为的价值认定，刑法规范就是对危害行为的犯罪认定。危害是犯罪，规范的对象是危害行为，犯罪则是价值评价，在对象与价值评价的关系中才能表达出规范的含义。刑法规范是禁止、惩罚规范的这样的粗陋定义，根本就没有规范的对象，因此根本就没有内容。什么是被禁止、处罚的行为，即规范的对象，是必须被表达出来的规范命题的主词。没有对象的规范，根本就不成其为规范。传统理论泛泛而谈作为刑法的规范，然而连规范的对象都没有建立起来，当然也没有识别出刑法的真正含义，以所谓的解释关系区分刑法与刑法学，即便成立，也不是二者之间的究竟区别。

分别成立刑法的犯罪概念与刑法学上的犯罪概念。雷磊教授批评规范主义“法律概念没有自身意义和语义所指，完全由包含它们的法律规范来决定甚至穷尽”的观点，〔2〕认为规范主

---

〔1〕 参见张明楷：《刑法学》（第3版），法律出版社2007年版，第1页。

〔2〕 参见雷磊：《法律概念是重要的吗》，载《法学研究》2017年第4期。

义颠倒了法律概念与法律规范的优先关系。极端地说，真正意义上的法律概念是很少的，诸如犯罪等许多所谓的法律概念其实根本就不是法律概念，而是法学概念。作为规范，刑法就是规定盗窃是犯罪、走私是犯罪等，对应的罪名便是盗窃罪、走私罪等，盗窃罪、走私罪的含义就是盗窃是犯罪、走私是犯罪，除了表达上的方便，并不表达比作为规范的盗窃是犯罪、走私是犯罪更多的含义。法律就是而且只能规定盗窃是犯罪、走私是犯罪，而不是对盗窃罪是什么、走私罪是什么的规范，盗窃、走私等，不存在法律定义的问题，法律也“无权”给出盗窃、走私的定义。实在法中没有盗窃罪、走私罪等的直接定义，学理上盗窃罪、走私罪的简化形式是：盗窃罪是盗窃行为，走私罪是走私行为，只是反向地将盗窃罪、走私罪认定为一种伤害行为。盗窃罪、走私罪概念的意义极其有限。白建军教授的《论具体犯罪概念的经验概括》文章标题以及文章中抢劫罪概念的经验概括、盗窃罪概念的经验概括的标题，〔1〕“咬文嚼字”，其实是论具体危害行为的经验概括、抢劫概念的经验概括、盗窃概念的经验概括。并不存在抢劫罪概念、盗窃罪概念，法律也不会规定抢劫罪是什么、盗窃罪是什么。在抢劫是犯罪、盗窃是犯罪的范式下，需要法律明确界定或经验概括的是抢劫概念、盗窃概念的含义，而不是抢劫罪概念、盗窃罪概念的含义。

确立或发现了危害是犯罪的刑法命题，犯罪是危害命题的刑法学性质显现了；确立或发现了惩罚是责任的刑法命题，刑事责任是惩罚命题的刑法学性质显现了；确立或发现了构成犯罪的刑法概念，犯罪构成概念的刑法学性质显现了。

刑法的含义终于被发现了，另一方面，刑法学的概念、含

〔1〕 参见白建军：《论具体犯罪概念的经验概括》，载《中国法学》2013年第6期。

义也被同时厘清了脉络。刑法学概念是认知性的，犯罪概念、刑事责任概念、犯罪构成概念、三阶层理论等，皆是如此。刑法作为规范，根本无须追问犯罪的本质含义，刑法上的犯罪定义就是简单的形式定义；刑罚是责任是自然定理，同样无须追问责任或者刑事责任概念的本质；所谓的犯罪构成、三阶层理论，以违法性作为构成要件，机理正在于是对犯罪的本质解释，从认知的角度，违法性是犯罪构成的一个十分合理的界定，纠缠不清的法益概念，也同样是只有在认知角度才成立的概念。以规范的角度，成立的是构成犯罪概念，所设定的问题则是法律将什么危害行为规定为犯罪，违法性、法益等，就不可能有适用的空间。

刑法与刑法学不同，犯罪学与刑法学不同，三者中间就不应该存在统一的犯罪概念定义，然而任何一个单独的定义都存在着片面性的弊端，犯罪概念的真理存在于刑法、刑法学、犯罪学三者构成的立体的语境之中。

(2) 民法与民法学的区分。

民法与民法学的关系，最浅显的理解就是民法是民法学的研究对象，以为不言自明，这是当前学界对该问题所持的一个基本立场，其实问题充满玄机。梁慧星先生归纳出了民法学的三部分内容，其中最重要的为法源论，具体内容包括什么是民法，民法的性质、任务、作用，民法的概念、原则、制度和理论体系。〔1〕对梁先生的观点会产生一个极其自然的诘问：民法的概念、原则等不正是民法内容本身吗？何以成了民法学？审辩《民法总论》的书名，同样存在这样的一个诘问：《民法总论》中的内容属于民法学抑或是民法，国内学者的著作中，与普遍以《民法总论》作为书名不同，尹田先生别出心裁地以

〔1〕 参见梁慧星：《民法总论》(第4版)，法律出版社2011年版，第54页。

《民法学总论》作为名称，究竟是《民法总论》还是《民法学总论》，真的是一个问题吗？

民法的概念、原则、理论体系等当然是民法的内容，其勾勒的便是“民法是什么”的具体景象，对“民法是什么”的阐释直接描述的对象就是民法，因此不可能不是民法的内容。然而，另一个问题针锋相对：民法学究竟是什么？

问题并不是无解的，解决的路径在于“文本”与解释的思维范式的建立。在该理论维度下，民法与民法学构成着“文本”与解释的立体关系，民法为“文本”，民法学为对“文本”的解释。对“文本”的解释就是对“文本”是什么的回答，但却不是“文本”本身。

民法作为规范，是以自然人、组织、意思表示行为等自然存在为规范对象的，规范的基本方式就是直接针对自然存在予以相关的规定，这些具体规范构成着民法本身，构成了作为解释对象的“文本”。规范引致出了自然存在与法律存在的关系，是十分“诱惑”的认知对象：组织独立拥有财产，潜藏着深奥的法律意义，简单认知便可形成法人的概念；意思表示具有相当于法律的效力，如此规范下的意思表示行为，法律行为的“形象”活灵活现……

从以自然存在作为规范对象的前提出发，民法规范的一个基本结构其实是对在先存在的自然行为作出法律上的价值判定，即确定特定的具体行为与权利的关联，表达的方式为“什么是权利”，并不需要对“权利是什么”给出定义。但民法学则以权利为对象，给出诸如所有权、债权的定义正是其宗旨所在。概念的定义是认知性的，不属于规范本身，被作为范本的《德国民法典》中，民法、法人、法律行为、物权、债权、所有权等基础概念皆无定义，在相当程度上体现出的正是概念定义的认知属性这一原理。

规范与对规范的认知牵连，规范之上存在着对规范的认知，民法规范上，这一现象十分普遍。这是关于民法与民法学关系与区别的一个非常重大的发现，开启了理解民法和民法学的全新的视野，民法学为价值体系而非逻辑体系的传统观点必须予以彻底放弃。〔1〕

民法与民法学不分，是当下民法与民法学领域的一个基本状态，将民事法律关系是民法概念还是民法学上的概念作为一个问题进行追问，猜测很多民法中人都不一定讲得清楚。学者的著述，普遍以《民法总论》作为书名，尹田先生的《民法学总论》，著作名称似乎显得有些“哗众取宠”。民法与民法学不分，如同法律与法学不分一样，荒诞不经。区分民法与民法学，是研究民法的必然路径，缺乏这样的区分，就不可能清晰描述出民法的真实“景象”。

“民事法律关系”是现行民法总论著述中的一个基本主题，对该概念的分析，可以清晰凸显出现行研究中民法与民法学不分的混乱状态。作为民法总论中的一个基本概念，在各种版本的著述中，民事法律关系均占据着相当重要的一席之地，俨然天经地义。朱庆育先生的《民法总论》一书以权利取代民事法律关系作为主题，“离经叛道”，属于“孤本”，但对于何以作出如此别具一格的章节安排，朱先生却并未给出具体的交代。以纯粹民法的维度，民事法律关系概念显得相当怪异，无论是《德国民法典》还是《法国民法典》，均未将其作为一个规范术语，在法典中并无踪迹。这是从实然的角度所进行的观察，从应然的角度，民法典根本也不应该直接使用民事法律关系的术语。民事法律关系完全是民法学上的概念，属于对作为“文本”

〔1〕 参见崔建远等：《民法总论》，清华大学出版社 2010 年版，第 7 页。

的民法本身的解释，但却并不是民法本身。

民法的基本概念是权利，而非民事法律关系，或者说民法调整的对象或内容是权利，而非民事法律关系。究竟以权利还是以民事法律关系作为民法的核心概念，学说上存在着一个不断反复的过程，从以权利为核心到以民事法律关系为核心，再复归到以权利为核心，依崔建远先生主编的《民法总论》中的观点，近年来以民事法律关系为核心的观点开始回潮。[1]不从根本上将民法与民法学区分开来，这样的反复会一直进行下去，没有终点。将民法与民法学区分开来，问题变得眉目清晰：权利是民法的核心概念，民事法律关系则为民法学上的核心概念。

逻辑上，权利概念与民事法律关系概念之间的关系存在着两种完全不同的表达方式，或者将权利理解为民事法律关系的内容，或者将民事法律关系理解为权利的本质。前者中，主词是民事法律关系，宾词是权利，权利被作为了对民事法律关系的解释；后者中，权利是主词，民事法律关系是宾词，民事法律关系是对权利概念的解释。

以权利解释民事法律关系，所谓权利义务关系是民事法律关系的内容，表达不出民法与民法学的区别，民事法律关系被当作了规范，即被作为了解释的对象。民法与民法学的关系，是由规范到对规范的解释的关系，即是由具体概念到抽象概念的关系，规范是"文本"，"文本"之上存在着对其的解释。因此必须遵循由抽象概念解释具体概念的路径，先确立"文本"和具体概念，将抽象概念作为对具体概念的解释。依这样的路径，权利才是被解释的对象，才是民法上的概念，其本质则为一种法律关系，民事法律关系被作为了对权利概念的解释。

关系、实体、存在、现象等是最为抽象的概念，其根本意

---

〔1〕 参见崔建远等：《民法总论》，清华大学出版社2010年版，第47页。

义是哲学上的，是对具体概念所表达的含义的形而上的解释，是具体概念的终极含义。法学以法律现象为研究对象，其实就是以法律关系为研究对象，法律现象、法律关系概念，概括出了所有具体概念所表达的终极含义。将民事法律关系理解为终极概念，才真正揭示出了该概念的实质，在这样的理解之下，抽象概念与具体概念被清晰地区分出来，具体概念直接表达规范，而作为抽象概念的民事法律关系概念，则为对具体概念的认知，属于民法学。

与民事法律关系属于同一层次的是权利主体、客体概念，这两个概念亦是典型的民法学概念，不属于民法本身。称谓主体、客体不是民法概念，与称谓民事法律关系非民法概念一样，在传统观点看来，“荒诞不经”，但却具有非常充分的逻辑根据。法律以直接规范事实为圭臬，主体、客体显然不是具体概念，并不是规范中所直接指向的对象，因此并不是规范中的必要元素。

自然人、组织是民法规范的基本主题，作为具体的自然存在，二者构成了民法规范的对象，对关于组织的规范的认知，形成了法人概念，而对自然人与法人以及权利本身在最终极的哲学意义上思考便有了主体概念的“应运而生”：主体概念是对自然人、法人在权利关系中的哲学表达，作为民法规范对象的是自然人和组织，对其的规范才构成民法本身，而解释中形成的主体概念当然不是民法规范本身。

民法是对主体的规范，是传统理论中的一个常识，然而该说谬误与真理杂糅，并不准确。民法与民法学之间构成着“文本”与解释的立体关系，在民法的层面，作为对象由其直接规范的是纯粹的自然存在，即自然人、组织等，是将这些自然存在规范为主体，主体是在法律关于自然人、组织等自然存在的规范中显现出来的。对法律关于自然人、组织的相关规范认知形成了权利主体的概念。称谓民法规范主体，仅仅是民法学对民法规范的一种解释上的结论和观点，将民法规范主体作为民法本身，民法与民法学完全混同在了一起，本来界限清晰的两个领域被“屏蔽”掉了，无论是民法还是民法学，其各自的真实含义都没有清晰识别和建立起来。

权利主体是民法学上的概念，逻辑上的脉络非常清晰，权利客体概念与之属于“同类项”可以相提并论在同样的路径下予以充分的阐释和论证。

民事法律关系、权利主体、权利客体等抽象概念，是一种认知性的概念，作为对具体规范的认知，揭示着法律具体规范或现象的终极本质，价值和意义无可替代。但其本质上的认知属性决定了其不可能成为规范的对象，法典中直接规定民事法律关系、主体、客体等，其实是把民法学混同成了民法，未将规范与对规范的认知区分开来。我国《民法典·民法总则（专家建议稿）》未直接将权利主体作为法典的一个标题，但权利客体这样典型的民法学概念竟然“跃然纸上”，开了世界民法典的“先河”。

中国民法典以《德国民法典》为参照范本，然而《德国民法典》中的一个标志性特征被中国民法典草案彻底背叛了。基本概念不作定义，是《德国民法典》的一个突出现象，民法、法人、法律行为、物权、债权等概念均是如此。强烈反差的是，我国民法典总则草案中的“定义风景”，上述概念的定义一应俱全，非常特色。

法人、法律行为本身就是民法学上的概念，是认知性的，《德国民法典》将其作为民法概念规定在民法典中，其实是把民法学误作了民法。认知性概念的含义一定会存在争议，法律根本就不可能给出统一的定义，《德国民法典》使用法人、法律行为概念的名称，却不给出其定义，可以合理地解释为对法人、法律行为概念的民法学性质的一种模糊体认。果真给出了定义，民法与民法学的混淆便会万劫不复。本来就不是民法概念，不该出现在民法典中，仅仅使用名称而不作定义在相当程度上表明了德国学者对将法人、法律行为概念引入民法典态度上的一种犹疑。

中国民法典民法总则草案中体现出来的“定义情节”或定义嗜好，深层原因是将规范错误地理解为了法律创制，既然是法律的直接创制，当然必须直接给出定义，不给出定义，法律创制本身便无法形成。然而，规范的真实过程却并非法律的直接创制，而是对逻辑上在先存在的自然存在的一种规定，即是对对象的规范。将规范正确地界定为对对象的规范而非法律的直接创制，民法典中需要定义的情形其实十分稀少。

规范是对在先的自然对象的规范，即对对象的价值性作出法律上的判断，在对象的语境中，规范的含义才能极致地表达出来。“什么是权利”，规范之所以是规范，含义在这样的判断中真正得到了体现：“所有”是权利，在该表达方式下，鲜明体现着法律对作为对象的自然行为——“所有”的一种价值判断，对象与规范的立体关系穷形尽相，十分传神。“所有”是权利，对应的权利当然便为所有权。在这里，规范就是法律上判定作为自然行为的“所有”是一种权利，不会产生任何关于所有权的定义的追问。

规范就是以可以、应当、必须等道义概念对自然行为作出法律上的价值评价，而非给出权利的定义。定义本身就不是道义指令，而且在相当程度上是认知性的，理解上存在争议不可避免。德国等国民法典中，债权这样的基本概念并无定义，并非一个偶然的现象。债务人有义务履行，债权人有权请求，本来就应该是规范的基本表达形式。至于债权是什么，既非规范的形式，亦非规范的目的，对其的探究完全属于民法学的范畴。国内学界的通说将债权定义为请求权，民法典民法总则草案中“照单全收”，有些草率。定义是认知性的事项，在债务人有义务履行和债权人有权请求所设定的相互关系中，债权人的权利的内容绝非请求权这样单一和乏味。请求权是否为一种独立的权利，债权是否为请求权，目前学界中存在着相当的意见分歧。

作为典型的抽象认识活动，任何定义都存在风险，不同的人对概念的定义完全不同。作为制定法，建立了概念的名称，法律的结构便建构了起来，是否给出形式上的定义并不重要。民法究竟是什么，是一个十分纯粹的认知性问题，所得出的结论因人而异，由法律规定出一个统一的答案，既无具体的规范价值，也潜藏着定义错误的巨大风险。民法的定义体现在民法的全部条款之中，如何从全部条款中抽象出民法的形式上的定义，是民法作为“文本”的读者的事情，法律对之加以规定，是一种令人生厌的“法律独裁”。显然，民法这个民法上的最基本的概念，构成着认知的对象，对其认知上的结论即定义，形成民法学。形式上的定义具有钩深致远的特殊功能，不但表达上简洁，而且表达着本质，不可或缺，但与规范却是两回事。正因如此，代表性的《德国民法典》《法国民法典》中均只使用民法概念的名称，但却不下定义。

后记 知识“黑洞”

没有思想、没有猜想，只是一味读书，不是“读书越多越反动”，但却真的可能是读书越多越愚蠢。叔本华早有哲言警示世人：多读书而不思考，不过是一个两脚的书橱。尤其是在缺乏伦理节制的科技化的现代，出书易如反掌，著作泛滥成灾，“书”不过是把语言变成了出版的文字，“读书”无非是阅读“出版了的文字”，这样的“读书”就是“码字”，与机械地“码砖”大同小异。

“书”，只是个形式问题，各种为名利目的故意“坑蒙拐骗”的著作不论，即便是真诚地被当作了真理的知识，却未必就是客观的真理。阿尔法狗之前的所有围棋教科书，都在“虔诚”地宣扬着围棋的真理，然而最终却被“翻盘”，所谓的真理恰恰是围棋的“俗手”。实质问题是知识的性质：所谓的知识，只是猜想，假定为真但却未必客观上为真。

以“猜想”的意识读书，便先在地建立起了以“思想”对书进行审视的“敌意”：以先在的思想审视书籍，或者对书籍进行思想的“加工”。书中的观点不是理所当然信奉的知识，而仅仅是给“思想”用来“加工”的原料。相比“我注六经”，“六经注我”才是对待知识的聪明态度。

“思想”第一，阅读第二，另一个更基本的根据还在于：存在着知识的“黑洞”。大象无形，大道无言。一些知识本身客观上就是无法言说的，不但如此，而且知识本身是“求”来的，“看破红尘”的知识，“求”都未必求得到，不可能像小贩一样“死皮赖脸”地去兜售。

以营销学为例，真正的营销技巧、策略是不可能成为知识的，一方面，没有商人会善良到把赚钱的“秘笈”与竞争对手分享，另一方面，成为教科书中的知识的营销策略大多是无用的：所有人都一样的策略，根本就不可能成其为商业盈利的策略或技巧。

存在着知识“黑洞”，存在着，但看不见，因此，思想、猜想才是智慧的阶梯。